解套中国

民国金融战

陈忠海◎著

中国发展出版社
CHINA DEVELOPMENT PRESS

图书在版编目（CIP）数据

解套中国：民国金融战/陈忠海著．—北京：中国发展出版社，2017.5

ISBN 978－7－5177－0671－7

Ⅰ．①解…　Ⅱ．①陈…　Ⅲ．①金融—经济史—中国—民国　Ⅳ．①F832.96

中国版本图书馆 CIP 数据核字（2017）第 068557 号

书　　名：解套中国：民国金融战
著作责任者：陈忠海
出 版 发 行：中国发展出版社
（北京市西城区百万庄大街 16 号 8 层　100037）
标 准 书 号：ISBN 978－7－5177－0671－7
经　销　者：各地新华书店
印　刷　者：三河市东方印刷有限公司
开　　本：710mm×1000mm　1/16
印　　张：18.5
字　　数：280 千字
版　　次：2017 年 5 月第 1 版
印　　次：2017 年 5 月第 1 次印刷
定　　价：39.80 元

联 系 电 话：（010）68990642　68990692
购 书 热 线：（010）68990682　68990686
网 络 订 购：http：//zgfzcbs.tmall.com//
网 购 电 话：（010）68990639　88333349
本 社 网 址：http：//www.develpress.com.cn
电 子 邮 件：271799043@qq.com

自序
从金融的视角再读民国

民国时期是中国半殖民地半封建社会的终结阶段，也是一个大动荡、大转折的时期，与此前的历代封建王朝不同，中华民国是经过资产阶级民主革命斗争而建立的共和国家，是亚洲第一个民主共和国。

从时间上看这段历史仅仅不过30多年，在中国数千年历史长河中不过是浪花一朵、沧海一粟，但它又掀起了太多的历史波澜，有壮阔、有奇谲，有悲惨、有哀痛，有亡国的耻辱，也有救国的壮烈。在历史的回音壁上，它撞击出的一声声巨响无疑是最沉重、最低昂的。

在民国之前的近代史阶段，中国遭受到西方列强的反复欺凌，国家变得千疮百孔。一部分人虽试图起身挽救这个国家，但都遭到失败的厄运，结果是，中国一步步沉沦，列强套在中国身上的枷锁越来越紧。套在身上的政治、军事枷锁虽更容易让人感知，但在它们背后的经济枷锁更牢固、更彻底。中国被西方列强打败、奴役，输到惨不忍睹，就是因为这种失败已渗透到一个个或宏观或微观的经济细胞中了。

辛亥革命创建了中华民国，从体制和机制上打破了既有的藩篱，为解除套在中国身上的重重枷锁带来了希望。中华民国的创建者和继任者也深知在经济上打好翻身仗的重要性，所以不约而同殚精竭虑地在经济上推行变革，尤其将金融变革摆在最突出的位置。从孙中山的金融整顿到袁世凯“废两改元”，再到国民党执政后推出“法币”，虽然动机各有不同、措施各有差异，虽然步履蹒跚，但方向大体都是一致的，都试图让中国重新驶入世界金融近代化的轨道，希望以此使危弱的中国经济得到重建，为中国找到一条“解套”之路。

从北洋政府到国民政府，无疑都不希望像晚清政府一样成为列强的傀儡，任由他人掌控操纵，所以它们对经济和金融的革新都充满了期待，但结果却让人失望：“袁大头”虽风光一时，却没能挽救北洋政府的经济，让北洋政府成为历史的匆匆过客；“法币”虽使混乱不堪的币制得到统一，却没能承担起完成中国金融近代化的重任，让国民政府功败垂成；“金圆券”“银元券”粉墨登场时，它们的实施者其实都明白大势已去，都明白这只是国民政府全面崩溃中的无望挣扎。

发生在民国时期的诸多历史事件斑驳陆离，林林总总之中都可以或明或暗地窥见金融的“幕后之手”。金融领域也是重要的战场，在这里充满着同样激烈的交锋，每一次革新都有特定的背景和动机，每一次失败都有值得总结的原因。

更有那场波澜壮阔的民族战争，它的战场不仅在陆地和空中，也在看得见或看不见的经济、金融领域。日本军国主义除了疯狂地攻城掠地、肆意杀戮，还同样疯狂地对中国的经济、金融展开掠夺和破坏，因为它知道，只有在经济上彻底摧毁对手才能让对手打消反抗的念头。为了这场经济战、金融战，日本军国主义同样无所不用其极，但就像在军事战场一样，它们最终也失败了。

回顾民国这段历史，中国其实也有时代机遇，如果能够抓住就可以重新融合到世界发展的主流中，但这些机遇都在匆忙中被错失了。说到底，发展经济、金融需要一个稳定的环境，这是民国最缺乏的。军阀混战、派系之争、外敌难御，动荡的社会、悲苦的人民、低下的生产水平，使中国这辆随时会散架的“马车”始终行驶在危途与歧路中。

从北洋军阀到国民政府，统治者对自身利益的盘算成为经济和金融发展的另一大障碍。与头疼医头、脚疼医脚的晚清政府一样，北洋军阀和国民政府经常陷入左支右绌的境地，即使有一些正确的改革措施，也会因为利益集团的阻挠掣肘而无法得到真正实施，问题越积越多、困难越来越大，到最后已经看不到任何希望。从经济和金融的角度去解剖这些问题，可以更清楚地看到压在中国人民身上的三座大山是多么沉重。

北洋军阀的背后有列强的支持，国民政府的背后有美、英等国为后盾，它们手握雄兵、挟洋自重，却办不好中国的事情，旧的枷锁没有解开，新的枷锁却又套上了。为中国解套的希望最终落在了中国共产党人的身上，他们几乎白手起家，没有后盾也没有实力，也缺少人才和经验，并处在各种剿杀和围堵中，但他们从一开始就找准了方向，从第一家工农银行的成立到中国人民银行的诞生，红色金融一步步发展壮大，成为中国革命事业的重要组成部分。

中国人民终于真正拥有了自己的货币——人民币，它代表着每一个普通中国人的利益，尽管它的背后没有充足的黄金、白银作储备，尽管它得不到当时世界上最富有的那些国家的支持，但它一经诞生就如风卷残云般扫荡了旧社会，为中国人民建立起新的经济和金融秩序。有人曾预言人民币不会成功，有人偷偷地在看它的笑话，也有人暗中进行阻挠和破坏，但人民币的成功让这些人失望了。

没有无缘无故的失败，也没有从天而降的成功，成功与失败的原因都值得总结。如同解剖军事战场一样，解剖民国金融战，可以让我们在看到以上那些表象的同时，又洞察其内在的原因。我们总结其中的经验和教训，不仅可以更加深刻地理解那些重大历史事件和历史进程是如何发生的，也更加深刻地理解了中国人民最终所走的道路，为什么是经历艰难曲折之后的唯一选择。

本书是《套牢中国：大清国亡于经济战》的姊妹篇，讲述了自中华民国诞生到中华人民共和国成立这一历史时期中国金融发展的历程，着重于对金融战场的回顾与解析，试图从金融的视角揭示中国之所以经历这段苦难历程的原因。本书不仅总结历史，更可对认识今天的中国提供一些启示。

由于作者学识和认识的局限，书中难免存有不妥之处，敬请广大读者批评指正。

陈忠海

2017 年 5 月

目　录

第一章

金钱瓦解的革命

一 革命者：为筹款而奔忙

1910 年 11 月，马来西亚西北部的槟榔屿。

这是一个美丽的海岛，岛上山峦丛绕、植被苍翠，山间有众多的溪流和瀑布。在北部的海湾，从海珠屿、丹戎武雅、巴株菲冷宜到直落巴巷长达 11 公里的地区是著名的海滨胜地，在这里可畅览海景，尤其盛夏季节来此更会感到空气清新、凉爽宜人。

马来西亚槟城州就坐落在这里，该城的打铜仔街 120 号是一幢两层楼房，原来是一家报社，1905 年孙中山第一次来到槟榔屿就住在这座楼里。现在，孙中山第 5 次来到了这里，这一次他的心情最为沉重。在此之前他在中国已经领导和发动了 9 次武装起义，但都先后失败了。1910 年 7 月 19 日孙中山又一次被清政府通缉。就在那天，他的母亲杨太夫人也在香港病逝，孙中山的心绪低落到极点。

但孙中山有着超乎寻常的革命意志，他决定领导同盟会再次发动起义，为此他把同盟会南洋总机关从新加坡迁到槟榔屿打铜仔街的这座寓所内。11 月 13 日他在此召集同志举行秘密会议，参加者包括赵声、黄兴、胡汉民、邓泽如等同盟会的骨干成员，在这次会议上作出决定，把第 10 次武装起义放在广州。鉴于前几次起义失败的教训，孙中山特别强调了为起义筹款的重要性。

就在 9 个月前，同盟会已经策动过一次广州起义。关于那次起义失败的原因，孙中山后来在致赵公璧的信中说：“此次之事不成，不过差五千元之款，致会党军不能如期至省。”这场起义的主力是广州新军倪映典部，同时联络附近的农村会党，最后因为指挥调度不力和敌众我寡，起义失败。

对此孙中山的心里一直耿耿于怀，他后来曾抱怨：“此次广州之役，波士顿致公堂认五千，仅寄一千九百余元，纽约致公堂担认者则一文未寄。”

致公堂即洪门的海外组织，主张反清救国，多次为同盟会捐助革命经费。除此之外，孙中山还奔走海外各地演说筹款。出于对祖国的认同和对腐败清政府的反对，海外华侨都给予积极踊跃的响应，华侨捐款成为同盟会革命经费的重要来源。据学者江满清统计，在同盟会发动的滇粤桂边境 6 次武装起义中，孙中山及其革命同志共筹集革命经费约 20 万元，其中华侨捐款达 16 万余元，占其中绝大部分。

同盟会经费的另一个重要来源是革命者自己出资。孙中山在给吴稚晖的一封信里曾自述：

> 而数年之经营，数省之联络，及于羊城失事时所发现之实迹，已非万余金所能办者也，则人人皆知也。其余之财何自来乎？皆我兄及我所出也。又庚子惠州起兵及他方经营接济，所费不下十余万元，所得助者只香港李君出二万余元，及一日本义侠出五千元，其余则我一人之筹获而来也。自此吾一人之财力已尽，而缓急皆赖家兄之接济，而妻子俯蓄亦家兄任之。

在孙中山本人的带动下，革命党人纷纷慷慨解囊，自掏腰包干革命。

檀香山华侨邓荫南曾变卖家产为革命奔走；香港富商黄咏商曾卖掉1座洋楼，得款8000元充当起义经费；1904年长沙起义时黄兴、柳大任、彭渊询等人“破产共近万金”；陕西同盟会支部长井勿幕有一次把家中珍藏的字画挑出2箱，托人带出去卖了到日本去买军火。

革命党人筹来的款项主要用于宣传发动起义、购买军械、运动会党及新军，以及处理起义的善后事宜等方面。孙中山在总结惠州起义失败教训时曾指出：“只要我们有足够的武器装备并作好充分准备，就能轻易地打败清朝军队。”为此，革命党人曾多次委托日本友人购买枪械，镇南关起义和河口起义时曾向法国商行“购入盒子炮及手枪多具”，在钦廉上思起义中黄兴所部使用的弹药都是冯自由在香港购买的。

同盟会在历次起义中对会党和清政府新军多有倚重，为动员他们参加起义，往往要以“花红”“薪铜”等名义给予经济补偿。据冯自由《革命逸史》记述，镇南关起义时为策动陆荣廷的部下曾做出过许诺：“每人携枪及子弹来降，破龙州、南宁后每人予赏一百元。”但对方提出“来降之时即求赏三十元，俟破龙州、南宁再领厚赏”，如此即便按每人30元的标准，如果是4000人就需要10万元以上。孙中山认为1910年广州新军起义因为差5000元致使会党军未到，讲的就是这个。

起义失败后要处理善后事宜，也需要经费，主要是疏散起义人员、抚恤烈士家属。河口起义失败后有600多名起义人员突围，他们撤入越南境内，后被法国殖民当局解除武装，强押至新加坡遣散。孙中山指示新加坡同盟会有关人员筹资兴办了中兴石山公司，对这些人员进行安置。对烈士家属孙中山也指示有关方面努力寻找联络，在经济上给予帮助。有一次孙中山听说有的烈士家属生活无着，个别人甚至沦为乞丐，当场大为悲恸，立即自己拿出1900元资助他们。

为宣传发动革命，同盟会在各地创办了《中国日报》《开智录》《国民报》《革命军》《民报》等报刊，也需要经费。干革命不仅需要抛头颅、洒热血，同时也是件很花钱的事，革命者必须学会筹款。孙中山等革命党人对起义经费的重要性也有一个不断认识的过程。1908 年河口起义后，胡汉民给孙中山呈交了一份报告书，其中写道：

> 惟是自河口以上，粮米极贵，每日每人至少需发伙食三毛，现在我兵已三千余人，每日用银、粮食一项亦几及千元。
>
> 收复河口，即就地征收义捐，得银三千五百元，惟发饷时，杀督办花红二千，占山上炮台及以哨官首级献者，大小花红二千八百，共花红四千八百。初二日弟交甄吉亨贷款二千二百元上，次日关仁甫之队启程，初四日弟交黄龙生带款二千二百元上，次日张德卿之队起程，初六晚吉亨归河内细述情形，知德卿队仅持三日之粮，非立加接济，兼多办粮食运供给，便虑为行军之窒碍……
>
> 而兵起河口，占领逾一周，不见外洋大款接济，士心虽固，不为摇动，然若粮食不周，则情见势拙……

起义队伍日夜渴盼“外洋大款”，但这又往往难以实现。一方面在没有强力外援和政治捐款的情况下，仅靠零星募集，巨额款项很难筹措；另一方面筹款的时机和效率要求又很高，需要用钱时分秒攸关，时机已过，钱即使筹来也无济于事。孙中山曾叹“每有临时筹款，掘井无以止渴之患”。河口起义失败后孙中山总结说：“若如以前，事后方筹款接济，莫讲筹不得，即使筹得，亦多延误失机也。”

所以，孙中山等革命党人对筹款越来越重视。孙中山多次说筹款是“最要之事”，是“第一要义”，甚至认为“中国今日之革命，纯视经济力为转移，经济力大，则成功速；经济力小，则成功迟；若无经济力，则不能革命”。武昌起义前的筹款活动大致可分为三个阶段：广州重阳起义、惠州起义是第一阶段，那时的筹款数量还较为有限；黄冈起义至河口起义为第二阶段，筹款数量已有较大增加；广州新军起义以后为第三阶段，筹款数量迅速增长（见表 1.1）。

表 1.1　　武昌起义前革命党人筹款情况统计

时　间	武装起义	筹款总额	用作起义经费（包括购买运输枪弹、义军军饷粮食、反戈清军将士的花红等开支）所占总额的百分率
第一阶段 1985～1904	广州重阳之役、惠州之役	113000 港元	71%
第二阶段 1905～1908	黄冈之役、惠州七女湖之役、防城之役、镇南关之役、饮廉上思之役、河口之役	223000 港元，1000 马克，50000 新加坡元，10000 法郎	90%
第三阶段 1909～1911.4	广州新军之役、广州"三·二九"之役	225000 港元	96%

资料来源：李志旭、吴桂良，《试论武昌起义前资产阶级革命派筹款活动》，《武汉化工学院学报》2005 年第 5 期。

冯自由在《革命逸史》中也把这一时期的筹款活动分为三个阶段：一是兴中会时代，筹款主要限于美洲的檀香山一地；二是同盟会上半期，主要集中在南洋各埠；三是同盟会下半期，"美洲及南洋两方面均热情募款"。另据国民党党史研究专家蒋永敬《辛亥革命前十次起义经费之研究》的统计，截至 1910 年广州新军起义的 9 次起义中，共耗费革命经费约 41 万元，其中：1895 年广州起义 31000 元，1900 年惠州起义 143000 元，1907～1908 年西南三省系列起义 209000 元，1910 年广州新军起义 29000 元。

对于即将发动的新的广州起义，同盟会对经费问题也进行了大致预算。胡汉民后来给孙中山写信说："其他各省，俱有同志在内，若得巨款，为拨十得五之计，则可成蜂起之势。未审外款就能得手否？千万嫌其太多，即恐其难成。至专就粤东一省而言，则能十万左右仍可大做。"所以孙中山在槟榔屿召开的起义筹备会议上就把10万元作为筹款目标。

而事实上，由于这次筹款工作做得最为扎实、准备也最为充分，筹款数额大大超出了计划目标。据郑宪《中国同盟会革命经费之研究》，从南洋、美洲各地华侨处募集的款项高达219036元，连同善后费用，这场后来被史书称为“黄花岗起义”的革命运动共耗费经费23万元，占辛亥革命爆发前10次著名起义总费用的40%，但这场起义也失败了。

1911年4月27日，同盟会筹划了5个多月的广州起义爆发，黄兴等人率部分敢死队员在广州分4路进攻清政府两广总督衙门、小北门、巡警教练所等重要目标。黄兴首先发难，率队攻入总督衙门，决心生擒两广总督张鸣岐，但未果。之后清军各部发起反攻，起义军得不到接应，分别与清军展开激烈巷战，彻夜相攻，但都先后失败，起义领导人黄兴侥幸脱险。之后，同盟会会员潘达微多方设法收殓到烈士遗骸72具，合葬在广州城东黄花岗，被称为“黄花岗七十二烈士”。

孙中山评价黄花岗起义：“是役也，碧血横飞，浩气四塞，草木为之含悲，风云因而变色。”这次失败又让孙中山进一步反思，他认为财力不足导致发动不彻底、筹划难以齐备仍是困扰起义成功的首因，“其原因皆金钱不足”。在写给旧金山友人的一封信里，孙中山谈到：“今日时机可谓之成熟矣，惟惜财力犹困，未能策划自如。并谋开一路，若能成就，则数百万可以立致。”

在孙中山看来，要成功地组织一次起义，单从经费方面说至少得准备“数百万”。孙中山于是来到了美国，继续筹划新的武装起义，其中至为重要的一点还是筹款。

1911年5月5日，孙中山主持芝加哥同盟分会会议，决定筹集巨款以图再举。孙中山在会上说：“筹饷方法，各处不同。南洋筹饷，多为地方政府所限制，秘密而行。美国是自由之邦，筹饷公开，做事较为容易。最好想出一个统筹办法，集合巨款，分途举义，一方得手，就地因粮筹饷，革命事业便可成功。”

在这次会议上同盟会把筹款的数额定为100万美元，为此决定成立一家“革命公司”，以发行股票的方式筹款，设1万股，每股100美元，孙中山亲自撰写了《革命公司缘起》一文。不久，孙中山又来到旧金山，在致公堂的协助下成立美洲洪门筹饷局，对外称“国民救济局”，目的也是筹款。孙中山又起草了《洪门筹饷局缘起》和《革命军筹饷约章》等文件，广为刊布。

《革命军筹饷约章》规定凡捐助“军饷美金五元以上者，发回中华民国金币票双倍之数收执”，捐助“军饷至百元以上者，除照第一款办法之外，另行每百元记功一次，每千元记大功一次。民国成立之日，照为国立功之例，与军士一体论功行赏”；还规定“凡得记大功者，于民国成立之日，可向民国政府请领一切实业优先利权”。

这是迄今力度最大的一次筹款，受到美洲华侨的踊跃支持。在孙中山的计划中，只要能筹到这笔对革命党人来说史无前例的巨款，就可以着手发动第11次武装起义了。

二　清政府：也面临缺钱的困境

就在孙中山和他的同志们为筹划下一次规模更大的起义而在美洲各地奔波的时候，中国国内发生了一件大事。

广州黄花岗起义失败后，革命党人把起义的目标转向长江流域，准备在以武汉为中心的两湖地区发动起义，并做了大量准备工作。清宣统三年（1911）5月，清政府为应对严重的财政危机，决定把已归民间所有的川汉、粤汉铁路筑路权收归“国有”。此举引发了四川的保路运动。清政府急调驻湖北的新军入川镇压，造成武汉三镇军事空虚。在此有利形势下，文学社和共进会在同盟会的推动下决定在武昌起义。

1911 年 10 月 10 日晚，驻湖北的新军工程第八营打响了起义的第一枪，继而占领了武昌。汉阳、汉口的革命党人也闻风而动，分别于 11 日夜和 12 日占领了汉阳和汉口，武汉三镇落被革命党掌握。这就是武昌起义。

这场起义来得既偶然又必然。从偶然方面说，四川的保路运动突然发生，川鄂一带的革命形势迅速改变，促成了起义的临时爆发。从必然方面说，同盟会等革命团体多年以来坚持不懈地发动武装起义，在他们的鼓动宣传下，社会各界倾向于推翻清政府统治的人越来越多，许多清军官民也赞成革命，推翻清政府的起义随时都会爆发。

起义军控制武汉三镇后成立了湖北军政府，不承认清政府，改国号为中华民国，号召各省民众起义响应，湖南、广东等 15 个省纷纷宣布脱离清政府。这一年是辛亥年，武昌起义拉开的这场革命因此被称为辛亥革命。对于孙中山和同盟会来说，武昌起义虽不是由他们直接策划和领导的，但革命之火能迅速成燎原之势是他们之前一再浴血奋斗的结果，孙中山仍然是辛亥革命当之无愧的领袖和核心。

武昌起义打响的第 3 天，清政府任命的湖广总督瑞澂紧急向北京内阁、海陆军部、度支部、邮传部等发电，中心意思是要钱以准备饷械，数额为 200 万两或 300 万两白银。此时宣统皇帝仅 5 岁，主政的是他父亲摄政王载沣。面对湖北方面紧急拨款的请求，载沣一筹莫展。

晚清的财政状况可以说是一把“辛酸泪”：一个人口和经济总量均排名世界第一的大国，沿袭的却是千百年来封建治权下的“小财政”体系。鸦片战争前每年财政收入仅 3000 万～4000 万两白银，开始还勉强混个“月光族”，钱不多却够花。后来财政赋税不断改革，搜刮力度不断加大，收入也不断增加，但支出增长的速度更快，财政开始捉襟见肘，再后来只得不断加大赤字，寅吃卯粮。据《清朝文献通考》和《清史稿》等记载，光绪二十五年（1899）朝廷财政收入 8820 万两，支出为 10112 万两，亏

1292 万两；光绪二十九年（1903）收入 10492 万两，支出 13492 万两，亏 3000 万两；光绪三十四年（1908）收入 23482 万两，支出 23695 万两，亏 213 万两；宣统元年（1909）收入 26322 万两，支出 26988 万两，亏 666 万两。

宣统元年（1909）财政赤字较之前有了较大幅度的下降，不是财政状况向好的表现，而是实行了财税体制改革，预算账目进行了调整，只是账面数字好看了一些，实际情况依然呈不断恶化的态势。为增加财政收入，自道光皇帝开始历任当权者均采取了很多办法，苛捐杂税无以复加，财政收入从道光时期的 3000 万两增长到宣统年间的 3 亿多两，清政府对社会的搜刮已经达到了极致。

之所以这么做，是因为清政府财政支出膨胀得更厉害。清中期以前，财政支出结构中军费、官员俸禄、宫廷支出以及救灾是大项，其中军费约占一半以上。这是中国传统财政的特征，属于维持型财政，还谈不上公共财政的概念。鸦片战争后财政支出结构发生了转变，战争费用和巨额战争赔款成为支出大项，甲午战争后编练新军所占的支出比例也日渐攀升，这两项成为支出的大头。除此之外，办洋务、开新政的支出也日益增加，加上官俸、皇室用度等刚性费用，形成了庞大又难以削减的支出结构。武昌起义爆发的宣统三年（1911），清政府财政支出又进一步增大，超过了 3 亿两（见表 1.2）。

表 1.2　　　　1911 年清政府财政支出结构统计

岁出类别	数额（两）	比重（%）
行政	25635430	8.5
司法	6832946	2.27
交涉	3452131	1.15
军事	84373659	28.1
民政	20254430	6.74

续表

岁出类别	数额（两）	比重（%）
实业	5732595	1.91
财政	18526684	6.16
交通	48908563	16.3
常关经费	1484574	0.49
工程	255021	0.86
洋关经费	5834725	1.94
官业支出	7945462	2.64
典礼	747705	0.25
防费	1239908	0.41
教育	13392118	4.45
赔款欠款	51171849	17.0
合计	300700882	100.00

资料来源：王树槐，《中国现代化的区域研究—江苏省（1860－1916年）》，中国台湾中央研究院近代史研究所专刊（48）。

自《南京条约》开始，清政府每签订一个不平等条约，几乎都涉及经济主权的丧失或赔款，其中以《马关条约》《辛丑条约》赔款数额最大。《马关条约》赔款3.3亿两，《辛丑条约》赔款4.5亿两，清政府都无法一时偿付，要么向外国银行和财团举债，要么“分期还款”。其中《辛丑条约》的赔款分39年还清，年息4厘，本息合计9.8亿两，分摊到每年超过2000万两，使战争赔款支出一项占到清末财政支出的17%。

清政府深切意识到军事落后所带来的失败和屈辱，末期也大力推进了军事改革，逐渐放弃了毫无战斗力的绿营和八旗，开始编练新军，但由此也带来了巨额花费。

新军的一镇相当于一师，各省开练新军，编练一镇每年的军饷往往在150万～200万两之间。如河南练一镇新军，请拨岁饷180万两，江苏在江北练一镇，请拨岁饷160万两，云南练一镇，请拨开办费用370万两，岁饷为150万两。若把开办费与岁饷结合考虑，维持一镇新军每年约需200万两，至辛亥革命爆发前清政府共练成新军26镇，每年因此将支出经费5200万两。除了这笔巨款，原有的绿营、八旗等精减、分遣也需要大量银两，这部分的费用每年也都要以千万两计。此外还有一部分海军、驿站兵军费，也都是无法缩减的。

内阁和度支部虽然手握拨财政调拨大权，干的却是最苦的差事，上上下下都来伸手要钱，且每一项都理由充分，但国库里的钱却是有限的。"节流"难做就"开源"，回收路权为"国有"原本是"开源"的一部分，清政府原本希望用"国有化"的路权作抵押，向外国银团贷款4000万两以弥补当年的财政亏空，但却直接引发了四川的保路运动，继而间接引发了武昌起义。

所以，当湖广总督瑞澂紧急拨款的请求报来后，朝廷上下竟然毫无办法。就在同一天，两广总督张鸣岐也发来了电报，说他那里的情况也十分危急，为应对万一，请求将应解京部的各款酌量截留。这无异于使朝廷的日子更加难过，但广州的革命形势一向领先全国，谁都不敢对张鸣岐的请求说不，只有谕旨"着度支部议奏"。又过了几天，湖南方面也请求把应解京部的44万多两缓解，谕旨批准其缓解10万两。

随后，各地要求紧急拨款或缓解京款的奏折如雪片般飞来：10月21日江西方面称局势不稳，"商家竞提存款，民间争兑现银"，请求借20万两应急，谕旨着度支部议；10月23日两江总督张人骏奏称"部库支绌，无款可拨"，"惟有仰恳天恩，仍饬度支部保全东南大局，无论如何为难，迅即先筹款银一百三十万两，分拨应用"，谕旨着度支部议；还是10月23日，四川总督岑春煊奏报，为稳定时局，将增募8个营的新军，请求拨款100万两，安徽方面也提出类似请求，申请50万两，浙江方面更申请200万两，朝廷对这样的请求均予拒绝；10月27日，广西方面奏称兵饷告急，如不拨款恐引发兵变，朝廷不敢拒绝也不敢批转度支部，而是着两广总督张鸣岐“量为匀拨”。

武昌起义显然把各地的总督、巡抚们吓着了，虽然这把火暂时还没有烧到自己的头上，但他们都感到了害怕，能想到的就是扩充军力、增加军费，以防不测，所以都纷纷伸手要钱。除了上面的湖广、两广、两江、四川、浙江等形势严峻的地方，其他一些地方也来凑热闹：10 月 31 日，河南方面请求拨款 50 万两以备不测，谕旨回复说如果能借来洋款就拨；11 月 1 日，天津方面请拨 100 万两，谕旨批给度支部酌处；11 月 6 日，河北方面请求拨款 20 万两，新疆方面请求拨款 50 万两，谕旨也批给了度支部；11 月 25 日，山西方面奏称“非有现银百十万两不足以资分布，无米之炊，实深焦灼”，谕旨“着度支部酌量迅速筹拨”；11 月 26 日，河南方面又奏称“经费则困难万状”，谕旨批转度支部着“该部知道”……

度支部也难为无米之炊，因为该部的银库几近枯竭，虽然名义上管理着 3 亿两的财政收入，但许多收入大项只是在该部的账面上走一下，并不能看到真金白银，如关税、盐税，每年有数千万两的进项，但这些钱都抵押给了列强，用作战争赔款和归还外债专用；再如太平天国时期开始征收的厘金，每年也高达数千万两，但各地的厘金局实际掌握在督抚手中，收多少、花多少，度支部根本无法真实掌握。

当时唯一还能动用的是内帑，即皇室的“小金库”。1911 年 10 月 20 日，宣统皇帝的母亲隆裕太后第一次颁发内帑 20 万两，29 日为向湖北方面用兵，“着搬出宫中内帑银一百万两，由内务府发交度支部专作军中兵饷之用”，但内帑数目是有限的，只能临时应几次急而已。

为了筹钱，隆裕太后还把收藏在沈阳故宫和热河行宫的御用瓷器等物拿出来拍卖，“变价充饷，以救目前之急”。这些东西大部分都是清皇室祖宗遗物，平时视为珍宝，一般都不允许随意搬动，更不可能拿去像老百姓家里的宝贝一样典当或拍卖，非到穷途末路一定不会这么做。

但清政府实在坚持不住了，度支部尚书载泽报告说库款告罄，“累蒙慈圣颁发内帑，藉资挹注，刻已无可再发”。载泽忧心忡忡地指出，如果不能迅速筹到钱，“则哗溃即在目前”！

三　列强：所谓“金融中立”

“一分钱难倒英雄汉”，钱不仅难住了革命者，也难倒了被革命的清政府。

武昌起义爆发后，度支部和外部藩库里所剩不多的库银被大量拨付出去，据《宣统政纪》和《内阁官报》记载，仅过了20天左右中央和地方掌握的库银已支出大半，其中度支部直接掌管的库银只剩下99万两，度支部已不敢再向外拨款了。

为了镇压武昌新军的起义，清政府急命陆军部尚书荫昌率军征剿，军事上能否成功尚且不论，但“大军未动，粮草先行”是硬道理，发饷购械处处需要钱，隆裕太后咬牙拿出的100万两内帑就是给的荫昌，但这笔钱显然远远不够。对清政府来说，眼前唯一的办法就是借洋款，既然身上背的外债已多如牛毛，索性也不怕再多，而向洋人借钱似乎也有“理直气壮”的地方：我如果倒台了，你们那些多少个亿的债不就打水漂了？

武昌起义爆发后，清政府派出多路人马向各个列强国家请求借款支援，以度过危局。能不能借到外债对清政府来说已成为生死存亡的大事，对于这一点外国人看得也很清楚。担任清政府总税务司的英国人安格联（Francis Aglen）说：“北京政府的困难是缺少经费。”四国银行团的一位代表更直白地说：“四国银行团决定了皇朝的命运。”

列强之中，英国虽然已从最辉煌的时期衰落下来，但仍然是列强的带头人，英国驻华公使朱尔典（John Jordan）在各国驻华公使团中具有号召力，他成为清政府争取外援的重点对象。据英国外交档案记录，清政府在不到一个月内曾4次与朱尔典就借款事宜进行过磋商：10月18日，请求以延期偿付庚子赔款办法提供财政援助和紧急垫款50万两；10月19日，请求向度支部借款200万两，向邮传部借款1000万两；10月底再两次提出请求，能否按之前达成的湖广铁路借款合同先支付借款总数的一半，这笔钱大约有300万英镑，同时额外借款500万两。除了英国，清政府还与四国银行团密集联络，希望给予紧急借款；同时又命令驻各国公使，向所在国政府提出借款的请求。

但让清政府倍感失望的是，无论朱尔典还是四国银行团，对于借款的要求要么不予正面回答，要么干脆拒绝。驻各国公使那里也没有什么进展，驻英国公使刘玉麟报告说，在革命党与清政府之间英国看来选择了中立，原因是英国人希望“免致英商产命见仇于革党也”。清政府提出了以京张铁路抵押向美国财团借款100万英镑的方案，同时想通过美国财团借到更多款项，但驻美代办容揆报告说情况不乐观，美国政府态度消极，而财团方面虽有一定进展，但他们碍于美国政府坚守置身局外的态度，不敢轻易表态。

官方借款不行，清政府把借款的方向转向“民间”。在这方面，虽然在美国没有太大进展，但在欧洲却取得了突破。一个名叫勾堆的法国男爵答应向清政府借款，总金额高达9000万法郎，这笔钱折合英镑达到360万。不过对方提出了年息6厘的高息，并且96折，即有4%的“手续费”，全部借款本息可分60年还清。正借款无门的清政府立即答应了下来，命度支部侍郎绍英亲自操办此事，务求款项尽快到账。清政府又提出能否增加借款6000万法郎，约合240万英镑，条件同前。对方竟也爽快地答应了下来。

清政府不知道的是，这个勾堆男爵其实是个穷光蛋，上亿法郎对他而言简直是天方夜谭。他的真实身份要么是某欧洲神秘财团的掮客，要么就是超级金融诈骗犯。但这些都无关紧要了，因为还没等这项借款正式实施，清政府外务大臣胡惟德便匆匆来找绍英，向他说了一个不幸的消息："因英国反对，此次借款恐将不成。"

绍英听闻惊呆了，最近以来他已经把勾堆借款看成了大清国和自己的唯一救命稻草，如果这笔钱也泡汤了，他这个度支部侍郎就没法干下去了。第二天绍英就请了病假。武昌起义爆发后清廷掀起了政治斗争，载沣一派失利，赋闲的奕劻重新掌权，度支部大臣载泽受牵连下台。绍英此时代理度支部大臣，他请求"另简员署缺"，在这一天的日记里绍英用"精疲力竭"形容自己的心境。

对这一阶段争取向外借款的情况，时任外务部副大臣的曹汝霖在写给好友的信中说："法国借款已成画饼，两合同均已签字，而法政府来电言，英、美、德、法、俄、日六国连约决定不借华债，真是致命伤。京师仅余十日之粮，过此必将生变。"

让清政府官员们不理解的是，英国竟然反对向清政府借款，不仅自己不借，还反对别人借，这让他们十分郁闷。列强在华利益方面，英国无疑保持着绝对领先的位置，这一点从统计数据就可以看出来：截至1910年1月，清朝共设有83处通商口岸，其中应英国要求而开的有28处，占33.7%，居列强之首；1909～1911年间英国占各国对华贸易输入的50.4%，其一国对华出口超过其他各国的总和；英国的对华投资总额达到4亿美元，还有约合6亿美元的对华贷款，二者相加占各国对华总投资的37.7%，也居各国第一；截至1911年初，外国在华设立的近代工业企业共202家，其中英国公司94家，占47%，是居第二位日本的250%；英国在华还有租借地7处，数量也居列强首位。

在清政府部分官员看来，英国人和清政府的利益是一致的，如果革命党上台，清政府灭亡，英国的在华利益将得不到保障，正如当年以英国为首的列强坚定地支持清政府镇压太平天国运动一样，对于革命党人的起义，英国等列强也应该毫不含糊地站在自己一边。

事实上，武昌起义突然爆发也确让列强的外交官们吓了一跳。据余绳武《辛亥革命时期帝国主义列强的侵华政策》一文引述，“外交家们吓得要死”，他们以为“革命要蔓延开了，另一次义和团要闹起来了，清朝要被推翻了”。英国《泰晤士报》驻北京的著名记者莫理循（George Morrison）在东交民巷骑着马跑来跑去，见人就说“清朝的末日已经临头了”。

但在暴风雨的中心，一切似乎相对平静。据胡滨《英国蓝皮书有关辛亥革命资料选译》，武昌起义爆发后，英国驻汉口的代理总领事葛福报告：“租界内一切平静，昨夜由水兵及志愿兵防守。”担任江汉关税务司的英国人苏古敦也报告：“革命军宣言，除对清政府外，对其他任何方面都是善意的，这一点是极为明确的。”

在对待列强的态度上，武汉新成立的军政府是冷静的，这与同盟会多年来所提出的主张是一致的。为了争取列强的支持，至少不让它们与清政府联起手来对付革命，对于列强在中国的利益，同盟会和军政府均给予认可和保护。武昌起义爆发后的第三天，武汉军政府就向各国发出了照会，核心内容有四条：“一、所有清国前此与各国缔结之条约，皆继续有效；二、居留军政府占领地域内之各国人民财产，一律承认保护；三、所有各国之既得权利，亦一体承认保护；四、应付之赔款或外债，仍由各省按期如数摊还。”起义军严格遵守了这些规定，注意保护外国人的生命和财产安全，占领武昌后，立即把各国传教士集中起来护送出城，下令对教堂资产予以保护。军政府还颁发了《刑赏令》，其中规定“保护租界者赏”“伤害外人者斩”。

所以，武昌起义爆发后没有出现令外国人担心的情况。葛福从汉口向在北京的英国驻华公使朱尔典汇报：“只要外国人不帮助满清政府，他们便将对外国人提供保护。”苏古敦根据自己的所见所闻也报告说“革命军很友好”，武汉三镇的“秩序非常好”“到处都很平静”。汇总了他们的报告，朱尔典向英国外交大臣格雷汇报：“此次革命举动，秩序井然，并于外人利益，非常尊重，与从前此等乱事，大不相侔。”

革命党人无意挑战列强在华的既得利益，至少他们迄今为止做出的所有表态都说明了这一点。孙中山曾代表同盟会发布过《通告各国书》，申明同盟会一贯的对外方针是，一方面承认清政府与各国所签订的条约及所借的外债，另一方面宣布“各国如有助满政府以攻我军者，即视同敌人”。1910 年初，正在美国筹款的孙中山还在《纽约时报》发表文章，表示“为了维护世界和平和增进人类的幸福，我们愿意同世界上所有友好国家建立更密切的外交关系”，“为了让世人清楚了解我们的立场和行动宗旨”，孙中山还发表了七条声明：

第一，于今天之前生效的、由满清政府与任何其他国家缔结的所有条约，将继续有效，直到条约期满之日为止。

第二，于今天之前由满清政府引入的任何外国贷款或其招致的任何国家赔款，将继续被没有变更地承认，并按以前的规定由海关支付。

第三，于今天之前由满清政府批准生效的所有外国在华租界，将继续受到尊重。

第四，在革命军占领范围之内的所有外国人的人身和财产完全受到保护。

第五，于今天之后生效的、由满清政府和外国政府达成的任何条约、特权、贷款、赔款等等，我们概不承认。

第六，不管具有任何外国国籍，只要其站在满清政府一边反对革命军，都将被视为敌人。

第七，由任何外国提供给满清政府的所有战争物资，一经缴获即全部没收充公。

这可以看作革命党人统一的对外政策，它一方面打消了列强的顾虑，从而不让自己与清政府绑在一辆战车上，另一方面也警告了列强，让他们不得不增加新的顾虑，那就是如果以借款、出兵等任何形式公开支持清政府，它们将被革命党人视为与清政府一样的敌人。

正因为如此，以英国为代表的列强对武昌起义的爆发才保持了谨慎的态度。列强大举侵华已半个多世纪，对中国社会的真实情况也有了自己的判断，在与清政府打交道的过程中，深知这个政府的腐败和低效，也知道大多数中国人对这个政府已经深深失望，执意去维持这样的政府对列强来说并非上策。

从当时的形势看，即使清政府不垮台中国也将陷入分裂、分治的局面，最有可能出现的情况是南北对峙，这对英国等列强来说又是最不利的。英国在华利益虽然巨大，但地域集中度很高，其所能主导的 28 处通商口岸中有 23 处位于南方，其中长江流域就有 11 处，7 处租借地中南方有 6 处，其中 4 处在长江流域，北方仅 1 处。这种情况是英国不得不考虑的，所以更不会轻易表态与革命党人为敌。

武昌起义爆发时孙中山还在美国，他是在 10 月 12 日的报纸上看到起义消息的。激动和欣喜之余，他立即想到了清政府接下来会向各国拼命举债以对付革命。当时，从中国国内到欧美等华人聚居地区，各处都在盛传革命党人一致推举孙中山回国主持大局并担任新政府大总统的消息，但孙中山决定先不回国而远赴欧洲，因为他觉得阻止各国向清政府借款并力争为革命政府借来款项比个人的地位得失更为紧要和急迫。

1911 年 11 月 11 日孙中山到达伦敦，通过美国朋友的介绍与英、美、法、德四国银行团主任进行了会谈，磋商停止给清政府借款的问题。银行团方面答复称这件事须由外交大臣才能决定，他们做不了主。孙中山于是通过有关渠道与英国外交大臣格雷进行了交涉，提出停止对清政府的一切借款。孙中山还与四国银行团继续接洽，希望它们借款给中国的新政府，四方银行团答复："银行财团借款给中国，只能与新政府交涉，但必须等你回国后成立了正式政府才能具体洽商。"

虽然孙中山为革命政府借款被婉拒了，但从各国的态度看，向清政府借款也暂时不在他们的考虑之列，这让孙中山松了口气。随后，孙中山又来到巴黎，会见了法国外长，又与法国的银行家们会谈，提出了类似要求。法国政府方面对于是否承认中国的新政府未进行正面表态，法国的银行家对于向中国新政府借款一事也表示谨慎。

总的来说，无论政治上还是经济上各国在清政府与革命政府之间都选择了中立。各国虽然在华利益的具体情况有所不同，对中国革命的态度也有些差别，但考虑到中国的大局和未来政治的走向，最终基本采取的都是中立或接近于中立的态度。驻汉口的外国领事除英国外还有法、俄、德、日等国，经过他们集体开会研究，最后共同发出布告并照会湖北军政府，表示各国将"严守中立"，随后上海方面的各国领事也发布公告宣布中立，英国政府还单独发表了一份声明："外国无论如何不应干涉中国内政。"

在这方面日本的态度可能较为特殊一些，日本官方希望支持清政府并维持其寿命，继而维护日本在中国的利益。所以，尽管日本对外表态中立，但私底下仍然站在清政府一边。1911 年 10 月中下旬，在日本陆军省主持下，三井物产等军火公司提出了对华的"武器出口组合"，准备卖武器给清政府。

西方列强总体上选择了中立，因为要他们真心支持中国的革命党也不现实，列强都不希望中国真的摆脱身上的枷锁强大起来，而对于革命党人一再声明的保护他们的在华利益，列强也并不放心。根据中国革命党人坚持的政治主张，"恢复中华"是他们的主要目标之一，虽然出于现实考虑不得不接受列强在华拥有的既得利益，但这并不是心甘情愿的，一旦时机成熟，肯定会废除清政府签订的对外不平等条约。

武昌起义爆发后，英国意识到清朝的皇帝已无法保留，英国外交大臣格雷曾为中国设想过一种政治体制，总体模式是参照英国那样实行君主立宪，但立的不是爱新觉罗氏，他提出的候选人是孔子的后裔。据日本驻华公使伊集院彦吉给日本外务大臣的电报，1911 年 12 月 16 日他曾在北京拜访了英国驻华公使朱尔典，朱尔典向他出示了英国外交大臣格雷发来的一份绝密电报，大意是："当前官、革双方在保存满洲朝廷基础上达成协议迨已全无可能，作为此时之解决方案，册立当代孔子后裔，结果如何，希即电复。"

这充分说明，英国等列强对清政府虽然已彻底失望，但对中国的革命党人他们也很不放心。在这种情况下，无论清政府还是革命党人，想从外国人那里借到钱自然不可能。

四　孙中山是个"穷总统"

武昌起义突然爆发，当时不仅孙中山身在国外，同盟会在国内的主要领导者黄兴、胡汉民、宋教仁等也不在武昌。在武昌的同盟会成员主要是 1906 年入会的蒋翊武、1909 年入会的孙武，以及彭楚藩、刘复基、杨宏胜等人，后来彭楚藩、刘复基、杨宏胜等牺牲，孙武被炸伤，蒋翊武因遭遇清军搜捕而被迫逃亡。武昌起义虽然取得了成功，却面临"群龙无首"的局面。

1911 年 10 月 11 日凌晨，各路起义军负责人聚集在湖北咨议局会议厅内，商议推荐谁来主持大局。有人提议由清军第 21 混成协统领黎元洪担任都督。在没有更好人选的情况下此议得到通过，黎元洪被推举为武汉军政府都督。

黎元洪是北洋水师出身，参加过甲午战争。清政府编练新军后，湖北因位置重要共编了 2 镇（相当于 2 个师），黎元洪任第 2 镇第 3 协统领

（相当于旅长）。后该部改编为第21混成协，黎元洪仍任统领，是掌握武汉三镇军权的实力人物。关于他就任军政府首脑，民间有个“床下都督”的说法，说起义爆发后他其实吓得要命，躲在姨太太的床下，后被新军士兵从床下搜出，又被用枪顶着头才勉强答应上任。据说黎元洪当时曾惊恐地对大家说：“此举事体重大，务要慎重。我不是革命党，我没有做都督的资格，够资格的是孙文，你们何不接他来担任都督？”

武昌起义爆发后，加强革命领导已刻不容缓，黄兴为此迅速赶往武昌，就任战时总司令，指挥革命军与清军作战。到11月初，南方的革命形势不断发生积极变化，在同盟会策动下，驻守南京地区的新军第9镇在秣陵关宣布起义，得到上海都督陈其美以及江苏、浙江一带起义军将领的响应。11月11日在镇江成立了联军司令部，黄兴也来到这里，联军于12月2日攻占了南京城。此时，整个长江以南要么被起义军占领，要么宣布脱离清政府。随后，各省先后派出代表来到南京，商议组建新政权一事。

革命的中心于是由武昌转到南京，各界人士都急盼孙中山回国。孙中山于是从欧洲动身回国。据《胡汉民自传》记述，孙中山路过香港时与胡汉民有过一次谈话，胡汉民对未来的革命政府并不看好，认为革命形势发展虽快，但阵营内部过于复杂，孙中山即使就任总统，但手里没有兵也没有钱，“元首且形同虚设”。胡汉民建议孙中山不如留在广州，在此练兵积蓄力量，再谋南北统一。孙中山没有接受胡汉民的建议，他说：“以形势论，沪宁在前方，不以身当其冲，而退就粤中修战备，此为避难就易，四方同志正引领属望，至此其谓我何？”对于未来的革命政府，孙中山还是很有信心的，他对胡汉民说：“我恃人心，敌恃兵力，既如所云，何故不善用所长，而用我所短？”

1911年12月25日上午，一艘由香港开来的轮船驶入上海黄浦江上的外滩海关码头，码头上聚集了大批欢迎人群，包括黄兴、宋教仁、陈其美等同盟会领导人以及记者、外国领事、地方官员、士绅代表等，还有许多普通市民、工人和学生，人们热烈地欢迎孙中山的到来。

在欢迎仪式上，有个记者问孙中山："听说您这次从海外带回了大笔巨款和军舰，有这回事吗?"孙中山微笑着回答："我这次回国，身上是不名一文，所带回的，唯革命精神而已!"这不免让很多人听了失望。当时盛传孙中山是携带巨款回国的。各省代表进驻南京后，有人建议由黄兴担任革命军大元帅，而江浙联军反对，提出只有孙中山才有资格担任这一职务。有人认为江浙联军就是奔着孙中山带回的巨款才这样表态的。与欢迎孙中山回国一样，关于有没有"巨款"的议论同样火热，孙中山自己后来也说："中外各报皆多传布谓予带有巨款回国，以助革命军，予甫抵上海之日，同志之所望我者以此，中外各报馆员所问者亦以此。"

次日，在上海的同盟会会员集体设宴欢迎孙中山的到来，并商议组织临时政府事宜。孙中山曾表示自己并未实际主持国内此次革命事业，光复中华"皆我军民之力，文孑身归国，毫发无功"，但大家仍一致表示推举孙中山为临时大总统。12 月 28 日至 29 日，各省代表进行了临时大总统选举，先选出有资格担任临时大总统的人，结果孙中山、黎元洪、黄兴等 3 人当选。在正式选举中，共有 17 个省的代表参加了投票，孙中山得 16 票，黄兴得 1 票，孙中山正式当选为中华民国第一任临时大总统，定于 1912 年 1 月 1 日在南京举行中华民国成立暨临时大总统就职典礼。

1912 年 1 月 1 日上午，孙中山乘火车赴南京，上海火车站万人欢送，列车经过各站均有大批民众聚会迎送孙中山，苏州火车站"共和万岁"之声响彻数里，常州、镇江各地的迎送队伍都超过万人。下午 5 时，列车抵达南京下关车站，又受到南京各界 5 万多人的欢迎，停泊在长江江面上的军舰和狮子山炮台上的大炮均鸣礼炮 21 响。在盛大的欢迎仪式中，孙中山一行前往清政府前两江总督署衙门下榻，在其门前的广场上又是一场盛大的欢迎仪式，孙中山乘坐的马车到达后，人群爆发出一阵阵欢呼声。

与热烈的欢迎仪式相比，这一天的天气却有些阴冷，还夹杂着阵阵细雨。孙中山虽然频频向人们微笑并挥手致意，但内心里想必也为“巨款”的事而像天气一样充满了阴郁。他的确是个“不名一文”的总统，但他有无比坚定的意志和百折不挠的革命决心，现在，他就要用这些带领大家去实现之前对革命所做出的承诺了。

临时大总统的就职典礼一直到夜里10时才举行，具体仪式是：在由两江总督署衙门改成的总统府内，孙中山就大总统位，参加典礼人员排列两阶，行三鞠躬礼，各炮台再次鸣礼炮21响，军乐队奏军乐；各省代表派出代表报告选举情形，孙中山宣读誓词，各省代表致欢迎词并致总统印绶，孙中山受印，海陆军人代表读颂词，孙中山答词，再奏乐，礼毕。从仪式上看，此典礼就与传统封建王朝有很大不同，如女性可以参与仪式、行鞠躬礼而不是跪拜礼、就任前宣读誓词等，体现出许多现代元素。这一天是西历的元旦，一元复始、万象更新，人们都期待着一个新的代表国民的政权在共和制度下带领苦难的中国走向新的纪元。

孙中山正式就任中华民国临时大总统后，各省督军以及社会各界纷纷发来贺电。许多人把中国视为美国，把孙中山视为华盛顿，有人认为昨天自己还是皇清臣民，今天已成了“共和国民”，共和国将与专制社会告别，国家将实现振兴，对国家、对个人都有划时代的意义。《民立报》在孙中山就任临时大总统当天发表的社论可以看作当时社会各界和民众普遍的心声：

> 吾民今渐入于幸福之境，而日出于困苦之域。吾人民即宜知共和国民之天职，已加于吾人之身。而国民对于国家纳税从军之种种义务，俱宜担荷而不可放弃，尤须一德一心，艰难缔造，以勉进完美共和之局。则我庄严民国存立于世界，可历万古而不毁。记者对此，谨祝中华民国万岁！

孙中山就任临时大总统时发布的宣言书阐述了中华民国的对外政策："临时政府成立以后，当尽文明国应尽之义务，以期享文明国应享之权利。满清时代辱国之举措与排外之心理，务一洗而去之；与我友邦益增睦谊，持和平主义，将使中国见重于国际社会，且将使世界渐趋于大同。循序以进，不为幸获。对外方针，实在于是。"临时政府随后又发表了对外宣言，除再次明确各项对外方针政策外，也呼吁世界各国承认南京临时政府。

临时政府成立后，在外交政策方面似乎只有近邻日本的经验可供借鉴。1868 年明治维新前日本的国情与中国类似，甚至比中国更差。明治政府掌权后没有立即废除前德川幕府与欧美列强签订的一系列不平等条约，而是首先争取列强的承认和支持，着力进行国内的政治、经济、军事和文化方面的改革，之后才谨慎地与欧美国家商讨修改不平等条约事宜。随着日本国力的不断强盛，欧美列强对日本的态度也不断发生变化。日本又利用列强之间的矛盾，于 1894 年率先与英国签订了条约，宣布 5 年后废除英国与德川幕府签订的所有不平等条约。之后日本又与其他欧美国家陆续签订了类似条约，最终使日本摆脱了这些不平等条约的束缚，成为亚洲近代第一个主权独立的国家。

美国国际法学者阿库斯特在《现代国际法概论》中曾指出："国际法上不存在任何禁止一批人推翻他们国家的政府，只要他们有力量这样做就可以。"但在现实情况下，各国是否承认一国另一个新政权的合法地位，更多地取决于形势的判断和利益的权衡。当时南京临时政府虽然成立了，但清朝政府却还在，清朝的皇帝还住在北京的紫禁城中，列强继续了他们所谓的"中立"政策，对南京临时政府的呼吁给予冷淡处理。

对于孙中山和他领导的临时政府来说，尽管得到许多民众的热烈拥护，但在政治、军事、外交等方面都面临着十分严峻的局面，南北还在对峙，列强均不承认新政府，革命阵营内部也意见纷呈、各有诉求，如不能迅速打开局面，则如火如荼的革命形势也许仅是昙花一现。南方各省的实际掌权者虽然表示拥戴临时政府，但多停留在口头上，大多数人都在观望，有人将把这种现象称为“电报统一”。

这些困难还只是一方面，财政方面的困难更为紧迫和严重，英国驻南京领事馆随时通过电报向在北京的英国驻华公使朱尔典汇报情况。他们报告说南京临时政府及独立的各省军政府“缺乏现款”，尤其是南京临时政府的财政状况几近枯竭，“可供行政管理费用的税收甚至不够支付各部总长的薪金，他们中间大多数人的职责完全是有名无实的，所以直到目前为止没有给他们提供办公室或办事人员”；英国驻华公使馆则向国内报告说：“革命派首领们进行军事的政治的斗争主要困难是款项问题。”

所以，各国不会仓促承认临时政府，它们至少也要观察一下再说。当临时政府请求各国予以承认时，英国政府表示：“按照国际惯例，对于一国之政府应俟其召开国会制定宪法根据宪法选出大总统，并使现时之临时政府成为具有宪法权能之永久政府，或由此种永久政府所代替时，方能正式予以承认。”日本政府在一份外交备忘录也提出：“当中国建成巩固之新政府，而此新政府又能显示出具有履行该国所承担之各项国际义务的意志及实力时，各国即应对此新政府予以承认。但鉴于中国目前现状，各国政府应在此时先就有关承认之各项问题加以慎重考虑。”

在美国，包括一些国会议员在内有许多人支持承认中华民国政府，但由政府立即出面公开表态也很困难。一位美国议员在会见日本驻美大使时说：“此次中国建成共和政体，乃近世最堪叹赏之一大进步，各国本应尽早予以承认并尽可能给予援助与支持。然而迄今为止各国不但计不出此，反而在借款问题上横生枝节，提出监督条件纠缠不休。其目的无非为庇护欧美资本家之私利，不得不谓为横暴之举。”

综上，南京临时政府自成立一直到解散，都没有得到过一个欧美国家的公开承认。

五　金库里只剩十块钱

欧美各国对临时政府的态度对孙中山造成了很大的压力，同盟会早期成员李书城在回忆录中说，起初“上海和南京方面的同志对于获得外国政府的承认和借款本抱有极大希望，但结果却成泡影，因而他们对孙先生多不谅解，说孙中山先生只是‘放大炮’”。

孙中山当然也能深刻地体会到这些，所以他最关心的事就是出师北伐，以武力实现南北统一，之后不仅可以开始着手治理这个国家，而且也会得到欧美各国的承认。为此，就任临时大总统后孙中山立即着手临时政府的军事建设，用了很大的力量去统一军制。

南方各省的督军虽然表示拥戴临时大总统，服从中华民国的调遣，但正如胡汉民分析的那样，这些军队并不实际掌握在孙中山和临时政府手里，要顺利实施北伐，彻底推翻清朝政权，必须建立一支号令统一、听从指挥的军队。临时政府成立的第二天，临时政府参议院就通过了《中华民国临时政府组织大纲》，其中军事组织一部分有细致规定，明确“临时大总统有统率海陆军之权”，成立陆军部、海军部以及总统的军事幕僚机构参谋部，其中陆军部设七局二处，海军部设五局二处，参谋部设六局，都直接向大总统负责；同时明确“陆、海、参三部皆属平时领率机构，战时大总统成立大本营，直接实施军事指挥”，在大本营内部又设作战局、兵站局等机构；此外还成立了直接隶属于大总统的南京卫戍总督，负责南京卫戍及治安。

陆军总长黄兴就任后，颁布了《陆军编制表》和《陆军给予令》，强调军令、军权的统一，对各部重新编制，规定不得私自招兵募饷。据估算，当时表示服从南京临时政府调遣的各类军队有 30 多万人，南京临时政府对他们进行了整编，陆军部先将人员较为集中的江淮浙闽等地的军队改编为21个师，海军部也对长江水面上的各类水师进行了整编。

对于这次整编，各地掌握实权的督军们普遍表示拥护，因为这改变不了他们对军队的实际掌握，反而可以趁机向临时政府要枪要饷。根据当时的资料统计，每个师每月的军费大约在50万~60万元之间，合计后将是一笔巨款。临时政府于1月份成立，前两个月的预算资料较为混乱，到3月份其整体预算已较为清晰，军费合计是893.6万元，加上海军部和大本营的预算，当月仅军费一项就高达913万元，占临时政府当月总预算的93%。

面对庞大的支出，临时政府的财政收入却远远跟不上。按照清政府之前的财政收入结构，田赋是一大块，其次是盐税、关税。临时政府表面上辖有十几个省，但这些地方的行政权、财权都是独立的，临时政府成立后虽三令五申要求各省向中央报解田赋等收入，但各省无一执行。有的地方因为新政府刚成立，实际控制能力有限，所谓“县款不解于省，省款不解于中央”，有的则是有意截留。盐税以及实际掌握在各地的厘金虽然也是一大块收入，但在清政府治下这两项收入早已变相成为各地军饷的主要来源，南京临时政府根本无法调动。

关税的规模更大，每年有数千万两，但海关的控制权早已落入外国人之手，关税成为外债和战争赔款的抵押物，事实上已不归中国所有，清政府的历任海关总税务司都是英国人担任的，重要海关的税务司也多是洋人。武昌起义爆发后，总税务司安格联马上下令江汉关税务司苏古敦“将税款设法汇入汇丰银行我的账内，等候事态的发展”。看到各地革命形势发展迅猛，安格联马上向清政府提出“采取某种方计，确保关税不致为革命党用作军费，并留供偿还外债”的建议，之后所有关税收入全部划存到上海外国银行的专用账户中。英国驻华公使朱尔典明确表示：“清政府已被阻止使用任何一部分海关岁入，因为该岁入已抵押给各国的债券持有人；革命军也同样不得干涉所有被指定用来偿付外债的现款。”

每天都有数十拨人到陆军部“取饷”，领不到钱，有军官扬言“军队乏铜即溃，到那时只好自由行动，莫怪对不住地方”。英国驻上海领事馆曾向上面提交秘密报告，称“驻南京的大批未发军饷的部队，正使本地的中国人感到很大的不安”，“驻南京的其他部队，以及本地招募的士兵在内，都欠有二至四个月的饷银”。据黄兴的儿子黄一欧回忆：“先君担任陆军总长、参谋总长兼大本营兵站总督，发军饷、买军火都要钱，因为军饷没着落，经常奔走于南京、上海间，累得吐了血。”对临时政府来说，除了军费还有浩繁的行政费用，难民救济、烈士子女抚恤等也都刻不容缓，这些都需要钱。

正着力筹划北伐事宜的孙中山不得不拿出大部分精力去解决财政问题，他曾说：“民国政府以军需孔急，非得巨款，无以解当前之困。”孙中山还对日本友人宫琦滔天说：“你如果不保证在一周内给我弄到五百万元，我当了总统也只好逃走。”已来南京就任临时政府秘书长的胡汉民曾回忆：“一日，安徽都督孙毓绮以专使来，言需铜奇急，求济于政府。先生即批给二十万，余奉令至财政部，则金库仅存十洋。”

对于经济问题，孙中山原来还是很乐观的。武昌起义前他曾多次阐述民生主义的理想，认为临时共和政府成立后“则财政无忧不继，因有外债可借，不出抵押，但出四厘半利息，已借不胜借”，他还乐观地估计仅土地登记税一项“新政权就可以收人 40 亿元”，那时中国“已成地球上首富之国”，但现实的情况却如此艰难。孙中山就任临时大总统的第三天，即与临时政府聘任的实业总长张謇见面商谈发展经济问题。许多年后，张謇的孙子、在新中国担任过江苏省副省长的张绪武翻看祖父的日记，发现里面记述了这次谈话的一些情况。这位晚清状元出身的近代著名实业家在当天的日记中对孙中山作了 4 个字的评价：“不知崖畔。”

“崖”即边际、边界，“崖畔”意为危局。以往有人认为张謇的这几个字是想说孙中山不知道所处的境况，所作所为脱离实际，换句今天的话就是“不靠谱”。但显然这样的理解不是张謇的本意，身处危境而不知非善于审时度势者所为，更不是孙中山这样的革命领袖所为，张謇说的“不知崖畔”当意为“不畏崖畔”，这是孙中山革命意志和决心的一贯体现。

张謇创办过中国第一所纺织专业学校，建设了中国首个近代化的棉纺织原料供应基地，进行棉花改良和推广种植工作，在纺织、航运等方面创办了20多个企业，清政府授予他三品官衔。1909年张謇被推举为江苏咨议局议长，同时兼任两淮盐总理。南京临时政府成立后孙中山请张謇担任实业总长，想发挥他在经济方面的专长，解决南京临时政府在经济和财政方面的困难。据张孝若《南通张季直先生传记》，张謇对临时政府的财政收入情况进行了测算，他估计：“中央行政并外交费用，至少须每年两千万两。如是估计中央政府每年支出以极少之数核计，须有一万二千万两。”又据张謇《对于南京政府财政之意见书》，他认为当时临时政府所有财政收入全部核计，每年也至多4000万两，意味着每年将短缺“八千万两之款”。

南京临时政府既已无力维持自身运转，对各省的情况也爱莫能助，各省只能采取各种各样的办法去“自救”。四川军政府成立后，因无力支付下属军饷，只好滥发纸币，没有白银储备作担保，只能用从“俘获的抢劫者手中收回的丝绸和皮毛”作担保，同时接受“自愿捐款”；湖南军政府因收入来源有限，把水口矿的锌矿石按每吨18.5两的低价卖给外国洋行以筹措现款，该省还宣布自行发行500万元的公债，年息6厘，10年还清，试图以此筹款；广东军政府财政枯竭，靠“募款”度日；上海军政府的主要筹款方式是发行公债和“募捐”。而以上所谓募款、募捐都是文明的说明，其实就是硬性摊派。

相比而言湖北的情况稍好，黎元洪以临时政府副总统的身份主持湖北军政府，但黎元洪不仅不替孙中山分忧，还向临时政府发来电报称“鄂省财政，万分窘迫”，“若不急为设法，万难支持”，并向临时政府上报了“困难情形及收支数目”，请中央政府给予解决。不过，从1912年1月5日《申报》刊登的一条消息里看到的却不是这样的情况，该消息说黎元洪对外宣称“湖北财政甚为充足，贮藏铜块、银块能敷数月军资”。

六　从天而降的中国银行

在南京临时政府陷入财政困境的时候也遇到一个机遇，它为缓解经济难题带来一丝曙光。

就在临时政府成立后不久，孙中山接到了大清银行商股联合会的上书，请求临时政府对该行进行改组。孙中山敏锐地感到这是一个契机，立即批准，并迅速将其改组为中国银行，作为临时政府的中央银行。

近代中国银行业发展缓慢，一直到光绪三十年（1904）3月才由清政府当时的户部牵头成了一家具有央行性质的银行，即大清户部银行。1908年2月该行改称大清银行，除北京总行外，还在上海、天津、汉口等地设立了20家分行。改名后的大清银行性质为股份有限公司，资本总额1000万两，分为10万股，分别由清政府和私人各持5万股。清政府颁布了《大清银行则例》，共24条，进一步确认了该行的国家银行性质，明确该行除经营一般银行业务外还兼有发行纸币、经管国库等权项。

武昌起义后南方各省先后“独立”，大清银行已无法经营，该行于1911年12月30日宣布停业，在上海成立总清理处，办理结束事宜。该行的私人股东们很着急，一方面担心因战乱该行彻底完结，自己的投资颗粒无收，另一方面也担心清政府或南方军政府把该行的私人股份没收了。南京临时政府成立后，大清银行商股联合会意识到与临时政府合作或许有一线生机，于是上书请求改组。

孙中山迅速批示，准其“所请大清银行改组为中国银行”，决定“添招商股五百万两，变为新政府之中央银行，由部筹拨巨款，以为补助”。接着，临时政府牵头成立大清银行清理处，清理大清银行之前所有债权债务等旧账，废止了清政府颁布的《大清银行则例》，重新制定《中国银行条例》，共30条，明确中国银行仍为股份有限公司，重新核定其股本为2000万两库平银，计分200万股招募。1912年2月5日中国银行正式挂牌营业，在其新的股权结构中，原计划由南京临时政府占500万两，由于当时百废待兴，临时政府无法马上拿出这笔钱，但这并没有影响中国银行的开业经营，此后该行一直保存下来。

有了自己的“央行”，临时政府财政金融建设就多了一个选项。南京临时政府以中国银行的组建为依托，立即着手统一币制。由于清政府一向不重视金融建设，也没有能力对金融体系加以统一和规范，所以晚清以来金融建设不仅落后而且混乱，银两、银元、铜钱、铁钱以及外国银行发行的各种纸币在中国均有流通，银两成色不一，钱币也存在私铸现象，各地钱庄、票号还自行发行可供流通的票据，货币体系可谓混乱不堪。清政府曾试图统一货币，铸造了铜元“划一币制”，结果更加混乱。币制不仅没有统一，市场上又增加了由各地铸造的形式不一的铜元。这种混乱局面对本已脆弱不堪的金融体系产生了严重打击，上海原有“钱庄票号一百数十家，今只强存二十余家”。

临时政府决定发行新的货币，1912年3月11日，财政总长陈锦涛经请示孙中山，决定铸造银币1000万元。孙中山批准，将清政府原江南造币厂改为中华民国中央造币厂，南方各省原来也都有造币厂，全改为中央造币厂的分厂，开始铸造新银元。这种银元上有孙中山头像，由于原料缺乏等原因，实际发行量小得多。据有关资料显示，临时政府从中央造币厂最后取得的银元只有10万多元。各省虽也铸造了一部分银元，但基本都被各省军政府截留。由于其总发行量有限，因而在今天的收藏市场上这类银元均价格不菲。

相比而言发行军票的实际作用更大一些。在完全实现货币统一前，临时政府决定发生一部分军用票，初定总额为100万元，后增至500万元，对外承诺数月后可持该票到新组建的中国银行兑换银元。为维护军票的声誉，临时政府陆军部、财政部分别设立了兑换所，允许军票持有者兑换成现钱。

但是，这些都无法满足临时政府巨大的财政需求，为此临时政府又通过了发行公债的决定，计划发行总额为1亿元，但效果并不理想。据《梁燕孙先生年谱》记载："惟其发行区域仅限于民军势力所及之地，而债票又为各省都督事先领出，除拨发军饷外，多以贱价出售，南京政府直接募入之款，不过五百万元而已。"而且，军票、公债发行后产生了很大副作用，就连临时政府所在地南京的商人们都拒绝接受军票，钱业、米店还通过停业罢市进行抗议，广东、上海等地的商人更把临时政府发行的军票称为"胡子马贼"。

但不管怎么说，通过整顿大清银行，临时政府在金融方面有了一定的作为。铸造银元、发行军票和公债，虽然收到的实际成效远不如预期，但也筹措到一定的资金，为艰难度日的临时政府起到了雪中送炭的作用。

临时政府意识到"国家富源，在于实业，而实业命脉，系于金融"，在金融制度建设方面以改组大清银行为契机，先后颁布了《海外汇业银行则例》《兴农银行则例》《惠工银行则例》《殖边银行则例》《庶民银行则例》《约束钱庄暂行章程》等金融法规，通过发展近代商业银行，试图改变以旧式钱庄、票号为代表的信用狭窄、封建行帮性严重的旧式金融体系。

当时有一部分商人提出筹办银行，临时政府财政部均予以支持。在临时政府成立前中国人自己开办的银行只有17家，而临时政府成立的当年即有14家银行开业，其中包括湖北实业银行、中华实业银行、浙江兴业银行、广东实业银行等实力较为雄厚的银行，这些都是临时政府在金融建设方面取得的成绩。只是这些努力还无法一时显效，对临时政府来说，彻底化解财政危机只靠金融整顿还远远不够。

七　对外借款风波

现在，只剩下一条路了，那就是对外借款。

晚清政府不断向外国人借款，为此牺牲了中国大量的权益，革命党人对此也给予过不少抨击，但现实问题摆在面前且如此严峻，即使再不愿意，也只能试试这条路了。

据孙中山的日本友人山田纯三郎在《南京政府之正体》一书中回忆，1911 年 12 月 25 日孙中山在上海曾对他说“帮助搞点钱吧”“越多越好”，具体数额“一千万、两千万都可以”。在此之前，革命党人刚攻占南京时曾向日本大仓洋行借款 54 万两，用来购买军械。南京临时政府成立后，经黄兴之手又向日本三井洋行借款 30 万元，以临时应急。但这些钱都不是“大款”，难以满足临时政府的需要。在组建临时政府内阁时孙中山已经考虑到对外借款问题，所以在财政总长的人选上特别邀请陈锦涛就任。

陈锦涛幼年就读于香港皇仁书院，后担任过北洋大学堂的教习，又到美国就读于哥伦比亚大学和耶鲁大学，获博士学位，回国后参加了清政府的学部考试，获第一名，被授予法政科进士，历任度支部预算司长、统计局局长、币制改良委员会会长、大清银行副监督、度支部副大臣等职。1911 年夏，清政府计划向四国银行借款，陈锦涛被任命为首席谈判代表赴伦敦与各国银行代表会谈，借款未成，陈锦涛回国，后被孙中山邀请担任了临时政府的财政总长。

的确，在借外款方面没有人比陈锦涛更熟悉了，据《孙中山年谱长编》，早在1904年孙中山在美国活动期间，陈锦涛即与孙中山“时相过从”，经常在一起探讨革命的外交、经济问题，严复更说陈锦涛“本老同盟会人”，至少在这一阶段其政治立场与革命党相近。临时政府整顿大清银行，也主要是陈锦涛操办的。

孙中山对陈锦涛寄予厚望，陈锦涛就任财政总长后也立即赶往上海，与外国银行代表、外国洋行进行商谈，希望能借到钱，但欧美各国此时仍坚持“金融中立”政策，加上对临时政府越来越不看好，自然不肯借钱。陈锦涛的借款努力只在日本几家洋行方面取得了一些进展，其中向三井银行又分别借到300万日元和200万日元，向今野洋行借到300万日元。这些钱大部分用作军费，一小部分用作行政费用，具体情况见表1.3。

表1.3　　南京临时政府的主要外债

借款名称	三井洋行借款	今野洋行借款	汉冶萍抵押借款
时间	1912-02-02	1912-02-15	1912-02-26
借款金额（日元）	300万	300万	200万
债权方	日本三井洋行	日本今野洋行	日本三井洋行
利息	年息8.5厘	用息1厘	年息7厘
担保	公司产业	以民元军用公债抵押	汉冶萍公司股票
期限	1年	半年	半年
用途	军政费用	军费	军费

资料来源：徐义生，《中国近代外债史统计资料1853-1927》，中华书局1962年版。

1912年2月26日向日本三井洋行所借的200万日元，虽然数目不大，却掀起了巨大波澜。

汉冶萍公司是中国近代最早的钢铁联合企业，最早起源于1890年张之洞在汉阳龟山兴建的湖北铁厂。1908年盛宣怀奏请清政府批准，合并汉阳铁厂、大冶铁矿和萍乡煤矿正式成立汉冶萍煤铁厂矿有限公司，在当时不仅是中国、同时也是亚洲最大的钢铁联合企业。到辛亥革命前，汉冶萍公司共有员工7000多人，年产钢近7万吨、铁矿50万吨、煤60万吨，占清政府全年钢产量的90%以上。

对清政府来说，汉冶萍公司不是一般的实业，而事关国家战略，所以一直坚持不得有外资入股。日本方面对该公司觊觎已久，借着临时政府急需外款的机会，多次暗示可以通过“中日合办”而向中国借款。辛亥革命前汉冶萍公司的负责人是盛宣怀，革命爆发时，为“避乱”他逃到了日本，看到南京临时政府急需用钱，便从中积极联络各方，主张接受“合办”的条件向日本借款，其真实目的是以此与南京临时政府以及日本方面都搭上关系、获取好处，以改变他当时所处的不利处境。

孙中山虽同意盛宣怀负责联络谈判，但对“合办”持反对意见。他曾对汉冶萍公司代表说“惟所拟中日合办，恐有流弊”，提出“不若公司自借巨款，由政府担保”，之后汉冶萍公司再“转借与民国”。为调动盛宣怀的积极性，孙中山承诺对盛宣怀在国内的“不动产可承认发还”，盛宣怀本人如果回国，将得到保护。

但是，日本方面坚持不“合办”就不可能借款。盛宣怀为了让借款成功，与日本财团秘密商谈，在神户签订了《汉冶萍公司与日商代表会订华日合办草合同大纲》，规定改汉冶萍公司为“华日合办”，总公司设在上海，股本3000万元，中日双方各占一半。1912年2月12日，盛宣怀从日本正金银行提取了300万日元借款，把这笔钱的一部分转到三井洋行，三井洋行后来转给南京政府约200万日元。

消息传出，立即招致广泛批评和反对。辛亥革命后汉冶萍公司已脱离清政府，该公司资产实际上为所在的鄂、湘、赣三省作为各自的“省产”，现在要搞“中日合办”，总部又要迁往上海，这些省的军政府自然强烈抵制。黎元洪一直对南京临时政府明尊暗违，现在让他找到了借口，不到一个月里先后6次致电南京，语言一次比一次犀利，甚至说：“前清屡次抵债，尚顾惜此区区而不之界；乃民国新造，反弃此权利。恐满清遗孽亦当笑人矣！”

临时政府实业总长张謇也反对汉冶萍公司借款，竟因此愤然辞去实业总长一职。张謇认为：“汉冶萍之历史，鄙人知之最详，综要言之，凡他商业，皆可与外人合资，惟铁厂则不可。铁厂容或可与他国合资，惟日人则万不可。日人处心积虑以谋我，非一日矣。”张謇也对临时政府提出了尖锐批评：“民国政府建立伊始，纵不能有善良政策，为国民所讴歌，亦何至因区区数百万之借款，贻他日无穷之累，为万国所笑。”

南京临时政府从汉冶萍公司借款中得到的只不过区区 200 万日元，但由此造成的强烈反弹令人始料不及。孙中山在给章太炎的一封信里写道：“此事弟非不知利权有外溢之处，其不敢爱惜声名，冒不韪而为之者，犹之寒天解衣付质，疗饥为急。”孙中山一直视章太炎为革命同志，章太炎本人也在日本加入过同盟会，不过后来章太炎与孙中山的革命见解渐渐出现了分歧。武昌起义胜利之后章太炎提出“革命军起，革命党消”，主张解散同盟会，并和一些立宪党人计划组建中华民国联合会。南京临时政府成立后聘章太炎为总统府枢密顾问，他却不愿意待在南京而常住上海。

从孙中山给章太炎写的这封信来看，想必章太炎对汉冶萍公司借款一事也提出了强烈批评，孙中山不得不耐心解释。孙中山还对章太炎说：“先生等盖未知南京军队之现状也，每日到陆军部取饷者数十起。军事用票，非不可行，而现在太少，无以转换。虽强迫市人，亦复无益。年内无巨宗之收入，将且立碚。”

与汉冶萍公司借款同时进行的还有一笔轮船招商局抵押借款案。轮船招商局是晚清的另一个“标志性企业”，由李鸿章创建，是中国近代各类工交企业中规模最大、最早引进西方技术和管理方式的企业，至 1902 年该公司资本实值 2000 万两，后一度转为商办，1910 年起又恢复为官督商办。辛亥革命前该公司拥有有江海轮船 29 艘，总吨位 49373 吨。

在这一时期的轮船招商局决策层里，盛宣怀也是一个核心人物。1909 年盛宣怀、郑观应等 9 人被选为公司董事，盛宣怀为主席。1910 年清政府任命盛宣怀为董事会会长。1911 年初盛宣怀担任了清政府的邮传部尚书，按规定辞去会长职务，伍廷芳等 9 人被选为董事。但盛宣怀在轮船招商局中已拥有巨大股份，仍保持着实际控制力。武昌起义前盛宣怀主张“铁路国有”，结果酿成了四川的保路运动，后不得不逃往日本躲避。1911 年 11 月 4 日上海宣布“独立”，后拥护南京临时政府，轮船招商局和在沪的其他公司一样挂白旗表示拥护革命。身在日本的盛宣怀担心资产被临时政府强行接收，干脆打着为临时政府筹款的旗号，以轮船招商局资产为抵押，向英国汇丰银行借款 150 万两，并拿出 10 万两捐给革命军。后来，临时政府的财政状况越来越紧张，黄兴等与日本大仓洋行代表谈判，计划以轮船招商局资产作抵押，向该洋行借款 400 万元，后经临时政府内阁会议讨论，又把借款数额增加到 1000 万元。

此举遭到了轮船招商局股东和董事们的强烈抵制，临时政府以及上海军政府虽出面施压，股东和董事会也在表面上让步，但他们提出需召开股东大会进行表决，之后更是再三拖延，拖到会议不得不开时，大部分股东都以路远等种种理由推脱，到会股东只能代表全部股权的 1/10。外界也有不少人反对，黎元洪以临时政府副总统的身份致电孙中山，称“招商局为国家之重要交通机构，若以该局为抵押让与外人，则扬子江流域交通事业悉将归于外人掌握之中”，还说“招商局借款倘成立，则民国之航权必随之而丧失殆尽”。

日本方面也突然变卦，改抵押借款为“合资经营”。临时政府参议院最后指出，汉冶萍公司借款案和轮船招商局借款案都没有提交参议院审议，而是由临时大总统和陆军总长签字达成，违反了临时政府组织大纲的有关规定，参议院不予承认。

向外国借款几乎是临时政府的最后一步棋了，眼看也无法如愿，孙中山为此更加焦急。辛亥革命的亲历者李书诚在回忆录中写道：“某晚，黄兴先生约我同见孙先生，询问向英美借款事有无头绪。孙先生当时正在看外国报纸，他放下报纸回答说：‘外国人曾向我说过，只要中国革命党取得政权，组织了政府，他们就可同中国革命党的政府商谈借款。我就职以后，曾向他们要求借款，并已电催过几次，昨天还曾发电催问，请他们实践诺言，但今日是星期六，明日是星期日，外国人在休假日是照例不办公的。明日不会有复电，后天可能有复电来，我再告诉你。’”

然而，又过了几个星期，一直到南京临时政府解散，“外国借贷还是杳无回音”。

八 打不动了，只好议和

欧美各国继续执行“金融中立”政策，是因为它们不相信清政府更不相信南京临时政府，只有他们属意的人登场，控制住中国的局势，他们才会出手。

南京临时政府和清政府都面临着越来越严重、越来越急迫的财政危机，临时政府方面因为连军饷都不能保证，所以军心浮动、战斗力下降，不用说北伐，就连维持基本稳定都越来越困难。据胡滨翻译的《英国蓝皮书有关辛亥革命资料选译》所载英国驻华公使朱尔典发回国内的一封公函记载，当时南京城里“到处都有成群结队的骚动的士兵，叫嚷发放欠饷”，而社会上“抢劫之案层见迭出”，同时商业萧条、银元飞涨。《民立报》发表的文章称“人心恐慌，几达极点”，《申报》发表的文章称“我商民处此时代，真有岌岌不可终日之势”。为克服财政危机，临时政府自秘书长以下官员一律每月只领取 30 元薪资，地方政府官员的薪资一般每月仅 20 元。

而清政府方面情况似乎更窘迫，1911 年 12 月 16 日《时报》刊发了一则消息，说“北京财政匮竭，所有各部薪水本月已概不发给”。各国驻华公使馆似乎对这方面的情况也格外留意，英国驻华武官向该国公使朱尔典提交了一份调查报告，上面说：“目前帝国金库缺乏金钱，各省纳贡实际已停止”；法国驻华武官向该国陆军部报告说：“每一党派的首要的和最根本的问题都是财政问题，政府现在只能获得三个省的税收，由于维持作战部队和购买武器弹药，国库已空。”

南方的临时政府无力北伐，北方的清政府也无力南征，双方都因严重的财政问题而陷入僵持。

这是一种极其危险的状况，因为这是外力干预中国的最佳时机，正如美国学者拉尔夫·尔·鲍威尔在《1895－1912 年中国军事力量的兴起》一书中所指出的那样：“内战的持续，不可避免地导致大清帝国权力的进一步削弱，也增加了外国干涉的危险。特别危险的是，俄国和日本可能乘机浑水摸鱼。中国的领袖人物，无论他是民党或帝党，没有一个人能够完全无视这种可能。”在欧美列强中，沙俄对中国的侵略野心最大，它一直想通过外蒙独立然后一步步把中国分裂成几个独立的国家。法国支持俄国，想以此把自己的势力扩展到东北、蒙古以及新疆等地。日本也很高调，除既有的势力范围外，正谋划进一步加强对东北的侵略，它的目标是至少与俄国分占东北。尽管有清政府和南京临时政府对峙，但中国大部省份事实上已呈分治之势，以各省的力量去应对列强急遽膨胀的分裂中国的野心，将是很危险的，弄不好就会让国家真的走向四分五裂。

社会各界也都看到了这种严峻局面，所以纷纷呼吁南北议和，尽快使国家走向统一。在当时的报刊上，议和成为讨论最多的话题。《申报》发表文章说：“今日之议和以共和为大前提，能共和则和议成，世界受和平之福，不能共和则和议绝望，同胞重罹锋镝之危。”《大公报》发表评论说：“为今之计，莫若即行停战，选定地点，召集各省各藩属举出国民代表，开国民会议，将中国前途问题付诸公决。”各地督军也纷纷通电议和，湖南都督谭延闿向南京方面报告：“昨接陈都督效电及南昌马都督巧电，福州孙都督好电，以停战议和。”社会上也出现了许多主张议和的团体，它们“磋商对内对外妥善之方法，以期保疆土之统一，复人道之和平”。有些团体联合起来还在上海筹备了临时会议，呼吁“务请各省举派代表，迅即莅沪集议”。胡汉民回忆说：“当时民众心理，具祝福于议和。逆之而行，乃至不易。”

武昌起义爆发后清政府的核心权力发生了重大变化，之前掌握实权的是宣统皇帝的父亲摄政王载沣，国务总理大臣奕劻权力被削弱，奕劻支持的实力派人物、军机大臣袁世凯被解职，到河南安阳的洹上村“隐居”。随着武昌起义的爆发，奕劻一派重新掌权，载沣卸去摄政王，以醇亲王的名义退归藩邸，袁世凯重新“出山”，被任命为国务总理大臣，于 1911 年 11 月 16 日重建了新的内阁，全面负责对付南方的临时政府。

在现实困境面前，又面临国际国内环境的共同约束，南北两个政府不得不考虑议和的问题了。事实上，早在南京临时政府成立之前南北双方就已经开始了接触，南方革命党人提出了清朝皇帝退位、选举总统、建立共和政府等议和条件。袁世凯掌权后，充分施展权谋，一会儿用革命党压制清朝皇室，迫其退位，一会儿又以清政府和欧美列强压制革命政府，迫其做出让步。以英国驻华公使朱尔典为代表的欧美外交人员名为“调停”，实际上对袁世凯暗中相助，以期在南北议和期间为袁世凯谋取最大的政治利益。

孙中山和袁世凯互发电报，既表达议和之意，又有针锋相对的斗争。孙中山通电称袁世凯为“北京袁总理”，表示“虚位以待”。袁世凯复电称孙中山为“孙逸仙君”，而不称其职衔，意思是不承认其临时大总统的合法性。于是孙中山再给袁世凯发电报就改称其为“袁慰亭君”。

相对于称呼问题，政体之争、组阁之争以及定都之争才是议和交锋的关键。双方都认为清朝皇帝退位已不可避免，未来中国的政体必须明确下来。当时西方国家的政体大致有三种类型：一是内阁制，如英国；二是总统制，如美国；三是介于二者之间的委员制，如瑞士。南京临时政府筹建期间即对政体有过激烈争论，有人主张实行总统制，有人主张实行内阁制，后决定采用总统制，并在《中华民国临时政府组织大纲》中进行了明确。清朝皇帝如果退位，孙中山承诺把总统之位让给袁世凯。以临时政府法制局局长宋教仁为代表的一部分革命党人认为应该把政体改为内阁制，以约束袁世凯的权力。临时政府参议院为此通过了《中华民国临时约法》，并于 1912 年 3 月 11 日向社会公布。这样一来，大总统的权力虽然没有减少，但受到限制。

对此袁世凯只能接受，因为他未来要就任的是中华民国的总统，而这个政权目前并不在自己手上，为今之计只有先坐上这个宝座再说坐稳、坐好的事。为了先把位子坐上，现在有话可以好说。不过，在组阁的问题上袁世凯便寸步不让了。

清政府原先“皇族内阁”的那些人自然不在袁世凯考虑的范围内，他想把自己的心腹安插到内阁重要的位置上，而革命党人也要在组阁问题上对袁世凯进行制约，双方为此进行了激烈的斗争。最后双方推选都能接受的唐绍仪为国务总理人选，陆军总长一职由袁世凯反复坚持的段祺瑞担任，袁世凯还任命了外交、内务、财政、海军、交通等重要部门的总长，革命党人只占有司法、教育、农林、工商等几个次要职位。

革命党人为什么不力争到底呢？除了现实困境外，很大程度上与革命阵营内部的分裂有关。在革命阵营里，一部分人甚至主张君主立宪，即保留清朝皇帝，通过宪法、议会等形式对皇权进行限制和约束。这股势力相当大，不仅康有为、梁启超等晚清维新派人士积极主张，临时政府实业总长张謇等人也是其积极拥护者，南北议和之后，张謇等人便迅速倒向了袁世凯阵营。

黎元洪也是牵制临时政府的一个重要人物。当初湖北军政府成立时曾设大元帅一职，在临时大总统产生前起代理其职权的作用。黎元洪被任命为大元帅，黄兴为副元帅。孙中山就任临时大总统后，黄兴立即通电各省取消自己的副元帅一职，但已就任临时政府副总统的黎元洪却装聋作哑，一直不肯放弃大元帅职务，有与临时大总统对抗之意。

黎元洪常以“首义元勋”自居，为个人政治利益盘算，在组阁问题上强调“非富于政治思想之人不足以革故，非富于政治经验之人不足以鼎新”，在用人上强调政治经验、才学，提出“无论新、旧，皆竭力赞成”。这些说法看似没问题，其实是暗中贬斥政治资历较浅的革命党人，为袁世凯等政治新贵以及清朝旧官僚、立宪派等势力帮腔。袁世凯提出组阁名单后，黎元洪干脆致电南京：“闻袁公已拟定阁员，指日必提交参议院请求同意，望乞诸公共抱此心，早维邦本。”

定都之争同样激烈。孙中山等革命人坚持未来的首都定在南京，他在辞职咨文所附的三个条件中，第一条即“临时政府地点设于南京，为各省代表所议定，不能更改”，这样做是避免袁世凯无限坐大。袁世凯还没有表态，革命阵营里有人便表示反对。章太炎致信南京临时参议院，认为清朝皇帝逊位后“组织新政府者当为袁氏，若迫令南来，则北方失所观望”。已倒向袁世凯的张謇也反对定都南京，甚至同盟会的核心成员之一宋教仁也表示反对。在分歧严重的情况下，临时政府参议院用记名投票的方式进行了表决，结果 28 票中有 20 票主张定都北京，南京得 5 票，还有 2 票主张武昌、1 票主张天津，最终形成定都北京的决议。

之所以如此，是因为南北议和开始后，社会各界普遍对安定统一有迫切的期待。许多人只想尽快统一，没有考虑那么长远，他们担心袁世凯在组阁、定都这些问题上不妥协，造成议和的破产，所以希望孙中山等人作出让步。

1912 年 4 月 1 日孙中山解除临时大总统一职，袁世凯就任中华民国大总统。4 月 5 日中华民国临时参议院决议将政府迁往北京，南京临时政府在存在了 3 个月后宣布结束。南京临时政府的结果意味着辛亥革命的成果最终被袁世凯篡夺。革命失败的原因有很多方面，其中最重要的一个无疑是经济和财政方面的原因，南京临时政府无力走出严峻的财政困境，最终不得不向有欧美列强暗中支持的袁世凯妥协。

反思这段历史，南京临时政府其实在经济上也并非完全“无计可施”，如果在处理经济和金融问题时更为果断和坚决，情况也许会有所不同。

首先，可以果断接管南方地区的海关。南方临时政府有“革命”这个优势，掌握着江南各省的权力，华东、东南、华南以及长江中游地区是中国经济最为发达的地区，也是对外贸易的集中区，全国大部分关税收入都出自这些地方，临时政府可以采取“革命措施”直接接管这些地方的海关，每年便可增加千万两以上的收入。清朝的海关被列强把握，临时政府顾忌欧美各国的态度，对海关未做直接接收，而是听信西方人“以关税收入存贮汇丰，为偿还外债之备”的说法，任由关税旁落。胡汉民后来也反思过这件事，认为此举是“授人以柄”，“此当时最大失策”。

其次，可以直接没收清政府的官产。南北对峙，清政府在南方的所有官产即可视为敌产，可以直接没收。当时有人也提出应效仿法国大革命，共和国一旦成立就把“贵族资产”拿来分给国民。临时政府成立时虽宣布“前为清政府官产，现入国民势力范围者，应归民国政府享有”，但在执行中却力度不够。如盛宣怀操持的一大批资产就没能迅速查没，没有直接控制在临时政府手中。在这方面，临时政府不仅可以效仿法国大革命，也可以参照日本明治维新的做法，在革命以后便以坚决的手段处置“敌产”。

再次，可以用更严厉的手段处置金融问题。临时政府虽然整顿了大清银行，利用有限的金融体系发行了一些军票和公债，部分缓解了财政困难，但这些做得还不够。在上海宣布“独立”之初，有人提出建议，应以武力迅速夺取大清银行等金融机构，以防止其转移资产，但后来欧美列强出面干预，革命党人便犹豫了。这些金融机构由于未能及时全面接管，待到介入时往往只剩下一具空壳。临时政府后来也没有下大力气追查其资产去向。这些本应在稳定经济和财政方面可以发挥重要作用的金融机构，结果对革命的贡献却显得相当微小。

这些问题可以归结为“中国民族资产阶级的软弱性”，更可进一步归结为南京临时政府对欧美列强的妥协和退让。包括孙中山在内的革命党人对欧美国家普遍抱有期待，希望通过妥协赢得他们对中国革命的支持，但事与愿违，欧美各国虽表面“中立”，却暗中对中国的革命进行了抵制和破坏，最终导致辛亥革命的失败。

第二章

一场善后大借款

一　袁世凯的“西方朋友”

孙中山的日本友人宫崎滔天曾说，孙中山“单在钱这一点上便没有斗过袁世凯”，袁世凯能夺走大总统，“钱”发挥了关键性作用。

其实袁世凯也没有钱，不过他的“朋友”有钱，他们肯借钱给袁世凯。这是一群“西方朋友”，在清政府与革命党人对峙的时刻，正是这些“西方朋友”把袁世凯扶上了权力的宝座，又支持袁世凯一步步篡夺了辛亥革命的成果。

“西方朋友”为什么支持袁世凯？这得从袁世凯的身世说起。

袁世凯字慰亭，老家在河南省周口市项城袁寨村，三国时期的军阀袁绍祖籍在河南省周口市商水县袁老村，二地相距不远。袁世凯本人认为自己是袁绍的后裔。近代以来袁世凯家族也颇为显耀，他的叔祖袁甲三官至从一品的漕运总督，生父袁保中虽科举失利，但也有个捐纳来的同知的官位。袁世凯的生母刘氏地位不高，是个妾，因叔父袁保庆无子，袁世凯后被过继给袁保庆。这些经历竟然也都与袁绍出奇的相似。

袁世凯自小喜爱兵法，13 岁时曾自拟一联“大野龙方蛰，中原鹿正肥”，但后来他在科场上如生父一样也颇不得意，尽管读书累到吐血也没能考中举人。据说他一怒之下把所写的诗文付之一炬，之后投奔了与养父有兄弟之好的淮军将领吴长庆。当时张謇就在吴长庆的幕府中，二人因此交好。张謇后来弃孙中山投奔袁世凯，也有这方面的渊源。

1882 年朝鲜发生“壬午之变”，清政府派兵入朝，袁世凯随吴长庆部来到朝鲜。作战中袁世凯颇为勇猛，又善治军，被吴长庆推为首功。清政府后来应朝鲜方面的要求帮助训练新军，年仅 23 岁的袁世凯被指派参与其事，受到朝鲜方面的好评。1884 年朝鲜又发生了“甲申之变”，袁世凯指挥在朝的清军击退叛军和想趁机渗透的日军。此举受到清直隶总督兼北洋大臣李鸿章的重视。李鸿章上奏朝廷，给了袁世凯一个“驻扎朝鲜总理交涉通商事宜大臣”的官衔，虽然只相当于三品道员，但手握大权，能左右朝鲜政局，俨然是朝鲜的太上皇。

1894 年朝鲜发生了东学党起义，日军出击朝鲜，甲午战争爆发。袁世凯化装成平民逃回国内，之后奉旨前往辽东前线，参与同日军的作战。此战中，清军的惨败让袁世凯痛切感受到原有的八旗、绿营已无法适应近代战争的需要，萌生了按西方体制编练新军的想法。甲午之战后清政府也打算编练新军，袁世凯因为在朝鲜有过练兵的经历而被选中，于 1895 年底开始在天津小站用西式编练法训练中国首支新式陆军。

为取得光绪皇帝的信任，袁世凯加入了康有为、梁启超等人发起的强学会，积极为维新变法奔走。康有为等人对手握兵权的袁世凯寄予厚望，但在随后发生的戊戌政变中，袁世凯突然倒向慈禧太后等保守势力，被保守势力进一步器重。

小站练兵为袁世凯积攒了实力，其训练方法全部照搬西方，同时注重武器装备的近代化和标准化，训练严格。袁世凯特别注意培植私人势力，清末民初的军政要人徐世昌、段祺瑞、冯国璋、王士珍、曹锟、张勋等都出自他的麾下。清政府全面实施新军政策后，袁世凯在小站编练过的部队扩充为 6 个镇，以后无论袁世凯担任什么职务，这几支部队都完全听命于他。美国学者鲍威尔在《1895－1912 年中国军事力量的兴起》一书中说："袁氏的军法虽严，他仍然为士兵所爱戴，这并非意外，因为他亲自照管他们，并且按时发饷。再者，他向他们灌输了忠诚的观念，不过主要只是向袁世凯而不是向皇帝效忠。"

早在义和团运动期间袁世凯就被西方列强看中。当时山东前后 3 任巡抚都是"仇洋派"，鼓动义和团起事，西方列强向清政府施压，点名派时年40 岁的袁世凯去当山东巡抚。慈禧太后顶不住西方的压力，只得派袁世凯去山东，不过对他有些不放心，临行前找他谈话，提醒他对义和团要注意分寸。但袁世凯到任后立即改变前任对义和团纵容的态度，马上宣布义和团为"左道邪教"，没有让西方列强失望。

据说李鸿章临死前留下遗言："环顾宇内，人才无出袁世凯右者。"在当时情况下，整个清政府内已无人能抵袁世凯的实力与影响，所以李鸿章死后袁世凯成为直隶总督兼北洋大臣。但随着慈禧太后与光绪皇帝的同时离世，清政府核心权力层发生了改变，宣统皇帝年幼，政权由他的父亲摄政王载沣掌握。原来掌权的首席军机大臣奕劻被边缘化，袁世凯被视为奕劻一派，因此受株连。载沣甚至有杀袁世凯的想法，但惮于他在军队里根基深厚，所以只是解除了他的官职。袁世凯于是过起了称疾隐居的生活。

当时有传言，戊戌政变后光绪皇帝被囚瀛台全是因为袁世凯向慈禧太后告密所致。载沣是光绪皇帝的弟弟，对袁世凯"必欲除之而后快"。其实，抛开私人恩怨袁世凯被开也是不可避免的。皇权嬗递之初，新继位的掌权者必须对前朝权臣予以钳制，道光皇帝继位后倒曹振镛，咸丰皇帝继位后倒穆彰阿，同治皇帝继位后倒肃顺，都是这个道理。

只是袁世凯比曹振镛、穆彰阿、肃顺这些人运气好得多，他不仅没被杀头和清算，还有了东山再起的机会。带来这个机会的就是武昌起义。清政府大大小小的官员都被革命党人吓坏了，大家一致认为只有袁世凯有能力挽救这个王朝，就连一向厌恶袁世凯的载沣也不得不接受这个现实。就这样，在武昌起义爆发的第二个月，“赋闲”中的袁世凯被清政府任命为国务总理大臣，不仅重新崛起，还获得了组阁的大权。

1911 年 11 月，袁世凯应朝廷之召回到北京。《泰晤士报》记述了他回京时的场景：“袁世凯，皇位的觊觎者，抵达了三年前自己被罢官的北京。今天他由 2000 名士兵护卫，并被政府热情地接待。为了欢迎他的到来，政府发布了公告称京城附近的军队都由其掌控。”这篇报道是《泰晤士报》驻北京首席记者莫理循写的，他还观察到：“有一群安静并且秩序井然的人从火车站到他的居所夹道欢迎他的到来。袁世凯看上去很强壮，最近有报道称他的身体状况不是很好，这也成了他一再推迟应满清政府之邀到北京的借口。”

袁世凯到了北京，立即把他中意的人拉入内阁。这些人包括：外务大臣梁敦彦，民政大臣赵秉钧，度支大臣严修，学务大臣唐景崇，陆军大臣王士珍，海军大臣萨镇冰，司法大臣沈家本，农工商大臣张謇，邮传部大臣杨士琦，理藩大臣达寿等。袁世凯一手握着军权，一手握着行政权，成为清政府的实际掌管者。

西方列强对袁世凯一直很关注，除了之前在山东巡抚任上袁世凯对义和团的处置非常符合他们的想法外，还在于袁世凯在西方阵营里有不少“朋友”，他们都为袁世凯帮腔说话。英国《泰晤士报》当时刊发过一篇文章，认为“袁世凯是能够挽救时局的唯一人物”。莫理循后来成为袁世凯的政治顾问，这一时期的《泰晤士报》都是以“挺袁”为基调的。莫理循在一封信函中说：“袁世凯的权力时时刻刻都在增长，他会拥有独裁权力……他是皇帝的唯一希望，他在中国有信誉，在外国有好名声，是唯一可以从目前的动乱中恢复秩序的一个人。”

莫理循的活动能量很大，早已超出一名记者的范畴。1911 年 12 月 20 日他曾拜访了日本驻上海总领事，说道：“时局之解决，除推袁世凯为大总统外别无他策。即使革命党人如黄兴一派表示反对，但北洋之强盛向为彼等所熟知，且军队又均惟袁世凯之命是听，以南方之软弱兵力实无法与北军为敌；纵由黄兴或孙逸仙出任总统，各国政府能否承认，亦属疑问。”该领事事后向日本外务大臣用电函汇报：“莫氏谈话时，语气极为坚定。”

莫理循的游说活动甚至做到了革命党人那里。1912 年 1 月他到上海向革命党推荐袁世凯：“只有袁世凯才能得到列强的信任，因为他已经显示出的治理国家的才能比中国当局的任何政治家都要高。”据窦坤《莫理循与清末民初的中国》一书记述，在莫理循的游说下，部分革命党人有所动摇，甚至有人表示肯定会推选袁世凯为中华民国首任总统。莫理循以“调解人”的身份在上海、汉口各地四处活动，对革命党人“软硬兼施，分化瓦解”。

除了莫理循，英国驻华公使朱尔典与袁世凯的关系也不一般。朱尔典早年曾任英国驻汉城总领事，袁世凯那时也在朝鲜任职，二人结下了“深厚友谊”。朱尔典不仅是英国驻华公使，而且是欧美各国驻华公使团的“领袖公使”，他的意见往往能左右各国公使。胡光麃在《影响中国现代化的一百位洋客》一书中评论说：“在清末民初那十几年时间中，没有任何一位在北京的外交圈子里，一言一动的影响可以与英国驻华公使朱尔典相比拟的。”

载沣掌权后袁世凯黯然离京，朱尔典闻讯后立即去见亲庆王奕劻，对其免职一事提出质询。虽然此举没有实质意义，却反映出朱尔典对袁世凯的关注与支持。据汤伏祥《外国人眼中的袁世凯》一书转述，朱尔典后来是这样评价袁世凯的：“他早年在朝鲜就结识了不少英国友人，直至生命的最后一息，仍是英国的一位忠诚朋友。”

武昌起义爆发后，朱尔典立即致电英国外相格雷：“在中国人民与满清王朝之间，没有任何人能够比袁世凯更适合充当调停者的角色，因为他是中国人民中最受信任的代表，而他和他的家族有好几代人为清朝效劳。”这一阶段袁世凯也与朱尔典保持着密切的联系，对于老朋友为自己呼吁奔波他深表感谢。袁世凯曾让人捎话给朱尔典："要是我能当总统，这将大半归功于你的帮助。"

袁世凯还派他的儿子秘密拜访朱尔典。据学者李丹阳翻译的英国外交档案，这次见面后朱尔典向英国外相格雷报告："今天我接见了前来访谈的袁世凯之子，他是代表其父前来的……他询问我有什么可供参考的建议……他说，反叛者们想要他父亲成为他们的统治者，他并且暗示，他（袁世凯）可能会被拥戴为皇帝，共和国只不过是一个过渡阶段。他答应了我的要求，允许我把他对我所谈的内容秘密通告给美国驻华公使。在与他会谈之前，我已经做好了明日下午约见袁世凯的安排。"

袁世凯就任国务总理大臣后，南北双方继续进行议和谈判。为了增加袁世凯的筹码，朱尔典积极活动，希望由四国银行团向袁世凯提供一笔贷款，以保证袁世凯能够"顺利地度过谈判时期"。消息被革命党人得到，立即向朱尔典作出强硬表态，如果他们要贷款给袁世凯，革命党人将在扬子江流域开展一系列抵制英国的活动。朱尔典再三考虑了英国的利益之后，暂时放弃了这个打算。

二　"可靠的委托人"

四国银行团本来不会轻易借款给中国人，他们认为"介入一场结果尚未明了的冲突是不明智的，以财政援助来加深内战的恐怖是不得当的，除非与一位可靠的委托人交易，否则一般不应贷款"。

不过现在的情况正在发生改变，因为"可靠的委托人"正一步步向他们走来，这个人就是袁世凯。革命党人虽然竭力阻止四国银行团在南北议和期间向袁世凯单方面借款，但四国银行团在 1912 年 2 月里仍私下先后分 5 次向袁世凯主导的北方政府"临时性垫款"共 200 万两，以帮助袁世凯巩固权力。这些借款的发放，标志着欧美列强执行的"金融中立"政策已经结束了。

四国银行团（Consortium Council）成立于1910年，由英、美、德、法等4个国家在华开设的汇丰、花旗、德华、东方汇理等银行所组成；1912年俄国道胜银行和日本横滨正金银行也加入进来，成为“六国银行团”；第二年美国退出，又成了“五国银行团”。

无论四国、五国还是六国，其成立的目的都是为了垄断对华贷款业务，这是欧美列强侵略中国的一种新形式。鸦片战争前后，欧美国家对华经济侵略主要是商品输出，当时它们打着贸易自由的旗号以武力敲开中国的大门，主要目标是扩大通商口岸、降低关税，以增加本国商品在中国的流通范围，占领中国市场。后来，随着自由资本主义向垄断资本主义的发展，资本主义国家侵略殖民地国家的形式也由商品输出变为资本输出：一种方式是投资兴办实业，掌握这些国家的经济命脉；另一种方式是将本国的金融资本以不同途径输入这些国家，在这些国家兴办银行、发放贷款。由这两种方式所获得的利润渐渐超过了商品输出，成为资本主义国家对殖民地国家实施侵略掠夺的新手段。

“银行”一词源于意大利语Banca，意思是板凳，早期的银行家被称为“坐长板凳的人”，英语将其转化为bank，意思是存放钱的柜子。起初，银行的主要业务是经营铸币兑换业务，后来又代商人保管货币、收付现金，再后来发展出放款业务。近代意义上的银行最早出现在16世纪末的意大利，当时它们放款的对象主要是政府，带有高利贷性质。到17世纪末，在英国出现了资本主义股份银行，办理工商企业存款、短期抵押贷款和贴现等业务。19世纪中期又出现了资本主义国家的中央银行，到19世纪末各资本主义国家基本上都建立了自己的中央银行。

反观中国，在20世纪以前清政府还没有开办过一家银行，更没有中央银行。中国有庞大的人口基数和市场，这成为各资本主义国家竞相实施资本侵略的对象。几乎所有资本主义国家的银行都在中国设立了分支机构，有的干脆把总部迁到了中国。当时中国的金融体系主要由钱庄、票号组成，无论管理方式还是技术手段上都无法与近代化的银行竞争。加上清政府对金融建设一向不重视，没有从立法的角度对本国金融机构进行保护，致使中国的金融命脉早已掌握在资本主义国家手里。

资本竞争比商品竞争更激烈，各国在中国拼抢势力范围，金融也是其重要的方面。清政府每当需要借款时，各国银行都设法争抢，有的给出“优惠”条件，有的直接压低利率。为了避免类似的“恶意竞争”和相互削弱，银行团应运而生，试图以国际垄断来代替各国竞争。列宁就此评论说：“随着资本输出的增加，随着各种国外联系和殖民地联系的扩大，随着最大垄断同盟的势力范围的扩张，自然会引起这些垄断同盟之间达成国际协定，形成国际卡特尔。”

银行团虽然只是商业机构，但与各国政府关系紧密：一方面这些国外的银行本身就与所在国政府有密切联系，有的国家政府还是银行的股东，作为资本输出的重要手段，各国都像保护自己的租借地一样对自己国家的海外银行实施保护，利用政治、军事手段为其拓展业务、抢夺市场提供助力；另一方面，银行团的经营方针和重大贷款行为必须受各国政府的制约，体现各国政府的政治意图。

四国银行团的成立主要针对中国市场，各银行的代表们定期在伦敦、巴黎、柏林等地举行秘密会议，关于中国的许多重大决策就在这些会议上进行，成为一种国际分赃会议。它在成立之始就接到了一笔“大生意”，清政府愿意以川汉等铁路路权作抵押进行巨额贷款。各国银行代表不仅为这笔贷款份额进行了争夺，而且还争夺了与贷款有关的其他利益，为此在欧洲开展了长达数月的讨价还价，最终各国以牺牲中国经济主权来作为相互交易的筹码，彼此达成协议后反过来向清政府集体施压，迫使清政府同意。

四国银行团一致对外，为了加强自身垄断，给清政府划了条“红线”：

如果是清政府出面贷款，必须找四国银行团，而不得与其他国家的银行或财团合作。

三　袁世凯的花招

四国银行团向清政府开出了排他性的“霸王条款”，袁世凯成为中华民国大总统后，四国银行团认为此条款理应自动生效。但是也有人似乎不太了解这个内幕，结果吃了闷亏。

这个人是唐绍仪，袁世凯任命的内阁总理。唐绍仪幼年留美，于美国哥伦比亚大学毕业，回国后又到天津水师附设的洋务学堂读书，之后前往朝鲜任职。1884 年朝鲜“甲申之变”时唐绍仪临危不惧，给当时也在朝鲜的袁世凯留下深刻印象，二人成为挚交。袁世凯后来在朝鲜总管清廷事务，唐绍仪在朝鲜办理税务，成为袁世凯的助手，后升任驻朝鲜总领事。

1901 年袁世凯当上了直隶总督兼北洋大臣，他没忘记老友，提拔唐绍仪当上了天津海关道。唐绍仪之后仕途通畅，先后担任过外务部右侍郎、全国铁路总公司督办、税务处会办大臣、邮传部左侍郎、奉天巡抚等职，在东北任职期间他曾专程赴美，鼓动美国财团到东北投资，后又访问欧洲、日本等国。武昌起义后唐绍仪被袁世凯任命为全权代表，负责与南方军政府谈判。在谈判中唐绍仪既坚持了袁世凯的方针，也对南方军政府作出了许多让步，给革命党人留下了良好印象。

与清政府的旧派官僚不同，唐绍仪幼年留美，接受过民主共和思想的熏陶，思想上更为进步。在黄兴、蔡元培介绍下，由孙中山亲自监誓，唐绍仪还加入了同盟会。南北议和谈判中，在由谁来组阁的问题上，唐绍仪因此成为南北双方都能接受的人选。

1912 年 4 月唐绍仪成为袁世凯政府的首任国务总理，随同他一同入阁的还有宋教仁、蔡元培、陈其美等同盟会骨干成员以及熊希龄、施肇基等立宪派成员，有人于是把唐绍仪内阁称为“同盟会中心内阁”。袁世凯想大权独揽，对唐绍仪等人一心推行责任内阁制十分反感，二人逐渐产生裂痕。

唐绍仪就任国务总理后勤于公务，要求下属提高办事效率，使政府呈现一些新气象。为了解决迫在眉睫的财政难题，唐绍仪利用自己的人脉资源和渠道，想通过比利时银行借款1000万两。这件事唐绍仪没有向袁世凯报告，他考虑的可能有两点：一是这笔借款数目不算特别巨大，不必惊动袁世凯；二是他既为国务总理，《中华民国临时约法》明确其职责为“辅佐临时大总统负其责任”，他有权处理这些具体事务。唐绍仪在内阁会议上讨论了一下，就通过了这项借款案。

唐绍仪不知道这件事其实非同小可，因为它动了四国银行团的“奶酪”，四国银行团立即联合向袁世凯提出抗议，认为此举违反了中国政府此前与银行团之间的“成约”，提出了四项要求：一是取消与比利时银行达成的借款合约，已经到账的100万英镑立即退还；二是由中国政府出面向四国正式道歉；三是中国政府保证今后不再向四国以外的任何国家借款；四是中国政府的财政预算须提交四国公使“备阅”。

袁世凯对此完全接受。一来他不敢得罪对自己给予过大力帮助的这4个国家；二来此事矛头所指是唐绍仪而不是他，他可以借机整治这位“老朋友”。在袁世凯的压力下，唐绍仪不得不以国务总理的身份亲自拜会四国驻华公使，向他们道歉。

唐绍仪虽然与袁世凯私交甚厚，却不是小站出来的人，在军队里没有势力，袁世凯的嫡系根本不把他放在眼里。内务总长赵秉钧从不出席他主持的国务会议，只派个代表来应付差事，平时有事没事都往总统府跑，大事小情直接向袁世凯汇报。比利时借款事件发生后，袁世凯指使爪牙向唐绍仪兴师问罪，指责该项借款用途不明，甚至放出风来，说唐绍仪准备拿这笔钱援助南方革命军。他们要唐绍仪必须说清楚，唐绍仪既窝火又无奈，同时也大丢面子。

这时，直隶省议会选举王芝祥为直隶总督。王祥芝是同盟会成员，辛亥革命爆发后广西独立，他被推举为副都督，后任南京临时政府第三军军长兼本部高等顾问。这样的人当直隶总督袁世凯肯定不买账，于是抛开《中华民国临时约法》，另行任命其他人为直隶总督，只给王祥芝一个南方军宣慰使的空头衔。根据中华民国的组织法，直隶总督的任命国务总理有附署权，袁世凯知道唐绍仪会反对，干脆不让他签字。唐绍仪于是愤而请辞。

国务总理任上，唐绍仪只干了两个月。他辞职后同盟会的各总长以及立宪派的两位总长也同时请辞。这正中袁世凯的下怀，因为他不废一兵一弹，借着一次对外借款就把“同盟会中心内阁”轻松整垮了。

四　财权的博弈

唐绍仪请辞后，袁世凯选中的继任国务总理是陆征祥。此人是外交官出身，一介书生，未加入任何党派，辛亥革命前是清政府驻俄公使，南北议和后被推举为外交总长。袁世凯更希望自己的嫡系来当国务总理，但又怕各方面反弹，就挑选了相对弱势又不大过问政治的陆征祥。

但陆征祥上任后即遭到参议院弹劾，也才干了两个月就辞职了。袁世凯汲取教训，干脆任命自己的嫡系赵秉钧当国务总理。赵秉钧是小站出身，一路追随袁世凯，但他后来专攻警务，晚清的巡察部就是他负责组建的，他当过巡察部的右侍郎，管理经济纯粹外行。这一阶段的财政和经济工作，袁世凯更多依靠的是熊希龄和周学熙。

1912 年 3 月，立宪派成员熊希龄出任北洋政府财政总长，上任之后第一件事就是清点“国库”。此时北洋政府的“国库”大概就是之前清政府度支部的银库，堂堂一个4亿多人口的大国，库里的银两竟然“不及六万”，可以用一贫如洗来形容。

在一份英国人的外交档案中，记录了他们所掌握的1911年度中国政府财政收支状况，其中总收入为2.97亿两，总支出为3.5亿两，赤字为5300万两，这个数字还不包括以下支出：近几年为币制改革和修筑粤汉路所借2亿两而摊给每年约1000万两的利息，其他借款和利息2000万两，各种未计入的军费8000万两，在革命中用于补偿房屋的损失1000万两，抚恤被杀军民1000万两，以及南京临时政府经费700万两。如果把各项支出都算上，这一年政府总赤字高达2.14亿两以上。

这绝非耸人听闻，熊希龄就任财政总长两个月后向参议院报告：“以今日之中央现状言之，对于财政一方面可谓违国家之原则。以其仅有支出并无收入，以其支出绝恃外债，而国民无负担之能力，言念前途，危险万状！”对于1912年的财政预算，熊希龄提出的方案是：“临时筹办经费约银一万一千余万两，内外债二千零八十万两，南北补发军费一千九百二十万两，恩恤六千万两，建设一千万两。”根据测算，本年度“不敷经费约银一万七千五十二万两”。

袁世凯虽然坐上了中华民国大总统的宝座，面临的依然是当初孙中山所面对的难题，即如何走出经济尤其是财政困局。北洋政府成立后欧美列强一改模糊立场，马上旗帜鲜明地表示承认，北洋政府当然也得承认清政府与这些国家所签订的各项不平等条约，其中包括巨额的战争赔款和各种借款，这每年数千万两的负担足以压得财政喘不过气来。

除此之外就是军费，包括日常军费和额外军费两大块。日常军费如前所述，维持一镇军队每年的费用将近200万两，而全国正式在编的军队就有20多镇，还有海军和驿站兵，日常费用需要数千万两。额外军费主要指军队的整编和遣散。当时的军队不是太少而是太多，各地军政府宣布独立后即开始扩军，清政府为镇压革命军也在扩军，军队的实际总人数难以统计，晚清时期绿营的规模约80万人，现在军队的人数应当远远超过这个数字。袁世凯想稳固政权，必须迅速裁撤各地武装，尤其是革命军和各省的非嫡系军队，但这些军队也不是那么好撤的，不付出一定经济代价肯定不行。

这就是南北统一后财政预算仍居高不下的原因，无论对内还是对外都是“刚需”，根本没法往下砍。而从收入方面讲，北洋政府所面对的环境，比清政府甚至南京临时政府都好不到哪里去。

在所有财政收入中关税是一个大项，在财政收入中的占比由19世纪40年代的约1/10上升到20世纪初的约1/3。欧美列强既已承认北洋政府，按理不应该再截留本属于中国的关税，但各国按照清政府时的“惯例”，关税收入先给付所欠各国的到期借款和利息，如有“关余”才解交中国政府，而“关余”要么没有，要么少得实在可怜。根据英国驻华公使朱尔典、英国外相格雷与银行团的来往函电显示，1912年1月1日至4月30日中国关税的全部税款为1238.8828万两，这笔钱在解交北洋政府之前已被提出1043.4720万两用于支付到期借款和利息，后来各银行团又追索了6.1031万两用于过期未付的分期摊还的“罚息”，剩下只有108万两左右。

但这笔钱仍不能算“关余”，因为据朱尔典向格雷的报告显示，武昌起义爆发后中国另有约174万英镑、合1100多万两的外债无力清偿，需要单独拨款来偿付这笔钱。从1912年到1927年，大多数年份里都没有“关余”，少部分年份即使有也少得可怜（见表2.1）。

表2.1　　1912～1927年关税、关余情况表

年　份	收入总额（元）	指　数	关余（百万元）
1912	66744495	100	—
1913	73069054	109	—
1914	65913568	99	—
1915	63149285	95	—

续表

年　份	收入总额（元）	指　数	关余（百万元）
1916	64674069	97	—
1917	65381720	98	10.8
1918	62817217	94	2.7
1919	78683468	118	21.7
1920	84452044	127	17.8
1921	91898164	138	0.0
1922	98078976	147	0.0
1923	105935246	159	0.0
1924	115052783	172	0.0
1925	116223931	174	0.0
1926	128732675	193	0.0
1927	112985364	169	0.0

资料来源：关税收入总额据左治生《中国近代财政史丛稿》，西南财经大学出版社 1987 年版；关税余额据杨荫溥《民国财政史》，中国财政经济出版社 1985 年版。

为进一步控制中国关税，北洋政府成立后欧美各国立即成立了一个“管理税收联合委员会”，该委员会由“关于庚子以前以关税作抵尚未付清之各洋银行与关于和约赔款之各国银行之董事”组成，委员会决定以汇丰、德华、道胜等 3 家在上海的外国银行为“存管海关税项之处”，各口岸海关税务司必须将“净存税项每星期汇交上海一次”，从而彻底掌握了中国全部关税收入。

由外国人担任总税务司的中国海关，虽然有人称它为近代中国最有效率、最廉洁的一个机构，但其运作其实很不透明，关税收入的 15% 被留作征税经费。这一比例相当高，而其收入的具体情况和罚款的明细也从未公布过，在数十年里中国的海关似乎跟中国没有任何关系。

财政收入中的其他大项如盐税、田赋以及以“预算外收入”形式存在的厘金，其基本控制权并不在中央而在各地。晚清以来财权逐渐下移，过去掌握各地实权的是督抚，现在是各省督军，他们不会因为总统换成了袁世凯就会轻易交出财权。杨荫溥在《民国财政史》中甚至认为“民国初建，各省独立，中央收入几等于零”。

熊希龄就任财政总长后，为解决财政困局提出了一个办法，称为“加税减厘”，就是增加税收、逐步减少以至最终裁撤厘金。从制度层面看这项主张是正确的，因为厘金说白了就是“乱收费”。当年为对付太平天国运动清政府临时拿来应急，允许各地设卡设局对往来的客商和商品收费，征收没有统一标准，各地的实际收入中央也不掌握。这种“乱收费”严重破坏了经济发展，加重了百姓和商户的负担，但这项制度却一直沿袭了下来，且厘金收入已成为各地财政收入的大项。

熊希龄曾随清政府“五大臣出洋”考察过，自然一眼就能看出厘金制度的不合理。他提出首先应该免除出口货物的厘金，减轻生产成本，奖励出口；其次是逐渐裁撤厘卡，包括洋商在内的客商自然会愿意增税，然后实行纯粹的营业税，建立与世界各国相一致的税收体系，“恶税去而良税行”，使经济发展步入良性轨道。

当然还有一个好处熊希龄没有明说，那就是“国税”与“地税”的分权。厘金控制权不在中央，取消厘金改征营业税，可以趁机把税收大权上收。正因为如此，此举不仅动了各地督军的“奶酪”，简直是要了他们的“命根子”，各地对此自然一致反对，最后这件事也就不了了之了。自 1853 年就开始征收的厘金在北洋政府时期一直照收不误。

现在，有个问题已不容回避，那就是中央与地方的财权究竟该如何区分？当时有两种主张，一种以江苏、直隶等地为代表，主张“地方财政自治”。1912 年 5 月江苏省召开了临时议会，通过了该省都督程德全提出的实施地方财政议案，主要内容是：“凡关税、盐税及茶、矿以及其他各种税之属于间接税者，归中央收入，作为负担外债、军政、司法及政府官厅各费支出；地税、契、牙、典等直接税归地方收入，以负担民政、实业、教育等各费用。”该方案还提出“江苏过去的漕粮性质是贡而非赋，应全数留作地方款项支用”。关税、盐税虽然数目不少，但谁都拿不到，江苏省提出的方案其实要断中央的财源。

但江苏省的方案得到了不少响应，就连财政总长熊希龄的态度也犹豫起来。直隶都督张锡銮则发通电予以附和，但也有人表示反对。奉天都督赵尔巽通电提出异议，认为中国是农业国，地税是财政收入大宗，不能全归地方，应划出部分为地方税，归地方收入，其他仍归中央。

袁世凯也急了，马上撤换了熊希龄，任命周学熙为财政总长，交给他的第一个任务就是把财权从地方夺回来。周学熙上任后立即到参议院和众议院发表演说，列举欧洲、日本等国财政改革经验，针对当时中国的具体形势提出了划分中央与地方财政的方案，随后向各省下发了《关于划分国家与地方财政》的咨文，实施“分税”“分财”改革，明确了中央与地方各自征税的科目。

该项改革的重要一步是在各省设立国税分厅。尽管当时有不少人反对这么做，认为“分税”以后中央税收仍可由地方代办，不必劳师费财专设新的机构，各省对此也自然多有抵触，但袁世凯和他的幕僚们商讨后认为此举必不可少，于是坚决推行。在僵持中各省让步。民国初年无论是中央还是各省，财政状况都很窘迫，地方都督们也都明白完全自治是不可能的，不如早点实现财权划分，明确地方权限。山西都督阎锡山率先通电表示拥护设立国税厅，之后陆续有17个省通电拥护，于是各省的国税机构便陆续到位了。到1913年底，各省在财政司之外都另设了国税厅，负责上交中央政府税收的征收。

按照周学熙的财政改革方案，“国税”包括田赋、盐税、关税、常税、统税、厘金、矿税、契税、牙税、当税、牙捐、当捐、酒税、茶税、糖税、渔税等17项税种，“地税”包括田赋附加税、商税、牲畜税、粮米捐、油捐、店捐等21个税种。从份额上看“国税”占了大头，经过这一轮博弈，北洋政府在集中财政方面取得了部分成果，但由于经济和财政关系的复杂性，要想用一种制度或机构改革就厘清矛盾、平衡好各方面的利益，仍然是比较困难的。“分税”之后，地方财权缩小，造成“地方自治所办学堂、实业徒有其名”，地方与中央的矛盾没有因此减小，反而越来越严重了，各种摩擦更层出不穷。

五　银行团的苛刻条件

对袁世凯来说，集中财权固然重要，但没有一笔“大款”仍难解燃眉之急，于是“善后大借款”的方案被提出。

“善后”是此次大借款的理由，按照袁世凯及其幕僚所宣称的内容，“善后”至少有以下几层意思：南京临时政府北迁，但原有的行政机关以及大量人员大部分没有转至北京，南方还有大量军队，需要遣散安置；清政府多年积欠了大量的外债和赔款，有些需要归还，有些需要按年摊销，这个数字也很大；清朝皇室退位，根据之前达成的协议，中华民国政府对其有一定的优待义务，要负责供应其经费。

清政府是以和平方式退位的，袁世凯之前与清朝皇室达成了3个文件，分别是《大清皇帝辞位之后优待之条件》《清皇族待遇之条件》和《满蒙回藏各族待遇之条件》，这些都是清朝皇帝和平退位的交换条件。大清皇帝辞位优待条件规定：大清皇帝尊号仍存不废，中华民国待以外国君主之礼；大清皇帝岁用400万两由民国政府拨发；大清皇帝暂居宫禁，日后移居颐和园，侍卫人等照常留用；清帝宗庙陵寝永远奉祀，民国政府酌设立卫兵保护；光绪皇帝陵寝如制妥修，民国政府支付实用经费；宫内各执事人员可照常留用，只是不得再招阉人；清帝私产由民国政府特别保护；原禁卫军归民国陆军部编制，额数、俸饷仍如其旧。

中华民国政府要继续负担清朝皇室的日常费用以及有关陵寝、禁卫军的费用，同时每年另外提供400万两的经费。据说，《泰晤士报》驻北京首席记者莫理循听到这个消息时感到很惊讶，他认为有100万两足够了，理由是当年摄政王引退，清政府每年只给了5万两经费，而如今共有8个亲王，加上宣统皇帝和皇太后，100万两也说得过去了。谁知道袁世凯很大方，直接答应了400万两。当时大部分中国人也认为此项优惠条件太高，如马叙伦曾在《晨报》发表《清室优待条件之我见》一文，认为中国民国总统的"岁费"每年只有48万两，给一个退位的旧皇室每年400万两，十分不合理。

当然，对于每年近3亿多两的财政支出而言，这笔钱不过百分之一，袁世凯不仅赢得了清朝皇室以及对朝廷仍有感情的遗老旧臣们的好感，而且还可以把它作为大肆举债的一个理由。

在唐绍仪任国务总理时这项借款方案就提出来了，当时提出的金额是6000万英镑。这绝对是一笔巨款，折合成银元是6亿元。这笔钱自然只有四国银行团才有能力去办，袁世凯向银行团专门发去信函，保证："鉴于四国银行团在目前紧急关头所给予中国的援助，及其在外国市场上支持中国信用的贡献，中国政府向四国银行团保证，如条件与其他方面的条件同样有利，银行团有承办大规模的善后借款的选择权。"

四国银行团则依靠垄断地位提出了各种非分条件，除了借款的排他性以及不容商量的利息、担保等条件外，还提出要"监督"北洋政府的财政，这引起了唐绍仪的严重不满。1912年5月7日的《盛京时报》发表了《各国资本团与唐总理会谈之情状》的报道，其中写道：

> 唐总理再与资本团会晤。资本团先提议，云中国政府当交涉借款之前，须承认由资本团监督中国财政之事。唐总理云，由资本团监督中国财政一事，实属国民所不承认，且据我个人所见，因借款逐举，全国财政权附诸外人之手，亦断不能照办云云。并闻资本团、各代

表，以财政监督权一事，经此断然拒绝。

该报道不仅披露了中外在贷款条件上存在的严重分歧，而且把这种分歧公之于众，对急于借到钱的袁世凯产生了不少压力。随后发生了唐绍仪向比利时银行借款的事件，袁世凯干脆撤换了唐绍仪，并再三向四国银行团道歉，递上“谢罪文”，“誓以除已经借得之比款一千万两，未便退还外，其余一切合同则断然放弃，自后并不借用比款”。

唐绍仪之后，主持与四国银行团谈判的是当时的财政总长熊希龄。欧美列强方面也进行了内部博弈，俄、日两国加入银行团，四国银行团成为六国银行团。熊希龄一改唐绍仪的作风，对六国银行团处处谦让。《盛京时报》报道指出：“六国银行团对于熊总长之感情颇为佳好，盖熊氏之态度，诚实真率，不似唐氏之轻浮凉薄也。”

作为财政总长，熊希龄手里有个“急事”，那就是原南京临时政府的遣散问题，这件事已经刻不容缓，必须马上拿出一笔钱来。熊希龄希望抓住与六国银行团建立的“良好氛围”，先提出一笔300万两的借款交给留守在南京的黄兴。

临时政府北迁后孙中山的主要精力用在了全国各地考察上，宣传民生主义，提倡兴办实业、修铁路，还应袁世凯之邀担任了全国铁路督办。南京方面由黄兴负责留守，处置原临时政府机构和人员遣散的相关事宜。袁世凯对南京留守处在经济上“诸多窒碍”，让黄兴感到很为难，不要说遣散江浙一带的军队，就连维持稳定都很困难。时任留守处总参议的李书城回忆：“当时最感困难的问题是南京拥有十余万人的军队，军费没有来源。熊希龄在上海时，曾允俟到北京就财政总长职以后，即拨汇军费到南京来。但他就职以后分文不给。虽经多次函电催促，仍置不理。我不得已，只得把南京军队的伙食从干饭改为稀饭。以后连稀饭也不能维持了，乃将南京城的小火车向上海日商抵借二十万元，暂维现状。”黄兴给熊希龄发去一份电报："哗溃之势，已渐发端，二日内倘再无款救宁，大乱立至！"

熊希龄和黄兴是湖南老乡，二人关系很好，不管袁世凯对南京留守处的真实态度如何，熊希龄对自己曾向黄兴等人做出的承诺还是当回事的，他想把这300万两借款交给黄兴应急，但六国银行团趁机提出要签订一份《监视开支暂时垫款章程》，之后再交付借款。该章程共有七条：

一、在财政部附近设立核计处，用核计员二人，一人由银行团任用给薪，一人由中国政府任用给薪。

二、凡向银行团提款拨款之一切支票，须经该核计员签押。

三、中国财政部应将各项支付用途，预具说帖，送交银行团核允，此项说帖先须经由参议院核准之后，同时刊登官报。每次开支时财政部备具应有详细清单说帖等类送交核计员，以资查核。该核计员查对无误，应即照章签字支单，不得再问。

四、每次开支款项，均须具详细领款凭单，按照新式簿记法办理。此项凭单财政部须编订存留，以备核计员在核计处稽核。

五、关于各省发给军饷及遣散军队费用，须由该地方军政府备三联清单，由中央政府委派高等军官，及该地方关税司会同签押，并须予该军官、税司以调查应需之便利。此项签押之四联清单，一份存该省都督府，一份存陆军部，其余一份与领款凭单一同送交北京财政部，再由该部遂交核计处稽核。

六、预备支付之款应由税务司存储，为节省汇费起见，由中央政府令地方税务司得由海关收入项下拨款，但须该核计员等由暂时垫款项下，照所拨关税数目支出，汇存上海总税司存款项下。

七、如在北京及其附近发放军饷，或遣散部队，由中央政府派一高等军官会同该核计员，将三联领饷清单查核签押，并予该军官核计员统以监查应需之便利。

这就是唐绍仪之前竭力反对的“监督财政”的内容，条件确实太苛刻了，其要害还不在于监督财政，而是监督军队。如果军队的一切开销都无法保密，甚至被外国银行左右，那国防建设又从何谈起？而且，这也涉及一国的主权和尊严。所以该章程一经披露立即引起了巨大的反对声浪，一时间报刊上登载的反对文章铺天盖地。《民权报》刊登戴季陶所写的一篇题为《杀》的文章最为惊悚：

熊希龄卖国，杀！

唐绍仪愚民，杀！

袁世凯专横，杀！

章炳麟阿权，杀！

此四人者，中华民国国民之公敌也！

欲救中华民国之亡，非杀此四人不可！

黄兴也站出来反对，他在南京发出通电：“吾非一息尚存，心犹未死，誓不承认。”黄兴致电熊希龄，指出此章程“条件损失主权甚巨”，要求废除相关合同。他还给总统袁世凯、副总统黎元洪以及参议院发出公开电，指出“损失国权，莫此为甚，特电总统参议院，痛加驳话，责令熊总长将约取消”。黄兴提出，宁可发行不兑换券和开展国民募捐，也不能借这种钱。

熊希龄则立即公布了黄兴催款的急电作为对朋友的回击。除黄兴外，全国各省也都向他发来过要钱的电报，个个十万火急，熊希龄把它们都公之于众，希望大家理解借款的紧迫性。他还发出通电，诉说心中的委曲：“借款事，外人要求监督财政，人心激愤各报所载集矢于龄，内疚神明，外惭清议，不敢为个人名誉稍有辩护，惟此中艰难曲折有不得不详陈于左右者。”

但这些无法平息整个社会的愤怒，参、众两院的议员更不敢贸然通过决议。熊希龄希望用300万两借款来“投石问路”，最后无果而终。熊希龄一气之下表示不再过问借款的事，接着他也被袁世凯免职，由周学熙接任财政总长。

六　钱真不是好借的

六国银行团提出的条件确实有些苛刻了，尽管袁世凯之前已向银行团做过保证，不再向其他银行或机构谋求借款，但袁世凯还是命人私下里与六国银行团以外的组织和个人进行了接触。此举大概有两个目的：一是拓宽借款的渠道，避免“一棵树上吊死”；二是向六国银行团施加压力，迫使其放宽借款条件。从袁世凯的内心想法看，后面一项大概更重要些。

1912年5月，北洋政府与美国的一个国际财团进行了接触，该财团很有背景，著名的洛克菲洛集团是其后盾。谈了两个月，双方签订了一个2000万英镑的借款合同。但是美国的这个财团却没有自己做这笔生意，而是拿到了伦敦证券交易所，把这笔借款买卖转手“卖”给了证券经纪人克利斯浦。此人虽然没有钱，却在伦敦金融市场上很有活动能量，在他的撮合下，伦敦有3家银行组成了一个临时财团，他们以经纪人克利斯浦的名字为财团命名，又委任克利斯浦为代表，与代表北洋政府的中国驻英公使刘玉麟谈判。

袁世凯一看有戏，对这笔六团银行团以外的借款也很感兴趣。此时周学熙刚刚就任财政总长，袁世凯命他直接去谈。1912年8月30日，周学熙代表北洋政府，克利斯浦代表伦敦的这3家银行，双方正式签订了1000万英镑的借款合同，年息5%，借期40年，以盐税等作担保，折扣八九，即有高达11%的“手续费”。这笔钱虽然与袁世凯希望的筹资目标相差很远，且条件也很苛刻，但在这些条件中除了担保和手续费之外并没有干涉中国财政和内政的意思，属于“纯商业”的借款，更容易为中国政府和社会所接受。

这笔借款的达成对六国银行团无疑是一个挑战，英国汇丰银行的一名董事直言不讳地说“它对善后借款谈判以摧毁性的一击”。该项借款达成后，英国外相格雷立即从伦敦连续致电在北京的朱尔典，让他转告银行团的各国代表，一定要尽快与中国政府“取得必要联系”，重新开始谈判，并表示可以“首先由中国提出”谈判条件，但一定要以“终止对其他方面的一切谈判作为恢复谈判的一个条件”。

袁世凯其实要的就是这个效果，他马上做出回应，如果六国银行团可以放宽借款条件，他可以取消与克利斯浦财团已达成的借款。数天后，六国银行团方面提出了新的借款条件：“本借款主要用途应为偿付拖欠的借款，归还银行团的临时垫款，各省举办的外债和华比银行经手的借款，遣散军队的费用和支付军警的薪金和给予清皇室的津贴；供本借款担保的税项由海关受理或新设一受外人指导海关那样的机关，征收税金存入国际银团各银行；本借款的支用应受银行团代表的监督，所需要支用借款的申请书应由经银行团认可、财政部任命的稽核处长草拟并提出；本借款由银行团发行，应给予所规定的佣金和发行一切中国公债的取舍权；于相当时期内规定今后实业借款的用途须经银行团同意，并应雇用银行团同意的外籍技术专家和稽核处长分别在中国政府指导下，办理此种企业和监督企业的开支；财政部同意银行团充任中国政府的财政经理人，期限五年；如开发资源而建立机构及关于改革税收的征收应与诸银行团磋商。”

与之前的条件相比，银行团方面不仅没作让步，反而更进了一步，前面“监督”的还是中国的税收、财政，现在要借掌握借款用途进而“监督”中国的整个经济了。周学熙代表北洋政府就此提出了两条原则性意见，一是“勿碍中国政府行政权”，二是“勿致激起中国百姓反对风潮”，但是就具体条款应如何修订，周学熙却没有提出方案。

此后，双方又展开了激烈的交锋，银行团方面以暂停临时性垫款为要挟迫使北洋政府让步。他们提出以废除克利斯浦借款谈判为前提，无论下面怎么谈，得先把克利斯浦借款退回去。周学熙在向临时参议院提交的说帖中形容银行团方面“种种要挟，愈通愈紧”，双方的分歧仍“集中于监督问题”，导致谈判多次走向决裂。

在谈判中，各国驻华公使纷纷走向前台，直接进行干预。除了借款本身，他们还不断提出一些新问题向北洋政府施压。在中国第二历史档案馆保存的一份档案中，载有1912年12月31日日本驻华公使伊集院彦吉、法国驻华公使康德与北洋政府外交总长陆征祥、财政总长周学熙的一次谈话：

伊集院彦吉：今日与法康使代表六国使团，关于六国借款事来见。借款事已由周总长与各银团代表直接会商，将有成议。惟有两问题，周总长以为有关外交，不便自行解决，故特行约同造访，以便解决此两问题，俾借款得有成议。此两问题，一系将因革命，洋人所受损失之赔偿一款，载入借款合同内。其他系财政管理问题，其聘用财政顾问等员，亦宜载入合同内。非先行解决此两问题，借款恐终无成。

陆征祥：外面已纷传此次借款，系有政治关系，今竟欲加入此两问题于借款合同内，岂非竟如所传。且赔偿受损，乃另一问题，与借款无涉。聘用财政顾问等员，系财政总长分内应办之事，似宜仍由财政总长先行将借款定议。盖赔偿一事，应行研究者甚多，非一二日能收效者，岂不因此而误借款之进行乎？

康德：此次借款，有政治关系，无足讳者。本国政府要求先解决赔偿问题，方允借款，亦有先例如前，古巴革命后向法国借款，本国亦要求其解决赔偿问题方允借之。以故此次借款合同，仍宜加入赔偿洋人损失一条。

周学熙：前次借款会议中止，寻得法使、日使好意调停，故复能开议。本总长亦推诚布公，望借款之有成，廑不负诸公使维持之好意。今乃冀借款之议可成，而乃横加一赔偿问题。此问题纯乎系外交性质，而与借款初无关系者，岂非使此会议复行中辍乎?

伊集院彦吉：法公使刻所谓非先解决赔偿问题，则法政府不允借款，此意甚当。本大臣与法公使今日来意，实希赔偿问题之解决，而促借款会议之进行也。至管理财政一层，虽属财政总长分内之事，然因其不能由财政总长与银团所能解决，故特来贵部以议决之。

康德：更有进者，若不先将赔偿问题解决，恐将来借款债票，亦不能在法京发售也。

周学熙：现在借款二千五百万镑，其用度均有限制，实无余款足以作赔偿损失之用。且赔偿问题，非一两日所能定，岂非反贻误借款之事。且赔偿问题实有二点：一系何者应赔偿；一系赔偿之数目若干。

康德：借款数目，本可以加多。为今计，何不多借二百万镑，特为赔偿损失之用，其详细待后日再议。

伊集院彦吉：现在应定者，系大纲。故所宜定者，系允赔偿与否，其他详细事待异日。

康德：现宜先拨出一款为赔偿之用。何者应赔偿，及其若干，日后再议。到时若不能解决，仍可付之公断。一如文尼苏依拉之先例。盖其详细解决，尚需时日。若已拨有的款，则事一解决，其赔款即可交付。

陆征祥：法公使所言，当是本国政府于应行赔偿者，本决意赔偿之。然所未决者：一系何者应赔偿；一系赔偿之数目若干。将来两造如有异议，据法公使仍可付之公断也。

康德：此事当须与各使团接洽，得其同意方可。

周学熙：加借二百万镑，为赔偿之用，当有公函，方好照办。

康德：现已解决赔款问题，可更进而谈管理财政问题。

周学熙：其为难者，系现在已多有谣言，谓财政受外人之监理，用人之权，亦操之外人以故，若将聘用财政顾问等员载在借款合同，更易引起国人之反对。本国政府对于聘用外人之有名望、有学问经验者，相助为理，已久怀此意，各使署当表同情。但于借款合同内加入此条，则政府反觉为难也。或于合同之外，另用私函，彼此秘密询问，亦无不可。

康德：借款条件，原有财政管理一层，但须为中国政府承认，才允借款。但承认之法，或载在合同，或另行订定，原可通融。

周学熙：如能给一封信，询问聘用外人条件，薪数等事，当必明白答复。

伊集院彦吉：当以今日所言各事，报告六国使团中各同寅。

周学熙：原议今日下午四时再与各银行团会议，但彼等未有使团复音，则不与本总长会议云云。

康德：大概到期当有复音与各银行团也。

上面谈的事，是日、法公使想在借款合同中夹带“私货”。一是辛亥革命所造成的外国人财物损失的赔偿问题。日、法方面提出的解决方案是北洋政府多借200万英镑专门用于该项赔付。二是北洋政府聘请外国财政顾问问题。日、法方面提出写入借款合同，后经双方讨价还价，以“另用私函”的形式予以解决。

从中可以看出这场借款的复杂性，正如法国驻华公使康德所说“此次借款，有政治关系，无足讳者”。站在政治的角度，列强对此时的袁世凯政权态度也是复杂的，一名汇丰银行的经理曾对周学熙说：“我欧洲各国之外交政策之对于中国，有两种意思，既不愿中国为野心之国所并吞，亦不愿中国有异常之发达，以二者皆足破列强之均势也。自中国共和告成，我欧洲各国未尝不有戒心，深恐中国能力发展，扩充国权。”

倒是北洋政府在这些方面还显得有些羞羞答答，欧美列强则已经把袁世凯看得很透，知道这笔钱他一定会借的，所以对条件决不退让。并且他们也知道，在他们的强势胁迫下，袁世凯最后不得不放弃绕开六团银行团另谋借款渠道的想法。有了对袁世凯的这两个认识，六国银行团反倒不急了，在正式借款合国签订前，他们必须进一步谋求各自利益的最大化。

赵秉钧继任国务总理后各国驻华公使进一步多方施压，迫使赵秉钧发表了口头声明，表示北洋政府将聘请外国人作“币制、财政、审计、盐务、银行、农林和工商七方面的顾问”。北洋政府计划设立审计院，各国又强迫北洋政府同意该院章程“在公布前理当将草稿先交与法国公使，转致五国公使传阅，并提出意见，聘请顾问的合同，也照此办理”。除此之外，各国还想方设法为本国单独谋求好处。法国驻华公使康德曾单独跑到北洋政府外交部，要求外交总长陆征祥作出承诺，北洋政府聘请财政顾问时必须“使法人应聘重要位置，得直接发议办事，不仰人鼻息”。

这场“顾问争夺战”斗争得很激烈，最后英国人争到了盐务署稽核总署会办一职，法、俄两国各派一人为审计局顾问，德国人争到的是稽核处外债室稽核员和盐务副稽核，而美国人什么都没争到。美国驻华公使嘉乐恒（William Calhoun）向美国国务院报告称，六国银行团中除美国外“具有共同利益的大国联合起来以实现其自私自利的政治目的”，建议美国退出国际银行团。此时美国刚进行过新总统选举，新任总统是威尔逊（Thomas Wilson），他表示美国的财团只有在其政府的明确请求下才愿意继续参加拟贷给中国政府的借款，暗示美国对六国银行团机制不满。1913 年 3 月 19 日美国正式退出了六国银行团。

这场借款被搞得越来越复杂，政治意味越来越深厚，各种利益的博弈让最终的借款合同迟迟无法定稿。袁世凯再次试图用绕开银行团的办法争取谈判主动，但未能奏效。而在中国国内，舆论认为北洋政府在借款谈判中无法维护中国利益，反对声浪又起。1913 年1月9 日上海的《时报》发表过一篇社论，题目就是《周学熙误国》。身处“借款风暴”中心的周学熙可谓几面受气，表示“智能俱竭，笔舌俱穷”，甚至跑到天津去避风头。

借款的事眼看要搁置起来了，就在这时发生了一个意外事件。

七　借款与血案

就在美国宣布退出六国银行团的第二天，即 1913 年 3 月 20 日，在上海火车站发生了一起暗杀活动，因为被暗杀的人身份特殊，一时震动了全国，继而深刻影响到中国的政局。

被暗杀的人是革命党的重要成员宋教仁，当时他正准备乘火车去北京。在火车站为他送行的有黄兴、于右任、廖仲恺等革命党同志，子弹从他的后背射入体内，射中右肋，又斜入腹部，凶手开枪后逃逸。宋教仁当时没有死，被送往沪宁铁路医院急救，但伤势过重，于两天后去世。

宋教仁此时有一个特殊的身份：中国国民党代理理事长。中国国民党于 1912 年 8 月 25 日成立于北京虎坊桥湖广会馆，是原同盟会联合国民共进会、国民公党、共和实进会等几个主张政党内阁的小党组成的。临时政府北迁后，下一步将进行第一届国会选举，许多同盟会成员认为应该把革命的重点转向政党政治，通过选举来控制国会、实现组阁。宋教仁之前翻译过《万国社会党大会略史》《日本宪法》等西方资本主义政治学说和社会制度方面的书籍，对政党政治寄予很大希望，主张在中国推行行政、立法、司法三权分立的政治制度。中国国民党虽然推举孙中山为理事长，但又以宋教仁为代理理事长，主要事务实际上由宋教仁掌握。

宋教仁与袁世凯的心腹赵秉钧私交很好，赵秉钧被袁世凯任命为第三任国务总理后，宋教仁与他来往更加密切。经过袁世凯的秘密批准，赵秉钧还加入了同盟会。宋教仁对赵秉钧十分信任，在担任北洋政府农林总长期间，他常与赵秉钧在北京秘会。宋教仁对赵秉钧很推崇，私下里表示国民党在国会选举中如果胜利，将仍推举赵秉钧为国务总理，甚至把他选为总统。赵秉钧则推崇宋教仁是大党领袖。宋教仁不知道的是，所有情况都被袁世凯在第一时间掌握着。

备受瞩目的中华民国第一届国会选举从 1912 年 12 月拉开了帷幕，一直持续到 1913 年 1 月。按照计划，新的国会将于 1913 年 4 月在北京召开。这次选举并不是一次真正意义上的全民公选，因为登记的选民仅占全部人口的 4% ~6% 。《剑桥中华民国史》归纳了当时选民选举资格方面的规定：

> 凡年满 21 岁的男子，具有小学同等学历，或拥有财产并按规定标准付税（标准虽低，但足以把大多数成年男子排除在外），并在选区（县）内居住两年以上者，除少数例外均有选举权。

国民党的主要对手是共和、统一、民主等政党，其中统一党的领袖是章太炎、张謇，民主党的领袖是梁启超。在这场选举中国民党最后获得了大胜：在众议院的 596 个席位中国民党获得 269 席，占 45. 1% ，共和、统一、民主三党合计 154 席，只占 25. 7% ；在参议院的 274 个席位中，国民党获 123 席，占 44. 9% ，共和、统一、民主三党合计 69 席，占 25. 2% 。除了上面这几个政党，还有一些跨党派或无党派人士胜选。国民党虽然没有获得超过半数的绝对优势，但所占议席远远超过其他政党，共和、统一、民主三党即使联合起来也无法与之抗衡。

宋教仁就是在国民党选举大胜后去北京的，他要去实现自己的理想，像西方国家那样组建政党内阁，之后建设这个国家，但让他万万没有想到的是被打了黑枪。宋教仁死时年仅 31 岁，临终前留下了“今国基未固，民福不增，遽尔撒手，死有余恨”的悲叹。

这场血案发生后，江苏都督程德全马上下令上海地方全力缉拿凶手。

3天后一个古董字画商到上海英租界巡捕房报案，说一周前上海青帮头目应桂馨曾给他看过一张照片，愿意出1000元将照片上的人刺死，血案发生后这个商人才发现照片上的人正是各报刊登的宋教仁。根据这个线索，上海公共租界的巡捕立即将应桂馨抓获，继而又抓获了直接向宋教仁行刺的武士英。

但随后，武士英在预审前竟暴毙于狱中，应桂馨先是在帮会成员的帮助下成功越狱，又被神秘刺客杀死在火车上，宋教仁遇刺案由此成为一桩疑案，令各方面议论纷纷。当时最被怀疑的幕后凶手是赵秉钧。袁世凯的总统府秘书长梁士诒建议："此事只有先免赵秉钧的职，改任唐绍仪，另组内阁以平民党之气，至于赵秉钧有无嫌疑，再待国民评判，庶可缓和。"袁世凯思索再三，于是把赵秉钧免职，改任直隶都督，国务总理一职却没有让唐绍仪回任，而是由自己的另一个嫡系陆军总长段祺瑞代理。

但更加神秘的是，赵秉钧这个曾当过国务总理的人，在直隶都督的任上也突然暴毙身亡，对外称中风，而社会上纷纷传言赵秉钧死前大口吐血，是被人毒死的。

这场血案内幕究竟如何至今尚难定论，但有一点可以肯定，那就是它在政坛上掀起了一场滔天巨浪。孙中山当时正在日本考察，听说宋教仁遇刺后立即从日本回国。他认为此案必是袁世凯、赵秉钧所为，提出要以武力对袁世凯进行讨伐，一时间再次爆发军事冲突的可能性大增。

第一届国会选举结果的出台以及随后宋教仁遇刺案的发生，让现在的五国银行团意识到中国的政局有可能发生一场剧变。五国银行团私下里得到一些消息，说国民党的领袖已经表示，任何未经新国会通过的借款合同都可能拒不承认，而革命党人如果重新集结，真的推翻了袁世凯的统治，在银行团看来将是一场灾难，意味着他们之前所做的一切都将化为泡影。

五国银行团背后的西方列强早已认定袁世凯才是最合适的代理人，之所以迟迟没有签订借款合同，是因为还要进一步讨价还价，并且协调好它们内部的利益关系。现在袁世凯即将面临一场挑战，已经不允许他们再拖下去了，必须尽快完成这笔借款。

袁世凯也不失时机地“提醒”各国，新的国会即将正式组成，到那时再想签订借款合同必须通过国会的审议，而“在众议院议长尚未选出、国会未组成前，中国政府有权直接签订借款协定”，袁世凯提出留给双方的时间不多了，甚至只有几天了。

这一次银行团不再坚持，同意了袁世凯的请求。1913 年 4 月 22 日，袁世凯以总统的身份任命国务总理、外交总长、财政总长等三人“全权会同签字”。4 月 26 日，北洋政府与汇丰、德华、东方汇理、道胜和横滨正金等 5 家外国银行组成的银行团正式签订了善后借款合同。

这场善后大借款谈判一波三折，最终促使双方达成合作的是迅速变化的形势，而促使形势变化的是一场血案。关于宋教仁遇刺案的内幕有很多议论和推测，最主要的一个看法是，的确是袁世凯下令暗杀了宋教仁，原因是国民党在选举中大胜，改变了中国的政治格局，所以要把宋教仁除掉。这种说法貌似有理却经不起推敲。熟悉政党政治的人都知道，政党的领袖固然有着独特的地位和作用，但却不是一个政党的全部力量，袁世凯可以杀一个宋教仁，却无法马上把国民党全部消灭掉，也无法改变国会选举的结果，反而会因为这场暗杀让国民党获得同情和更大的支持，纯粹站在政治的角度去刺杀宋教仁是得不偿失的。

袁世凯是颇有心机的人，尤其对政治有着精准的算计，他对这些肯定会有细致的考虑。站在当时袁世凯的立场看，国民党说可怕也不可怕，毕竟他们的力量主要集中在未来的国会和知识界，而从小站起家的袁世凯深知在中国的政治舞台上还是实力说了算，国民党手中没有多少军队，所以不用怕。

袁世凯真正在乎的还是对外借款，有了钱他才能把包括军权在内的各种权力玩得转，没有钱他比前任孙中山其实好不到哪里去。如何打破借款僵局，尽快拿到善后借款才是袁世凯朝思暮想的事。宋教仁遇刺案的发生打破了借款僵局，从这一结果倒推，说这场血案的幕后真凶是袁世凯也是没错的，这场血案更像是一场精妙的连环设计。

八　有了钱的袁世凯

根据双方签订的借款合同，善后借款总额为2500万英镑，借款期限为47年，即截止于1960年，年利率为5%，届时本息合计将达到67893597英镑。借款由各国银行在本国发行债券的方式募集，债券按九折发售，再扣除6%作为佣金，即借款方实得2100万英镑。

关于借款用途，合同规定主要有六个方面：一是中国政府业已到期清还的各种款项；二是各省现有借款的清还；三是中国政府不久到期各款的随时清还，包括预备赔偿各国因革命所受的损失；四是遣散军队；五是中国政府的行政费；六是整顿盐政事务相关费用。合同里不仅规定了借款的用途，还规定了各项用途所占的比例（见表2.2）。

表2.2　　善后借款合同借款预算方案

序号	用项	金额	百分比
甲号	偿还中国政府到期借款	431778英镑9先令7便士	50.66
乙号	偿还各省借款	2870000英镑	
丙号	偿还中国政府不久到期借款（包括赔偿外人损失）	3592263英镑10先令3便士	
丁号	裁遣军队费用	3000000英镑	14.10
戊号	行政费	5000000英镑	25.85
己号	整顿盐务经费	2000000英镑	9.39
合计		21280041英镑19先令10便士	100

资料来源：财政科学研究所，《民国外债档案史料》，中国档案出版社1990年版。

根据这些用途，偿还到期庚子赔款和各种外债占了该项借款的一半以上，这其实是一种“借新还旧”，用银行的术语就是对以往“不良贷款”的展期。这部分款项也只是在外国银行和各国政府间走走账，北洋政府拿不到这部分钱。

在借款用途中特别强调了整顿盐务一项，这与借款的担保事项有关。为保证善后借款的安全，五国银行团设置了多重担保，首先就是盐务的收入，其次是关税的余额，再加上直隶、山东、河南、江苏等4个省上交中央政府的税收。

盐务收入在此次善后借款中有着突出的地位。盐税历来是中国封建王朝重要的税收之一，但晚清时期中国盐务管理混乱，税收体制和实际操作情况有点儿类似厘金，分散管理、收支不明，大量收入被地方截留。左树珍在《历代引法通论》指出：“有清二百六十余年，专商积弊，迄未革除，各省盐务，纷乱如丝，国课民生，交受其困。”当时盐税收入有限，而相关征收费用却很高，如两淮盐局曾上报收入18.9万元，但征收经费却高达21.7万元。

张謇、熊希龄等人早有改革盐政的想法，并为此提出过许多方案。张謇曾担任两淮盐政总理10年，应孙中山邀请担任南京临时政府实业总长后即提出了《改革全国盐法意见书》，提出“就场征税、废止引岸”的方案，但是没来得及实施。北洋政府财政部提出过《改革盐务计划书》，但在参院院审议中也遭到了各方面的反对。在外国银行团看来，盐税无疑是中国仅剩下的“最后一块肥肉”，如果能以强有力的手段完成对盐务的整顿，那这笔可观的收入也会像关税一样成为中国政府的借款保证和还款来源，为此他们提出以全部盐税作为善后借款的担保，并在借款用途中专门辟出一项，全面保证盐务改革的需要。

在善后借款的附件中，规定“用洋员襄助整顿改良中国盐税的征收办法”，同时规定在北京设立盐务稽核总所，中国人任总办，外国人任会办，所有发给引票、款项收支等必须有总、会办签字方能生效，等于控制了中国的盐税收入。借款合同签订当月，北洋政府盐务稽核总所便宣布成立，担任首任会办的是英国人丁恩（Morris Dane）。就像当年英国人赫德（Robert Hart）把持中国海关那样，丁恩也按照西方的会计、税收制度开始了对中国盐务管理的整顿，建立起总所、分所、盐场三级管理体系，收入和支出实行垂直化的“两条线”制度，避免截留挪用。这些措施使盐税收入立即实现了快速增长（见表2.3）。

表2.3　　北洋政府时期历年盐税收入统计表

年　别	税收数（千元）	年　别	税收数（千元）
1913（5月21日至年底止）	19044	1918	88394
1914	68483	1919	87823
1915	81065	1920	90052
1916	80503	1921	94883
1917	82246		

资料来源：《中国近代盐务史资料选辑》第一卷，南开大学出版社1985年版。

善后大借款合同签订后，《顺天时报》率先披露了有关消息。此时新议会已经组成，国民党在新议会中占有主导权，国民党质疑如此重要的事项为何不提交议会审议，袁世凯以“国家需款孔急，不能再事迁延”为搪塞。孙中山得知消息后，立即致电银行团以及英国各大报纸，公开表示对袁世凯已经不再信任，敦促各国暂停借款。孙中山在《致各国政府和人民电》中表示：“北京政府未得巨款，人民与政府尚有调和之望，一旦巨款到手，势必促成悲惨之战争。”国民党人张继、王正廷以参议院正、副议长的名义通电全国，号召社会各界反对这场借款，一时间各大报纸纷纷发表文章，以“数袁世凯十大罪布告国民”“综论大暗杀案”“誓死万不承认大借款”“拒款救国”等为标题反对袁世凯。

但这些最终都没有阻挡住这笔借款。一方想借、一方愿意借，反对无效。袁世凯陆续从善后大借款中开始接收资金，扣除清偿外债、赔偿外国人革命损失等项，最后实收资金仅为900多万英镑，虽然不到名义借款的一半，但折合成白银仍有8952.49万两。手里有了这笔巨款，袁世凯的腰杆子一下硬了。

1913年5月初，国民党党员江西都督李烈钧、广东都督胡汉民、安徽都督柏文蔚通电反对善后借款。袁世凯下令将李烈钧免职，令其到北京“听候酌用”，将胡汉民改任西藏宣抚使，将柏文蔚也免职。袁世凯之所以一改在革命党人面前柔软的身段，变得如此强硬和粗暴，就是因为有了钱，他什么都不怕了。

在孙中山的号召和策动下，1913年7月12日李烈钧在湖口召集旧部成立讨袁军总司令部，通电讨袁，宣布江西独立；7月15日黄兴在南京组织讨袁，宣布江苏独立；随后，柏文蔚在安徽、陈其美在上海、谭延闿在湖南、许崇智在福建、熊克武在四川纷纷宣布独立，继任广东都督的陈炯明也宣布广东独立。这就是“二次革命”。袁世凯则以叛乱罪下令解散国民党，驱逐议会里的国民党籍议员，组织北洋军进行讨伐。

这场革命虽然表面轰轰烈烈，但革命党人的实际力量却较为有限。一些国民党籍都督虽然通电讨袁，但下面的军队却不掌握在自己手中。袁世凯充分施展手段，用金钱收买的办法瓦解革命力量，并屡屡得手。没有经过激烈的战斗，袁世凯就或排挤、或拉拢，就先后解决了各省的革命势力。

上海方面，袁世凯用军舰把大批北洋军运来，上海的讨袁军立即不战瓦解，陈其美失败后逃亡日本。安徽方面，柏文蔚虽名为安徽讨袁军司令，但军队被师长胡万泰等人控制。北洋军还没到，胡万泰等人就被袁世凯收买，宣布拥袁。柏文蔚仓促间率卫队奔往南京躲避。福建方面，许崇智不是福建都督，都督孙道仁是在许崇智等人胁迫下宣布独立的，看到大事不妙，孙道仁立即向袁世凯发出电报陈述“冤情”，通电拥袁，许崇智逃往日本。广东方面，袁世凯以重金收买了广东的将领，陈炯明无法控制军队，就此被逼走。湖南方面，看到其他地方的讨袁军纷纷失利，谭延闿宣布取消独立，但袁世凯还是派出军队进入湖南，派心腹接管了湖南都督一职。四川方面，熊克武在独立一个月后即宣布解职下野。

看到革命党人大势已去，袁世凯立即宣布黄兴、陈其美等 5 人为一等战犯，孙中山、张继、李烈钧、柏文蔚、陈炯明等被通缉。孙中山、黄兴、李烈钧、柏文蔚、陈其美等人只好流亡日本，“二次革命”这就这样失败了。袁世凯的权力更为巩固，其势力逐渐向南方各省渗透，新成立的国民党无论在政党政治还是军事斗争方面都遭到了严重打击。

袁世凯之所以能取得这场胜利，原因是多方面的，其中金钱的因素不容低估，可见善后大借款来得正当其时，如果没有这笔钱，袁世凯能否如此轻松度过这场危机实在难说。对五国银行团和它身后的各国政府来说，也终于可以松口气了，他们是袁世凯的债主，只要袁世凯把位子坐稳了，他们的钱就不会打水漂。

第三章

“袁大头”里的金融学

一　一个“懂金融”的军阀

袁世凯轻松解决了革命党人发动的“二次革命”，不仅巩固了自身权力，而且进一步得到了欧美列强的支持。正如美国学者拉铁摩尔（Owen Lattimore）在《亚洲的解体》一书中指出的那样：“只要他们能够找出这样一个人——在十九世纪末找到了李鸿章，二十世纪初找到了袁世凯，他们总是愿意在贷款、武器装备、军队训练各方面给以充分的帮助，使他充分地强有力，来为他们的利益而统治着中国。”这里的“他们”，无疑指的是欧美列强。

初次接触袁世凯的人，一般会认为此人有些其貌不扬。美国驻华公使芮恩施（Paul Reinsch）如此描绘他见到的袁世凯：“他身材矮胖，但脸部表情丰富，举止敏捷。”《纽约时报》上的一则报道也这样描绘过：“矮小结实，有着粗脖子，身形微胖。”袁世凯的坚定支持者莫理循则在《泰晤士报》上报道过袁世凯就任临时大总统时的情景：“袁世凯入场，像鸭子一样摇摇晃晃地走向主席台，他体态臃肿且有病容。他身穿元帅服，但领口松开，肥胖的脖子耷拉在领口上，帽子偏大，神态紧张，表情很不自然。”

但正是这样一个人，才是列强所公认的中国强人，是继李鸿章之后中国人中最适合打交道的人。美国《纽约时报》早在1908年就发表过一篇题为《清国铁腕袁世凯采访录》的专稿，其中写道："在大清国的所有官员里，他是第一个认真学习国外军队的组织方法和战略战术的人，并且也是第一个极力鼓吹军队必须实现现代化的人。他展示出了这样的一种才能，即详尽而精当地重组和指挥了朝鲜的军队，并且在日清战争前不久，他还作为清国官员居住在汉城。他参加了这场对清国人来说可谓是损失惨重的战争，然而，他的声誉和威望并未受到多大损伤，这表明袁是一个具有异常才智的人。"

在欧美列强看来，袁世凯既不同于因循守旧的晚清官吏，也不同于孙中山那样的革命党，他中合了二者的优点，做事周密，懂得妥协，因而可以合作。对于袁世凯的思想，《剑桥中华民国史》一书曾进行过分析，认为袁世凯是中国新旧思想的混合体：

> 他有一打以上的妻妾和众多子女，他除在正式场合穿西式军服外，都穿中式服装。他不懂外语，从来没有到比朝鲜更远的地方旅行过。他虽然在科举考试中失利，但受到儒家课本的教育，并相信其道德上的功效。另一方面，他是作为沿着西方和日本的路子进行官方改革的领袖而在清朝赢得赫赫声名。他招募了许多受过外国教育或有外国经历的随从，他精心培养了一些有朝一日用得着的外国人，他派遣了几个儿子到国外去受教育。看来，他是在不断追求新旧的融合，相信这个混合体最适合中国国情。

在众人看来，无论如何袁世凯都是一个"能人"。无论治军还是治政，他都有一套自己的思想和做法。美国人阿瑟·布朗（Arthur Brown）1901年作为美国长老会的牧师来到中国，与晚清政要以及革命党领袖都有往来，与袁世凯也有过深度接触。1901～1909年间他在中国进行过大范围的社会调查，先后写了 17 本日记。他在撰写的《辛亥革命》一书中对袁世凯担任直隶总督时取得的各项成就进行了概括性总结：简化教学用语；推进地方自治；创办公立小学；创办军官学校；引入宪制政府；创办公立师范学校；允许开设民间储蓄银行；设立法政学校；通过考试遴选海关官员；建立研究宪法制度和议会制度的专门学校，推动关于中国宪制相关的所有论题的讨论；在天津试行民选政府体制的探索，1907 年 7 月 24 日天津举行了中国历史上第一次也是迄今唯一一次普选。另外，“他还建立了许多铸造铜币、银币和金币的工厂以及棉纺厂、造纸厂；他还建立了大量的军事、师范学校，以及很多推进中国社会改革、工业化所需的培训学校，这些学校的建筑大都十分宏伟——他开设的上述机构都运行良好”。

当时直隶总督衙门已由保定迁到天津，阿瑟·布朗在天津看到了漂亮的西式建筑，细石子铺就的宽阔道路，用最好的钢铁建造的桥梁。在天津这座城市中，蒸汽推动的压路机每天都在不知疲倦地工作着。袁世凯还为天津组建了一个行之有效的卫生管理部门，在它的督导下，天津的城市卫生得到显著改善，“他与各国维持着极佳的关系，并通过实实在在的不懈努力赢得了中国民众的好感”。

所以，袁世凯是军阀却不是“武夫”，他是个有心计也有思想的人。从善后大借款这件事来看，袁世凯对金融也很重视，对欧美各国的银行颇有研究。早年袁世凯曾向清政府上奏，指出设立国家银行的重要性，认为“窃维国之本计，财政为先，财之管枢，银行为要”，提出“近来财政纷纭，斡旋之机，首争此著，其重要情形，非寻常局所可比”。袁世凯认为，当时欧美各国都有自己的国家银行，有发行钞票和铸币之权，“上则利益国家，下以扶植商业，内足运输国计，外足驰逐诸邦”，设立国家银行是“国家大计”。

应该说，作为一名晚清官员能思考这些问题是难能可贵的。从清政府国家银行一再拖延难产的情况看，当时反对或不重视金融建设的官员占了多数。看到大清户部银行迟迟未能成立，袁世凯颇为着急，他上奏说："今中国计学未精，官号则资本不充，商号则群情涣散，欲操纵中外盈虚，非设国家银行以统摄之不可。臣前日入都，晤管理户部事务大学士臣荣禄、户部尚书臣鹿传霖咸以此为急务，商由臣先在天津代设户部银行，为行钞铸币之本。"对于这个建议，清政府给予批准。

这样，早于大清户部银行3年而成立的天津官银号于1902年8月在天津开业了。该号初名平市官银号，除天津总号外，陆续在北京、上海、汉口、保定、张家口、唐山等地也设立了分号。除了吸收官、私存款和放贷，该银号还代表清政府发行可十足兑现银元的钞票，因其在大清国金融建设上具有首创性，所以开张之际轰动一时。到1910年，该银号更名为直隶省银行，资本已达102万元，存款余额185万元，放款余额23万元，发行有价证券70万元。

袁世凯认识到银行是个好东西，是欧美国家管理经济的最有力手段，更是筹款的最好办法。1904年候补道高尔嘉提出与法商合资400万两筹办华兴银行，袁世凯给予大力支持。在袁世凯任直隶总督期间，天津成为中国北方的金融中心。除了创办银行，袁世凯还尝试发行钱币。他创立了北洋银元局，由日后任中华民国财政总长的周学熙担任总办，在河北大悲院残址上聘募技师和工匠开铸铜元，每年铸铜元上千万枚。当时京津一带经八国联军洗劫后，满目疮痍、经济凋敝、物价飞涨。八国联军劫掠了官府、商号的上千万两现银，造成"津市钱荒，商民交困"，市场交易竟"往往以竹片、纸条代充找付"。北洋银元局铸造的铜元投放市场后，"市面赖以接济，物价顿平，人心大定"。袁世凯也从中颇得实惠，从铸币收益中共得128万两用于军警建设和军械购置，另得62万两用于其在直隶推行的新政。袁世凯自那时起便对周学熙刮目相看，认为他是"当代奇才"。

袁世凯早在1899年就向清政府提出铸造银元，"按库平一两制造，小者递减"，以统一混乱不堪的币制。1907年8月他再次联合张之洞等人奏请铸造一两重、十足成色的银币。由于各种原因，这些建议未能立即付诸实施，直到清政府灭亡前一年才匆匆颁布了《币制则例》，确定一元的银币为主币，但重量并非袁世凯一直主张的一两，而仅为库平银七钱二分。

袁世凯当上民国大总统后，政权看起来越来越稳固，但财政状况并不乐观，靠借外债过日子并非长久之计，必须在经济、财政上寻找新的突破，这时他想起了以前自己搞过的一些“金融改革”，希望通过在这些方面的创新和突破，为巩固权力再添助力。

二　民初金融乱象

袁世凯最想做的是统一币制，因为民国初年的币制实在太混乱了。

晚清政府在经济上的最大失败便是金融建设的严重滞后。在欧美国家已建立起近代金融体系的情况下，晚清的金融状况还相当的原始和初级：金融法规几近空白，迟迟没有建立起国家银行，政府未能有效行使发钞权，本国金融机构以钱庄、票号为主，难以与大举入侵的国外银行相匹敌……金融的严重缺位，对经济建设无法行成有力的促进和支撑，也使政府财政彻底依赖外债和外国金融机构。

自秦汉以来，中国历代的主币是铜钱，以银两、黄金为补充。明代中期以后银本位制逐步确立，银两成为主要货币，铜钱为补充，这种情况一直持续到晚清。银两由于存在成色混乱、不易分割、价值过大等原因，运用于日常流通多有不便，且当时世界发达国家已逐步改银本位制为金本位制，中国的币制明显落后于欧美，所以晚清时期币制改革的呼声一直很高。

咸丰朝曾进行过一次规模很大的币制改革，铸造了新的铜钱和铁钱，发行了与银两等值的宝钞，但那次币改的初始目的仅是为脆弱不堪的财政输血，是一次变相敛财，所以很快失败了。1887 年时任两广总督的张之洞提出“废两改元”，几年后他尝试铸造银元，各地纷纷试行，也铸造了各式各样的银元。清政府为了把铸币权收回中央，在灭亡前夕曾颁布了有关统一铸造银元和铜元的诏令，取得了一些效果，但没能解决币制统一问题。

民国初年社会上流通的货币五花八门，既有银两、铜钱、铁钱，还有银元、铜元、钞票。银元又有清政府发行的“龙洋”和从国外输入的“鹰洋”，钞票的种类更多，仅国外银行在中国发行的钞票就有 10 多种，再加上钱庄、票号发行的银票、汇票，简直可以凑齐一座“货币博物馆”。

先说银元。鸦片战争打开中国大门后，外国的银元涌入中国，影响最大的是墨西哥银元。它重 27 克，便于携带和交易，到清朝末年在中国流通的这种银元至少有 11 亿枚。1890 年 4 月张之洞在广州铸造中国的银元，这种银元一面铸有满汉文“光绪通宝”，上端还有“广东省造”字样，另一面铸有蟠龙花纹。广东开铸后，湖北、江苏、安徽、奉天、浙江、福建、吉林等地也设厂铸造，因缺乏统一标准，各地铸造的银元成色不一。1910 年清政府颁布《币制则例》后，规定了银元的重量、成色，把铸制权收归中央，朝廷在天津、武昌、南京等设立了造币厂，但次年清政府便倒台了。民国初建，有些省的军政府趁乱继续铸造银元，如 1912 年四川军政府铸造过一种称“大汉银币”的新式银元，上铸“四川银币”“军政府造”“中华民国元年”等字样。除了 1 元面值的银元，各地还铸造了 5 角、2 角、1 角的银元，广东、浙江等省还铸造了 1 毫、2 毫的辅币。至清政府灭亡时，各种银元铸造数量见表 3. 1。

再说铜元。中国传统的制钱也是铜质的，基本形制是圆形方孔，俗称“孔方兄”，这种货币因“货真价实”而通用了 2000 多年。到晚清，制钱开始衰败，这与当时混乱的币制改革密不可分。为了筹措经费，清政府曾下令铸造过所谓“大钱”，铜的分量没怎么增加，上面铸个“当十”，1 枚铜钱就当 10 枚用，铸个“当百”，1 枚铜钱就等于 100 枚铜钱。这样的制钱当然无法让百姓接受，清政府灭亡前夕 1 枚“当十”大钱在市场上已跌到 2 文，贬值 50 倍。在这种情况下，有些地方便效仿国外的铜元筹造中国

表 3.1　　晚清铸造的各类银元数量统计表

币别	铸造厂	铸造数目	说明
清代龙洋	各省铸造厂	28635141300（元）	民国八年调查数
四川军政府汉字银元	成都造币厂	5567646000（元）	民国元年至十二年止铸数
五角旧银辅币	天津、南京、武昌、广东、成都、云南、奉天	145582129（枚）	津、宁、鄂、粤各厂截至民国五年底铸数，成都六年十一月止，云南六年八月止铸数
二角旧银辅币	天津、南京、武昌、广东、成都、云南、奉天	1386623516（枚）	津、宁、鄂、粤各厂截至民国五年底铸数，成都六年十一月止，云南六年八月止铸数，奉天六年底止铸数
一角旧银辅币	天津、南京、武昌、广东、成都、云南、奉天	244976161（枚）	宁、鄂、粤各厂截至民国五年底止铸数，川厂六年十一月止铸数

资料来源：王利中，《民国前期（1911 年—1927 年）中国货币制度研究》，新疆大学 2003 年研究生论文。

新的铜钱，最早也是在广东开铸的，始于 1900 年，随后各省也纷纷开铸，一般上铸“光绪元宝”“大清铜币”等字样。但由于管理混乱，滥铸的情况相当普遍，“当二百”“当一百”“当五十”“当二十”“当十”等币钟纷纷出现，且成色也越铸也差。有人测算过，在含铜 93%、含锡 4%、含铅 1% 的情况下，用 38.08 两原料外加 5 两铸造费可以铸铜元 8600 枚，即 1 两约合铜元 200 枚；如果不加锡，1 两可得 205 枚；如果把铜的成色降低至 80%，可得 251 枚。各省总督以及民国以后的都督都把铸造铜元作为生财之道，通过在铸造工艺上做手脚来牟利，造成铜元品色不一。

再说钞票。钞票是纸制货币，本身不具有价值，而是一种价值符号，属信用货币，有一定的面值，但必须以某种信用作为担保。宋代交子是中国，也是世界上第一种由政府发行的纸币，元朝建立后忽必烈下令印行纸制为法定货币，明朝建立后也印行“大明宝钞”，但由于当时各政府对纸币这种信用货币的属性缺乏正确认识，这些纸币都失败了。清朝咸丰三年（1853）5月又重新“制银钞”，定名为“官票”，面额以银两为单位，有1两、3两、5两、10两和50两等不同面值，用高丽纸印制，上有满汉文“户部官票”字样；后又发行“钱钞”，以制钱为单位，有250文、500文、1000文、1500文和2000文等面值，用较好的白纸印制，上有汉字“大清宝钞”字样。这两种纸币合称“钞票”，但也失败了。民国刚建立时，各省军政府为应付财政困难，把发行银两票、银元票、制钱票、军用票等纸币当成一种快速敛财的手段，表3.2是各省印制纸币的情况。

表3.2　　民国初年各省印制纸币情况表

省份	发行机关	发行钞票种类、数量
奉天	官银号	银两票、大龙元票、小银元票、东钱票共870万余元
	兴业银行	小银元票467万余元、农业票3万余元
吉林	官银局	制钱票840万余元、小银元票若干
湖北	官银钱局	银两票、银元票、钱票共3192万余元
湖南	湖南银行	铜元票、银元票、银两票共2300万余元
	实业银行	铜元票、银元票、银两票共140万余元
福建	福建银行	银行票40万元、小洋角票四五十万余元
直隶	直隶银行	银两票1200余两、银元票4800余元、铜元票2.3万余元
江苏	江苏银行	500万余元
山西	官钱局	大银元票、小银元票、银条纸币共100840余元
黑龙江	官银钱号	钞票400万余元、银元票与铜元票共340万余元
	广信公司	钞票1050万余元
江西	民国银行	银元票、铜元票、制钱票共430万余元
四川	四川银行	军用票14100100元
陕西	秦丰银行	旧式、新式银两票共计4219000两
	富秦官钱局	钱票117万余串

续表

省份	发行机关	发行钞票种类、数量
山东	山东银行	银两票、银元票、铜元票共64万余元
浙江	浙江银行	钞票113万元
广东	官银钱号	军用票、银毫纸币、银元纸币共3200万余元
安徽	中华银行	30万元

资料来源：杨涛，《民初北京政府整理滥币问题研究》，《安徽史学》2012年第5期。

发行纸币的目的本应定位于方便市场流通、活跃和完善金融市场上，而不是解决财政困难或者临时用来聚财敛财的工具，所以发行程序应当极为严格，发行额度应当科学计算。没有计划和节制的滥发其实是把纸币变成了一种面向整个社会的强迫性公债，必然使其失去信誉，进而引发通货膨胀和金融市场的混乱。魏建猷在《中国近代货币史》一书中指出："民国二年、三年间，纸币市价日趋低落，以致物价步步上涨，商业陷于停顿。当时各省纸币发行数目，广东约三千二百万元，跌至五六折。湖南约二千六百万元，四川约一千五百万元，江西约八百万元，均跌至七折。湖北约三千万元，新疆、伊犁约七百万元，均跌至八折。"

除了上述这些本国货币，一些外国货币也在中国流通。日本的银元在东北一带流通甚广；英属香港的银元因铸有英国女神像而被俗称为"站人洋"，在京津一带很流行；墨西哥银元取代了之前在中国广泛使用的西班牙银元，在华东、华南一带大量使用；还有法国人铸造的西贡银币等，都能在中国市场上通行。

外国银行进入中国后，还大量发行钞票。首先是1864年成立的丽如银行，总行在英国，进入中国后开始专门为外国洋行在华贸易办理外汇业务，后来经营范围逐渐扩大，开办起存贷款业务，还获得了发钞权，所发行的纸币可以在中国市场流通。汇丰、麦加利、花旗、三井等银行进入中国后也积极争取发钞权。俄国的卢布票、日本的金票长期流通在中国东北地区，汇丰、麦利加等英美银行发行的纸币流通于长江流域，云南主要流行的是法国东方汇理银行的纸币。这些外国银行大肆在中国发行纸币，发行了多少、有多少准备金、退出市场前回收了多少，都是一笔糊涂账。表3.3统计的是部分银行在民国政府成立后的部分年份里发行钞票的情况。

表3.3　　民国初年部分外国银行在华发行纸币情况统计表

行名	发行额	行名	发行额	备注
麦加利	7869198 英镑	正金	76442545 日元	1918～1927 发行额
汇丰	384907574 港洋	朝鲜	500607305 日元	1911～1919 发行额
东方汇理	3990912367 法郎	台湾	245529100 日元	
花旗	32871908 美元	有利	537386.78 英镑	1918～1927 在华流通额
华比	11582248 法郎	美丰	6428054 元	1921～1927 年发行额

资料来源：王利中，《民国前期（1911年—1927年）中国货币制度研究》，新疆大学2003年研究生论文。

如此一来，各地市场上就出现了各式各样货币并存的局面，银有银两与银元之分，银元有中外之分，中国银元有新式旧式之分，铜元有各省之分，钞票有中外之分，通行的主要货币省与省不同，一省之中的不同地区也有所不同，各类货币间兑换繁琐，阻碍了商业交流，加大了交易成本，严重制约了经济发展。

不仅如此，币制混乱还带来一些更现实的问题，比如交税。当时厘金制度仍在严格执行，一个商人要搞长途贩运，必须经过若干个省、县，各个厘卡、厘局所规定的收费货币不统一，要么事先准备好各种货币，要么现场兑换，而兑换的标准都由各地说了算，自然少不了再进行一次盘剥。

从事对外贸易的商人更苦不堪言，因为购买外国商品要以黄金计算，买黄金又要以白银去计算，但在中国市场上卖货一般以银元计算，在此过程中要经受"金银比价""两元比价"等变动的风险。币制不统一也给营私舞弊、敲诈百姓的人制造了机会。李芳在《中国币制统一论》中指出："于村农之家，见有小吏持券收税者，察其券计纳漕米一升二合，加盖红戳，谓每米一石折合五元。以一升二合计之不过银洋六分。吏则抗声曰，米每升折洋八角。此系故例，毋容迟疑。乡人无言，持钱与之，彼以米折银，以银折洋，其弊若此。”

折来折去，里面的机关普通百姓哪里全能弄懂？所以，社会各界早已形成共识，中国应尽快统一货币，以结束这种混乱的局面，但一来晚清政权日趋式微，纵然有心也无力做好这件事，二来国外金融势力并不希望中国建立起完整、先进的金融体系，所以对中国金融建设多方阻挠，致使这种混乱状况到民国创立后仍未得到改变。

袁世凯决心在这方面有所作为，除了顺应社会各界的呼声外，还有自身的考虑。“二次革命”被袁世凯用武力加收买的方式镇压下去后，他把政治和军事势力逐渐向革命党人之前控制的南方各省渗透。他明白要想彻底控制各省，只靠军队还不够，还必须控制其经济和财权。袁世凯当过清朝的巡抚和总督，深知清朝灭亡的一个重要原因是各省势力坐大，先是财权下移，继而导致人事权、军权的分散，所以八国联军入侵北京时南方各省不仅不来救援，还联起手来搞起了“东南自保”，武昌起义的枪声一响，支持清政府的省份没有几个，宣布独立的倒有一大帮。

各省之所以敢对抗中央，依赖的是手中的军队，而军队依赖的是经济，不把财权集中上来军权就无法集中。币制不统一，为各省私自铸造钱币、印行钞票开了方便之门，要解决这个问题，必须把统一币制的改革尽快推出，以此统一各省的财政和金融。

三　“袁大头”出笼始末

关于统一币制，中国银行监督吴鼎昌曾指出其必须具备三个条件：一是政府信用厚固，二是国家主权健全，三是本国金融机关完备。除此之外，还需要一大笔“启动资金”。清政府垮台前曾计划过币制改革问题，为此与欧美列强也商讨过专项借款，但因辛亥革命的爆发而中止。

袁世凯政权逐步稳定后，自认币制改革的其他条件已基本具备，唯一缺少的是资金问题，于是在善后大借款之外，又积极与欧美银行团接洽，准备就币制改革再来一次借款。北洋政府成立了币制改革委员会，该委员会于1913年6月拿出了回收各省滥币、发行新币的初步办法，认为顺利推进币制改革至少需要1400万英镑的资金，其中400万英镑可以由善后大借款中提用，另外1000万英镑还需要再向外国银行团借。

这项新的借款要求提出后，银行团方面态度并不积极，后来回复说钱可以借，但必须附带更为苛刻的条件："以此币制借款中一部分为资金，设立一中央银行，发行兑换券，以统一现在所已发出之纸币。其余部分则一面改铸货币，以求达其改革之目的。惟此政策必须物色外人之于经济上有大经验，且为各国人所信用者，聘为该银行之监督或顾问。"关于这些监督、顾问的权力，银行团方面明确指出"其职权在指挥银行事务，中国分银行亦须受相当之节制"。这是继控制海关、监督财政、把持盐务后又一项侵犯中国经济主权的行为，意图直接控制中国的金融。

袁世凯经过反复考虑，认为这个条件实在难以接受，只好给予拒绝。袁世凯想另辟蹊径，通过他的政治顾问、前《泰晤士报》驻北京首席记者莫理循出面与欧洲其他财团洽谈，以借到这笔钱，但英国政府很快发觉，出面竭力制止，这条路就断了。袁世凯还想通过其他名义去借钱，并减少了借款额度，想先借到750万英镑，以使币制改革尽早启动，但银行团方面识破了袁世凯的意图，明确表示在当前情况下"非币制借款，碍难承借"。西方国家以及日本都清楚北洋政府推动币制改革的迫切性，都想利用币制借款攫取新的利益，所以都轻易没有松口。

袁世凯虽然渴望得到币制借款，但也担忧关税、财政、盐务、金融这些经济命脉尽落列强之手，所以最终拒绝了银行团开出的条件，他决心在没有专项借款的情况下依然推进币制改革。

1914年2月，袁世凯以中华民国总统的身份颁布了《中华民国国币条例》及其实施细则，主要内容包括：国币铸发权专属于政府；旧有各官局所铸发的一元银币，政府以国币兑换改铸，但于一定期限内，与国币一元为等同价格；国币以一元银币为主币，重量为库平纯银六钱四分八厘，以“银九、铜一”的比例铸造，每枚成品总重量为七钱二分；国币一元银币的形式，以总统令颁定，其正面镌袁世凯侧面头像及发行年号，背面铸嘉禾纹饰与币值；国币种类包括1元、半元、2角、1角的银币4种，5分的镍币1种，2分、1分、5厘、2厘、1厘的铜币5种，国币每元十分之一称角，百分之一称分，千分之一称厘。

基本币制里并不含纸币，如何解决市场上广泛流通的纸币成为一个棘手问题，北洋政府财政部之前已颁布《整理各省官发纸币法案》，禁止各省增发纸币，并将票版销毁。“国币条例”颁布后，北洋政府财政部又发布了回收纸币的办法，明确由中国银行及各省分行负责之前滥币的回收，“由中行兑换券代之各省滥币”。1915年10月又颁布《取缔纸币条例》，规定：“本条例施行以前，业经设立之银钱行号，有特别条例之规定，准其发行纸币者，于营业年限内仍准发行，限满应即全数收回。无特别条例规定者，自本条例施行之日起，以最近三个月平均数目为限，不得增发，并由财政部酌定期限，分别陆续收回”，“本条例施行后，凡新设之银钱行号，或现已设立向未发行纸币者，皆不得发行”。

也就是说，纸币不能再发行，也不能再用了，兑换券成为旧币与新币间的过渡，除中国银行可以发行兑换券外，交通银行也获准发行。交通银行是清政府1908年为募集资金从比利时人手中赎回京汉铁路而设立的，袁世凯根据交通总长朱启钤的呈请颁布命令：“纸币条例未经规定以前，所有交通银行发行之纸币兑换券，应按照中国银行兑换券章程一律办理，以资辅助，此又命令之所特许也。因有此特许，故其运送钞票，经过各海关时，亦得援照中国银行兑换券办法，准其免税。”

当时广东币制混乱的情况最为严重，北洋政府于是以广东为试点推行纸币改革。“国币条例”颁布后北洋政府立即成立中国银行广东分行，从善后借款中拨出100万英镑作为回收各种滥币的准备金，经过一个多月的回兑，共回收了3000万余元纸币，均全部销毁。由于有较为充分的准备金，中国银行广东分行发行的兑换券为广大商民所乐意接受，广东的试点基本成功，此后其他各省也采取类似办法，通过中国银行、交通银行的兑换券回收滥币，为币制改革扫清障碍。

新的银元及辅币要被市场接受，质量是个重要环节。北洋政府在天津设立了造币总厂，在南京、武昌、成都等地设立分厂，按照统一的币型、重量、成色等标准开铸新币。北洋政府制定了《造币厂章程》，规定“各种货币之祖模，皆由总厂铸发”，对质量严格把关，尤其面值1元的主币最为精美。祖模为意大利设计师所设计，正面图案为袁世凯戎装左侧身光头像，上方有铸造年份，背面图案为两株交叉的嘉禾花纹，下系结带。该银币统一重26.6克，含银量90.4%，民间俗称“袁大头”，包括民国三年、民国八年、民国九年、民国十年等4种不同版式，由于铸造精致、含银量高而被广泛接受。

为了进一步打消百姓对新币质量的顾虑，“袁大头”发行后造币厂每星期都主动抽样送财政部检测，中国银行公会也可随时派员参与，中国银行、交通银行委托各造币厂铸造“袁大头”时也随时抽送检验。如南京造币厂负责铸币工序的各部门中，化验室将熔成的银条先送校准所钻下银屑，标明号数，再送化验室逐号化验，如有不合标准的即将此银条作为废条发还重熔，以此保证“袁大头”的信誉。造币总厂监督吴鼎昌曾报告：“查新币发行以来，全恃中外人民信仰，渐以促成统一之基，而究其收效之由来，实因重量、成色考核最严。”

“袁大头”及其辅币上市后，北洋政府逐步回收各类旧银元，但是当时各造币厂铸币能力有限，到1916年12月底才铸造主币1.6亿元，远远满足不了流通及兑换的需要。北洋政府便在新旧币兑换、改铸的同时，也规定一定期限内新旧银币可以互用。袁世凯曾亲自下令，要求中国银行、交通银行在收款时“遇有中国各种银币，一律收用”，不得任意寻找借口肆意挑剔。北洋政府财政部规定所有军饷、军费一律使用新币，一切税项也均以国币计算税率，新币的流通基础更加巩固。

北洋政府的此次币制改革，总体上是成功的，它改变了以往币制紊乱的局面，促成了国家币制的统一。币制统一后省去了商品流通中货币频繁换算的麻烦，降低了交易成本，促进了商品经济的发展。徐裕孙在《国币条例公布后之银元进化观》中指出：“民国三年十二月二十四日，天津总厂即遵国币条例开铸袁世凯像新币，江南币厂继之。此项新币花样崭新，成色划一，人民异常欢迎，频年铸数既多，流通愈广，今则全国可以行用无阻，足为吾银元史上开一新纪元。”

新币制推行后，“袁大头”逐渐代替了龙洋、鹰洋，抵御了外币的流入。1915 年 7 月 1 日上海正式取消龙洋行市，当时有记载说：“自是，我国自铸之银元市价，遂成统一矣。”到 1919 年 5 月上海又正式取消了鹰洋行市，有人因此发出感慨：“近数年来，墨洋绝迹，龙洋也不可多得。”外币流入是西方殖民主义实施金融侵略的一种重要途径，外国银元逐渐在中国绝迹，无疑是一件值得庆幸的事。但是，由于其他各类银元没有在市场上绝迹，完全统一货币的目标仍未能彻底实现，同时银两、银元混用的情况也无法绝迹，真正的“废两改元”还要再等 10 多年。

另外，这场币制改革也留下了另一个遗憾，就是货币本位问题仍没有解决好。早在 19 世纪初英国就已确立了金本位制，之后德国、比利时、荷兰、法国、瑞士、挪威、瑞典、芬兰等国都先后采取了金本位制，俄国和日本在 1897 年、美国在 1900 年也相继实行了金本位制。自近代以来，金贵银贱成为一种趋势，金银比价越拉越大，金本位制无疑优于银本位制。最典型的例子是，清政府自鸦片战争以来所签订的历次不平等条约所涉及战争赔款，西方列强多提出以英镑等金本位货币结算，清政府不得不把白银兑换成黄金后去偿付，由此产生了大笔“镑亏”。

在清政府晚期提出的币制改革中，关于货币本位曾提出过三种方案：一是驻俄国公使胡惟德、驻英公使汪大燮等人提出的金本位制；二是湖广总督张之洞等人提出的银本位制；三是总税务司赫德等人提出的金汇兑本位制。不同的本位制主张体现了不同的利益诉求，最后以地方督抚为代表的一派占了上风，1910 年清政府颁布的《币制则例》中采用的是银本位制。

南京临时政府也曾讨论过货币本位制的问题，主要方案也有三个：一是孙中山提出的纸币方案；二是欧美银行团建议的金汇兑本位方案；三是梁启超等人提出的银本位制方案。因为南京临时政府仓促结束，这些方案仅处于讨论阶段。

北洋政府此次币制改革，许多人意识到银本位制存在的种种弊端，币制委员会成立后一年内召开会议 23 次，“所议问题分为两篇，上篇为本位问题，下篇为金汇兑本位主要问题”，共提出了 5 种货币本位制方案，包括金银双位本位制、纸币制、金本位制、银本位制、金汇兑本位制，其中金银双本位制被证明很难成功，纸币制存在极大风险，争论主要集中在其他 3 种方案上。

币制委员会的意见是实行金汇兑本位制，认为“我国改革币制，与其用银本位或金本位，不如用金汇兑本位。至金汇兑本位之主要问题，则以轻值银币代表金单位，似比银行兑换券较易实行。金准备之数目，须足以应付汇兑，并偿还外债及国际清算之负差，方为稳固，而无意外之虞。金银比例，则须伪造与熔化双方兼顾，银价抬高，既不宜太大，亦不宜太小”。这种看法也得到社会各界的普遍支持。

然而当时的具体情况是，现行的币制极为混乱，这一点与欧美发达国家有根本不同。有人认为当时的中国实际上处于铜本位制阶段，距离真正的银本位制尚有距离，无法一步迈入金本位制。北洋政府财政次长梁士诒就认为："至改革币制，理论上当然以金本位为目标，惟我国实际上尚为铜本位，犹未至于银本位，故目前须从统一银币入手。先须化两为元，使全国为同一之货币。"

站在实际操作的角度，币制改革以银本位制无疑最为妥帖，梁士诒等人就认为银本位是"易行之本位"，采取这种方案最保险，银本位"虽然恶本位，犹胜于无本位"。基于这样的看法，以"袁大头"为主币的银本位制最终确定了下来。这项基本金融政策的确立，虽然保证了此次币制改革的顺利推进，减少了改革风险，但也使中国的币制与欧美列强相比继续处在不利的地位上。

四　遭遇世界大战

应该说袁世凯是个有本事的人，军事上弹压对手，政治上翻云覆雨，外交上左右逢源，就连抓金融也搞得令人刮目相看。

整顿金融取得的成功不仅进一步提高了袁世凯的声望，而且为其加强经济控制打下了基础。权力的基础是军队，军队的基础是经济，北洋政府直辖和依附的军队此时达到了 33 个师、97 个混成旅、33 个混成团，总兵力达 120 万人，其中袁世凯的嫡系部队占到一半以上。对袁世凯来说，恐怕没有什么时候比现在更自信的了，如果再给他一些时间，他完全有信心把这个国家治理好，但是一场世界范围内的巨变打乱了这个节奏。

1914 年上半年的欧洲处处可以闻到火药味，一些国家长期以来积攒起的矛盾越来越尖锐，大有随时爆发战争的可能。由于历史和地缘因素，这些矛盾的主体国家大体上可以归为 3 对：法国与德国，俄国与奥匈，英国与德国。这些矛盾可以追溯到 19 世纪，都是由资本主义发展的不平衡所引起，其实质是这些帝国主义国家在争夺世界霸权和殖民地的矛盾。

德国无疑是这些矛盾的核心。在19世纪以前德国还算不上世界大国，1815年维也纳会议后组成了德意志邦联，1848年德国各地爆发革命。1862年俾斯麦任普鲁士首相后着手策划德意志统一大业，于1870年发动了普法战争，使德国南部多个邦脱离法国统治。1871年德意志完成了统一并建立了德意志帝国。德国统一后经济实力迅速上升，到20世纪初成为仅次于美国的世界第二大经济强国。

反观英国，19世纪70年代时工业生产总值占世界的1/3，工业出口值占世界的2/5，但到了20世纪初经济实力只能排在德国之后位居世界第三。经济强国的重新排名打乱了世界权力的格局，英、法、俄三个老牌强国拥有的海外殖民地多达6000万平方公里，占全世界殖民地的85%，而德、美、日三个新兴强国仅拥有360万平方公里，仅占5%。这种历史与现实的严重不平衡势必导致世界权力格局的重新洗牌，恩格斯早在1887年就预见到会爆发一次世界级的战争，他在《纪念德意志极端爱国主义者》一书的引言中写道：

现在除了世界战争以外已经不可能有任何别的战争了。这会是一场具有空前规模和空前剧烈的世界战争。那时会有800万到1000万的士兵彼此残杀，同时把整个欧洲都吃得干干净净，比任何时候的蝗虫群还要吃得厉害。三十年战争所造成的大破坏集中在三四年里重演出来并遍及整个大陆；到处是饥荒、瘟疫，军队和人民群众因极端困苦而普遍野蛮化；我们在商业、工业和信贷方面的人造机构陷于无法收拾的混乱状态，其结局是普遍的破产；旧的国家及其世代相因的治国才略一齐崩溃，以致王冠成打地滚在街上而无人拾取；绝对无法预料，这一切将怎样了结，谁会成为斗争的胜利者；只有一个结果是绝对没有疑问的，那就是普遍的衰竭和为工人阶级的最后胜利造成条件。

列宁称这是一个“天才的预见”，因为上面这些预言后来都成了现实。19 世纪末到 20 世纪初，新兴和老牌的帝国主义国家围绕着殖民地争夺已爆发了几场战争，如 1898 年的美西战争，美国打败西班牙，夺走了古巴、波多黎各、菲律宾等殖民地，发生在中国土地上的日俄战争也属于这一范畴。而这些战争还只不过是前奏，更大规模的战争正在酝酿。

德法矛盾、俄奥矛盾让德国与奥匈找到了结合点，德奥签署了同盟条约。意大利在同法国争夺突尼斯的斗争中失败，也加入到这个条约中，德、奥、意三国成为同盟。为了对付三国同盟，法国和俄国签订协约，规定一旦法国遭到德国或是德国支持的意大利的进攻，俄国将以全部军事力量进攻德国；一旦俄国遭到德国或是德国支持的奥匈帝国的进攻，法国也以全部的军事力量来进攻德国。之后英国调整了与法、俄的关系，在 1904 年和 1907 年分别签署了《英法协约》和《英俄协约》。经过一系列“合纵连横”，欧洲形成了两大军事集团，分别是德、奥、意同盟国集团和法、俄、英协约国集团。

1914 年 6 月 28 日是塞尔维亚的国庆日，奥匈帝国皇储费迪南大公夫妇到萨拉热窝视察，被一名塞尔维亚青年枪杀，这成了世界大战的导火线。奥匈帝国在德国的支持下向塞尔维亚宣战，德、俄、法、英等国相继投入战争，一方是同盟国的德国、奥匈帝国以及支持它们的奥斯曼帝国、保加利亚等国，另一方是协约国的英国、法国、俄国以及支持它们的塞尔维亚、比利时等国，意大利原属同盟国，但考虑到利害关系在后来加入到了协约国方面。这场仗打了 4 年，欧洲打成了一团，一直到 1918 年德国宣布投降才宣告结束。

先不管这场大战，先来看看这场战争对中国产生哪些影响。

欧洲的这些参战国在中国几乎都有势力范围，而他们都拉拢北洋政府，希望北洋政府参战并站在他们一边。德国在中国组织了一个“中德协会”，拉拢中国的知名人士向德国靠拢；英、法、俄等国公使也向北洋政府施压，要求中国停止向德国偿付庚子赔款。“神仙打架，小鬼遭殃”，袁世凯知道这场战争中国玩不起，双方都不敢得罪，所以战争一爆发就宣布中立，并希望各国在中国的租借地也中立化，各国不在中国领土和领海交战。

袁世凯希望明哲保身，渡过这一劫，但有个国家却不愿意，这就是日本。看到欧洲打起来，日本感到很亢奋，德、俄、英、法等竞争对手忙于欧洲战事，在东亚的势力大减，这对日本来说正是扩充势力范围、称霸东亚的绝好机会。日本政界元老井上馨在向首相提交的外交意见书中称：“这次大祸乱，对于日本国的发展乃是大正时代的天佑。”

日本宣布加入协约国同盟，然后以此为借口向德国宣战，目的不在于掺和欧洲的战事，而是要在中国攫取利益。日本一直对德国占据下的山东很感兴趣，对德国宣战就可以“名正言顺”地出兵山东，趁着德国无力交战的机会把山东据为己有。

1914 年 8 月 23 日，日本出兵山东。袁世凯虽然已表明中立，但也不敢得罪日本人，只好在山东设立了所谓“交战区”以迁就日本。11 月日本占领青岛，德国在山东的控制权被日本取代。但日本并不以此为满足，日本黑龙会创始人内田良平向内阁提出《对中问题解决意见书》，鼓吹趁着世界大战的天赐良机继续在中国扩张领土，从根本上解决满蒙问题，促进日中同盟，将中国完全置于日本的保护之下，进而独霸中国。这项建议得到了日本内阁的认可。

日本对中国一直充满着很大的野心，朝野上下对此有过许多讨论，提出过很多方案。1913 年 11 月日本陆军部向内阁提出了《日华交涉事项备忘录》，把这些无理要求进行了总结：延长关东州租借期限；南满铁路及安奉铁路永远归日本所有；日本人在南满及东部内蒙古有土地所有权及居住自由，在矿山开采、铁路铺设权方面日本有优先权；日本在中国本土要地有铺设铁路权；中国军事改良、兵器制造要受日本指导；中国对外让与利权或租借时，要预先同日本协商，然后处理……

日本所称“关东州”，是指1899年8月沙俄与清政府签订《旅大租地条约》中租借旅顺和大连的3200平方公里土地，因位于山海关以东地区所以称“关东州”。1905年日俄战争结束，俄国把旅顺和大连的租借权转让给日本，日本在所谓“关东州”租借地设立了“关东都督府”。

上面这些条件如果都答应日本，那中国无疑成了日本的附庸。袁世凯本人对日本的情结有些复杂。在清政府时期，袁世凯曾长期在朝鲜任职，日本是他的主要对手。由于那段经历，袁世凯对日本人没有太多好感。内田良平认为袁世凯“基于内心对我帝国深深的误解，抛却本该是其立国之本的日华亲善第一要义，绞尽脑汁抑制我帝国”。其实，日本在中国的势力越来越强，袁世凯在日本人面前也不得不屈服。

日本人对付袁世凯还有一个有力武器，那就是中国的革命党人。“二次革命”失败后大批革命党人跑到日本，袁世凯曾派人到日本接洽，希望日本政府承认中华民国政府，取缔国民党等反袁的中国各党派在日本的活动。日本方面知道这是袁世凯最关切的事，为了吊住袁世凯的胃口，对此不置可否。

日本人经过大量分析，认为袁世凯在外交上惯常以“权谋术数”为秘诀，表面上对日本示以好意，实际上试图以列强势力为后援以对抗，所以对其必须以权谋对权谋，只威逼不行，只利诱也不行，必须先以利诱、再加威逼，才能迫使袁世凯就范。

在利诱方面，日本驻华公使日置益在向外相加藤高明提出的《关于对中国要求之拙见》中曾明确提出过以下意见：在一定条件下将胶州湾归还中国；保证袁世凯及其政府的安全；取缔在日本的中国革命党、留学生以及支持他们的日本商民与浪人的活动；给袁世凯及其政府的各部长授勋；同意北洋政府提出的修改税率意见。

在威逼方面，日置益也提出过两条“威压条件”：一是占领山东后不撤兵，以显示威力；二是煽动在日本的中国革命党，显示颠覆袁世凯政府的气势。不仅在山东，日本还向满洲下达动员令，增派一个师的兵力在大连登陆，在济南、奉天、大连东港等地都增加了兵力；日本人还在舆论上制造声势，直言不讳地对北洋政府官员说："本国一般之舆论，有主张吞并满洲者，有主张分割中国者。"

做好了上述准备，日本人打出了酝酿已久的那张底牌。

五　机关枪上的"二十一条"

1915 年 1 月 18 日，日本驻华公使日置益突然来到北京中南海怀仁堂，当面向袁世凯递交了一份文书。按照外交惯例，一国公使未经邀约无权直接晋见另一国元首，日置益直接闯上门来，有向袁世凯示威的意思。

日置益走后袁世凯打开这份文书，发现书写文书的纸张很特别，上面有些水印。经过仔细辨认，发现水印是日本无畏舰和一挺机关枪的图案。无畏舰是日本最先进的战舰之一，一共有 2 艘，分别是河内号和摄津号，均于 1912 年建成。显然这些都是精心设计的，目的是给袁世凯制造心理压力。袁世凯再看这份文书，共有 5 个大项，分成"五号"，第一号有 4 条，第二号有 7 条，第三号有 2 条，第四号有 1 条，第五号有 7 号，合计 21 条，主要内容如下。

第一号，关于日本继承德国在山东的特权，共 4 条：日本政府拟向德国政府协定之所有德国关于山东省依据条约或其他关系对中国政府享有一切权力利益让与等项处分，中国政府概行承认；凡山东省内并沿海一带土地及各岛屿，无论以何项名目，概不让与或租借与他国；日本建造由烟台或龙口接连胶济路线之铁路；中国政府从速自开山东省内各主要城市作为商埠。

第二号，关于日本国在南满洲及东部内蒙古享有优越地位，共 7 条：

两订约国互相约定，将旅顺、大连租借期限并南满洲及安奉两铁路期限，均展至99年为期；日本臣民在南满洲及东部内蒙古营造商工业应用房厂，或为耕作，可得其须要土地之租借权和所有权；日本臣民得在南满洲及东部内蒙古任便居住往来，并经营商工业各项生意；中国政府允将南满洲及东部内蒙古各矿开采权，许与日本臣民；中国政府如准许他国在南满洲及东部内蒙古建造铁路或以该地区课税作抵押他国借款时，应先经日本政府同意而后办理；如中国政府在南满洲及东部内蒙古聘用政治、财政、军事各顾问教习，必须先向日本商议；中国政府允将吉长铁路管理经营事宜委任日本政府，其年限自本约画押之日起，以99年为限。

第三号，关于汉冶萍公司，共2条：俟将来机会相当，将汉冶萍公司作为两国合办事业，未经日本政府之同意，所有该公司一切权利产业，中国政府不得自行处分，亦不得使该公司任意处分；所有属于汉冶萍公司各矿之附近矿山，如未经该公司同意，一概不准该公司以外之人开采。

第四号，关于切实保安中国领土，共1条：中国政府允准，所有中国沿岸港湾及岛屿，概不让与或租与他国。

第五号，共7条：在中国中央政府，须聘用有力之日本人充当政治、财政、军事等项顾问；所有在中国内地所设日本医院、寺院、学校等，概允其土地所有权；须将必要地方之警察作为中日合办，或在此等地方之警察署内须聘用多数日本人，以资全面筹划改良中国警察机关；由日本采办一定数量之军械（譬如在中国政府所需军械之半数以上），或在中国设立日中合办之军械厂，聘用日本技师，并采买日本材料；允将接连武昌与九江、南昌之铁路，及南昌至杭州、南昌至潮州各铁路之建筑权，许与日本国；福建省内筹办铁路、开矿及整顿海口（船厂在内），如需外国资本时，先向日本协商；允认日本人在中国有布教之权。

以上共21条内容，被称为“二十一条”。

看到这些条件，袁世凯也彻底被震惊了，袁世凯的秘书夏寿田后来回忆："日置益辞出后，项城极愤怒。"

然而，对日本人的有备而来和志在必得，袁世凯又不敢不认真对待。他于当晚召集会议逐条进行研究，一边商量着对策，一边在条文下进行批注，尤其是第五号所列的 7 条内容最让袁世凯无法接受，他分别批下了"握我政权""握我警权""握我械权"等语，最后袁世凯在卷宗的封皮上写下了这样的话："各条多有干涉中国内政、侵犯中国主权之处，实难开议。"

第二天，袁世凯召见其日本军事顾问坂西利八郎，愤怒地说："日本竟以亡国奴视中国，中国决不作朝鲜第二！"但这样的愤怒是毫无用处的，也许袁世凯并不清楚，自己的这个日本军事顾问就是"二十一条"的坚定拥护者。第一次世界大战爆发后他就曾露骨地表示："值此欧洲无暇东顾之际，应利用此千载一遇之好机会，断然处置支那。非他日而应在今日实行吞并支那为最好。"

袁世凯指示外交总长陆征祥、次长曹汝霖负责与日本人谈判，并针对 21 条内容分别做了具体指示，对某号某条谈不谈、如何谈都给出了明确意见，其中对第五号提出的异议最多，认为日本这样做是干涉中国内政、侵犯主权，坚持不议。

谈判桌上，一开始双方差距甚大。曹汝霖虽一向亲日，但对"二十一条"也强烈愤慨和不满。日置益在向日本外务省的汇报中说曹汝霖"平素喜怒不形诸颜色，今次竟亦吐露慷慨的言辞"。袁世凯的强烈抵制确实出于真心，因为他并不愿意当一个"儿皇帝"，此时双方谈判尚处在保密阶段，未来无论达成什么样的条约，必然会公诸天下，到那时他将面对举国上下的一致声讨，这也是他不能不考虑的。在谈判的同时袁世凯也做了最坏的打算，他一面命令陆军总长段祺瑞"备战"，一面向各省都督发出秘电，笼统地指出"日本要求条件多有侵犯我国内政主权之处"，明确表示"万难承认"，提前预知大家"彼之纵乱谋扰，在所不免"。为表示抵抗到底的决心，袁世凯对外宣称：“即使日军打到华宫也不让步！”

“二十一条”在很多方面也侵犯了欧美列强的在华利益，袁世凯便利用列强之间的矛盾来向日本施压。袁世凯的顾问莫理循、美国记者端赖等人积极帮助袁世凯进行联络，以得到美国、英国等国的支持。欧美列强对日本损害他们的在华利益也都一致不满，“纷纷予以激烈抨击”，英国还警告说会牵制日本的行动。

但日本政府丝毫没有退让的意思，3 月份继续在青岛增兵。4 月 18 日，日本外相加藤高明电询日置益，问袁世凯是否会屈服，日置益给出了否定的回答，日本政府于是“极其慎重地预作准备，甚至研究到撤退侨民的计划”。世界各国都在强烈关注日本在中国的动向，日本政府这才公布了“二十一条”的全部内容，结果引起世界舆论的一片哗然，也招致中国人民的强烈反对。中国各地立即掀起了一股抵制日货运动，上海等地还掀起了爱国储金运动，广大市民纷纷捐款以备抗战。各界人士纷纷致电北洋政府，表示“宁抛全国生命，不失一分主权”“人心不死，中国尚可为也”。

但日本政府的态度更加强硬，5 月 7 日向北洋政府外交部下达了最后通牒，限5 月 9 日午后6 时前给予答复，“如到期不受到满意之答复，帝国政府将执认为必要之手段”。袁世凯在最后关头又向英、美等国求援，但等来的是却是英国方面提出的接受日方条件的建议。5 月 8 日英国驻华公使朱尔典对陆征祥说：“目前中国情形至为危险，各国不暇东顾，为目前计，只有忍辱负重，接受要求。”

英国的态度让袁世凯吃了一惊，美、俄等国此时也都帮上什么忙，袁世凯的“国际救援”行动彻底落空。如果观察一下当时的世界局势，英国的态度也就不难理解了。第一次世界爆发后，英国在对德宣战的第二天就向日本政府表示：“如果战斗波及远东，香港及威海卫遭到袭击，英国政府相信日本政府将予以援助。”不久，英国的殖民地新加坡发生暴动，日本应英国的请求果然派出军舰给予支援，平息了暴动。从中可以看出英国在关键时刻站在日本一边是不奇怪的。朱尔典能送给袁世凯的只有一句话："埋头十年，与日本抬头相见。"

最终袁世凯"为权衡利害，而至不得已接受日本通牒之要求"。在正式签约前，袁世凯向北洋政府及各省官员发布了一道密件，陈述了委曲求全接受日本勒索的原因，要求"经此大难以后，大家务必认此次接受日本要求为奇耻大辱，本卧薪尝胆之精神，做奋发有为之事业"，提醒大家"以'亡国灭种'四字悬诸心目"。

"二十一条"签订后，袁世凯还下令把 5 月 9 日定为国耻纪念日，写入教科书，让后代记住此"奇耻大辱"。袁世凯深知这将是他一生的污点，为了对后世有个"交代"，据民国著名记者陶菊隐说，袁世凯曾让丁佛言撰写了一本书《中日交涉失败史》，印了 5 万册，密存在山东模范监狱。袁世凯对左右说："勾践不忘会稽之耻，最后终于打败了吴国；那些咄咄逼人的人终有肉袒牵羊之一日，到那时，此书就可以问世了。"

六　一场复辟闹剧

袁世凯突然来了个 180 度转弯，让正在抵制日货、反对"二十一条"的人们措手不及。愤怒之余，有人更深深不解。

这时，有一种说法不胫而走，那就是日本人与袁世凯达成了交易，在签订"二十一条"的同时双方还另外签订了一份密约，即袁世凯接受日本政府提出的"二十一条"，日本政府则答应帮助袁世凯称帝。

尽管袁世凯一开始强烈否认这个说法，但"密约说"在当时就已盛传开了。一个说法是，一战爆发后德国与俄、法同时宣战，日本又盯上山东，德国感到情况不妙，为了维持在中国的利益，德国任命的青岛总督曾与袁世凯方面秘密接洽，以承认袁世凯称帝为条件，谋求北洋政府对德国的支持。青岛被日军攻克后，相关秘密文件落入日本之手，白蕉所著《袁世凯与中华民国》一书称："日本始悉袁氏称帝决心，视为奇货可居。"

另一个说法仍来自白蕉的《袁世凯与中华民国》，说在"二十一条"谈判期间，日置益曾对曹汝霖讲："敝国向以万世一系为宗旨，中国如欲改国体为复辟，则敝国必赞成。"言下之意，袁世凯之所以最终接受了"二十一条"，与日本方面的此项承诺有关。章伯锋等主编的《近代稗海》中也有类似说法，说日置益在递交"二十一条"时亲口对袁世凯讲："若开诚交涉，则日本希望大总统再高升一步。"

"二次革命"失败后孙中山等人流亡日本。1914 年 7 月 8 日孙中山在东京召开大会，宣布成立中华革命党，孙中山任总理，宣布本党以实行民权、民生两项主义为宗旨，以扫除专制统治、建设完全民国为目的。风闻袁世凯与日本正在秘密谈判，中华革命党坚信此事与袁世凯称帝的图谋有关。1915 年 3 月 10 日中华革命党党务部发布了一份通告，指出："据个中消息，此次交涉之由来，实由夫己氏欲称帝，要求日本承认，日本政府欲先得相当之报酬，要求夫己氏，夫己氏隐许诺之，故有条件之提出。"

《左传》记载："齐公子元不顺懿之为政也，终不曰公，曰夫己氏。"杜预注"夫已氏"一词"犹言某甲"，即言某人又不欲明指其人的代称，这里当然指是的袁世凯。4 月 9 日，孙中山命人把中日交涉的内幕通告中华革命党各支部，号召大家反袁。日本向袁世凯发出最后通牒后，中华革命党在日本散发了《揭破中日交涉之黑幕以告国人》的檄文，对这次交涉的真相进行了揭露。

一时间，中国国内对袁世凯是否会复辟称帝议论纷纷，就连袁世凯的嫡系、江苏都督冯国璋也深感忧虑，为此于 6 月 22 日专程赴北京当面向袁世凯了解情况，袁世凯坚决否认。冯国璋后来把谈话内容告诉了同样关切此事的梁启超，梁启超建议冯国璋把谈话内容在报纸上发表，冯国璋于是写了一篇"袁冯对话"发表在《亚细亚报》上，据张国淦《洪宪遗闻》的转载，此次谈话内容如下：

冯言：帝制运动，南方谣言颇盛。

袁言：华甫（冯国璋的字），你我多年在一起，难道不懂得我的心事？我想谣言之来，不外两种原因：第一，许多人都说我国骤行共和，国人程度不够，要我多负点责任；第二，新约法规定大总统有颁赏爵位之权，遂有人认为改革国体之先声，但满、蒙、回族都可受爵，汉人中有功民国者岂可丧失此种权利？这些都是无风生浪的议论。

稍停，袁又言：华甫，你我是自家人，我的心事不妨向你明说：我现有地位与皇帝有何分别，所贵乎为皇帝者，无非为子孙计耳。我的大儿身有残疾，二儿想做名士，三儿不达时务，其余则都年幼，岂能付以天下之重？何况帝王家从无善果，我即为子孙计，亦不能贻害他们。

冯言：是啊，南方人言啧啧，都是不明了总统的心迹，不过中国将来转弱为强，则天与人归的时候，大总统虽谦让为怀，恐怕推也推不掉。

袁勃然变色言：什么话？我有一个孩子在伦敦求学，我已叫他在那里购置薄产，倘有人再以此事逼我，我只有径赴外邦，营菟裘以终老，从此不问国事。

谈话发表后，袁世凯不仅没有责难，反而于次日命总统府以公文的形式发布了同样的内容，冯国璋这才相信袁世凯确实没有称帝的打算。7月6日《申报》又发表了一则北京专电，电文中以冯国璋的口气说："总统所语甚多，而综合大意，皆极决绝之词，仅此可知，谣言不实。"不仅如此，这一年的11月袁世凯在接受美国《独立周刊》记者采访时表示："你们的杂志一定有能力让美国官方和人民深刻地明白：说我赞同恢复帝制，希望成为皇帝的论调，并不是由我的朋友，而是由我的敌人虚构的。"

话说得很坚决也很恳切，但结果却大相径庭。就在接受美国《独立周刊》采访一个月后的12月13日，袁世凯在中南海居仁堂接受国会、高校、民众请愿团、筹安会和各省国民代表的“劝进”，宣布建立“中华帝国”，建年号“洪宪”，拟改1916年的民国五年为“洪宪元年”，把总统府改为新华宫，颁布《新皇室规范》，恢复亲王、郡王等爵位。

有人对此很不理解，因为“二次革命”失败后袁世凯的权力已达顶峰，在国民党被赶出国会的情况下，1914年中华民国国会通过了《民国约法》和《总统选举法》，把原来的内阁制改成了总统制，总统的权力已无限扩大，达到了帝王的程度，中华民国只剩下共和制的外壳，西方人称袁世凯为“皇权总统”（imperialpresident）。在这种情况下，冒着千夫所指的风险复辟帝制，换来的只不过是一个称呼的改变而已，并无太多实际利益，以袁世凯的精明理应看到这一点。

有人认为，袁世凯之所以贸然称帝，缘于他思想深处的封建帝王思想，他久历晚清官场，宦海沉浮、屡任要职，虽然最后接受共和思想并担任中华民国的总统，但民主、共和这些观念在他的脑海里极为淡薄，加上他又是个野心极大的人，一旦势力达到某种程度就会走到帝制的老路上去，这一点有些像他自认的先祖袁术。汉末群雄并起，割据势力各自为政，但大家表面上仍服从汉室，势力较大的袁绍、刘表、曹操等人都不敢称帝，此时相对弱小的袁术反而敢冒天下之大不韪，在寿春公开当上了伪皇帝。

还有人认为，袁世凯对称不称帝没有那么大的热情，倒是他身边的一些人竭力怂恿，包括他的儿子袁克定以及“筹安会”的杨度、严复、刘师培等人。袁克定为了能当上“太子”，还专门编了一份仅供袁世凯一人阅读的假《顺天日报》，上面全部都是赞同恢复帝制的言论，从而误导了袁世凯。

但是，在这些因素之外还有一个更为重要的原因不得不考虑，那就是欧美列强的态度。善后大借款完成后，袁世凯已成为欧美列强的代理人，帮助其巩固统治是列强的共同目标。鉴于晚清以来不断动荡的局势，欧美各国也在探讨中国究竟应该采取什么样的统治模式。袁世凯的美国顾问古德诺（Frank Goodnow）曾在1915年发表《共和与君主论》，认为共和制度不适宜中国，他的理由是："中国缺乏它要表现的自由民主所应具备的法制、个人权利，甚至连纪律都没有。因此，专制应该继续下去，直到它发展出对政治权威有更大的服从、对社会合作有更大的力量、对私人权利有更大的关注之后再说。"

就在帝制"谣言"传播最盛的时候，英国驻华公使朱尔典与袁世凯进行了一次秘密谈话。根据《三水梁燕孙先生年谱》的记载，朱尔典对袁世凯说："共和政体，华人未尝研究，君主政体，或稍知之。当辛亥革命之日，华民醉心共和，以此口号，推翻满清。是时大总统以为君主立宪近于中国人民理想，尔典……亦曾主张君主立宪，南北讨论之时，唐绍仪因一时之感动，未察国家万年之计，主持共和，不可谓非失策矣。"在朱尔典看来，实行君主立宪才最符合中国的政体，实行共和制是失策。

美国也支持中国实行君主立宪，美国驻华公使芮恩施及之前的两任驻华公使都公开表达过这种看法。美国学者、《亚洲的解体》一书作者拉铁摩尔说："在1911年的中国革命时期，多数美国的专家（欧洲的自然也是如此）都坚持认定，民主政体是绝对不适合于中国人的。只有皇帝是中国人民所能够懂得的，军阀袁世凯就被说成是这样的一个为中国所需要，为中国人所能懂得的强人。"

日本也支持中国实行君主立宪，这倒不是因为日本本身就是君主立宪制国家，而更多的是出于对共和体制的反对，说到底是日本不愿意中国这个近邻变得更民主、更强大。日置益之前的日本驻华公使伊集院彦吉多次向袁世凯转达过日本政府希望中国建立君主立宪政体的意愿，认为"共和无益于中国"。早在武昌起义爆发的次月，日本外务省就向英国方面提议，由日、英两国牵头，会同其他有关各国促使当时对立的清政府和革命军政府妥协，建立君主立宪的政体。

除此之外还有德国，当时只要能拉住袁世凯，德国什么条件都会答应。白蕉在《袁世凯与中华民国》中所说的德国方面与袁世凯密谋帝制的事恐非虚言。该书还有一段记述，讲就在袁世凯于居仁堂接受“劝进”两天后，英、俄、法、意、日五国联合向袁世凯发出一份“警告”，大意是：“曩者各国对于中国帝制问题，曾向中国政府劝告，其时中国政府常言固不急遽从事，且声明担保中国疆内之治安，日本及其他四国据此，以后对中国决定执监视之态度。”有人据此认为这些国家其实是反对袁世凯称帝的，但研究一下这份“警告”，并不能看出强烈反对的意思，却重点强调了一个问题：不能因为帝制出乱子。

对列强来说，袁世凯当皇帝他们是支持的，但先决条件是中国不能乱，如果中国乱了，他们在中国的利益也就面临了风险，这才是他们最关心的。

七　帝梦惊断金融潮

但是，袁世凯最终只当了 83 天皇帝，“洪宪王朝”连 3 个月都没能熬过去。

有人认为袁世凯和欧美列强都误判了中国的形势，没有想到中国人对复辟帝制如此激烈地反对。袁世凯接受“劝进”的当月，蔡锷、唐继尧在云南宣布起义，发动护国战争，讨伐袁世凯，贵州、广西相继响应，声势浩大。1916 年 3 月，袁世凯被迫宣布取消帝制。

其实，按照当时的军事力量对比，袁世凯控制的北洋军实力远远大于护国军。孙中山当年亲自领导“二次革命”，国民党几乎掩有半壁山河，但轻易地就被袁世凯瓦解了。这次面对蔡锷等人领导的护国军，袁世凯应该不至于那么害怕，更不至于匆忙宣布取消帝制。看来，让袁世凯感到担忧和害怕的还有其他原因。

这个原因仍与经济和金融有关。为筹备登基，袁世凯让手下制定过一个经费预算，总数约590万余元，包括祭典费26万元，修理大殿工程费105万元，调度费117万元，飨宴费22万元，接待费51万元，犒赏费69万元，大礼关系费166万元等。但实际花下来，这个预算远远超支了。

比如，袁世凯下令修缮紫禁城里的太和殿、中和殿和保和殿，分别将其改名为承运殿、体元殿、建极殿，整修之后，又嫌原宫殿的黄色不符合本朝“火德”，下令把大殿内的装饰一律改漆朱红色，殿中央的8根大柱加嵌赤金，饰以盘龙彩云。这样一来，105万元的修缮费远远不够了。

再比如，为感谢美国顾问古德诺在“学术理论”上对帝制的支持，袁世凯很大方地拨付给他50万元作为“润笔费”。为了获得舆论界支持，袁世凯还向《亚细亚报》《国华报》等鼓吹帝制的报刊提供了30万元的赞助。据说袁世凯为登基还专门定做了2件“龙袍”，用真金丝织成，上面镶嵌着大大小小的珍珠宝石，花费60万元，而袁世凯的“后宫娘娘”们的服饰花费也高达200万元。为纪念登基大典，袁世凯下令发行了一套刻有其本人头像的纪念金币，还派人到景德镇督造了一批“洪宪御瓷”。

结果整个大典下来共花了2000多万元，这让财政立即紧张起来。就在这时爆发了护国战争。有人帮袁世凯算了一下，为对付南方的军队每个月需要额外支付军饷560万元，而随着南方各省纷纷宣布独立，新成立的“洪宪政府”收入大幅度萎缩，袁世凯面临着严重的财政困局。这才是袁世凯真正着急的地方。

袁世凯赶紧派人四处联络，还想借外债以应付危局。为此他不惜直接提出以路权为代价谋求向欧美银行借款，但这一次各国却表现得十分冷淡。各国支持袁世凯称帝，是以袁世凯保证不出乱子为条件的。现在护国战争风起云涌，各界反对袁世凯称帝的运动此起彼伏，让各国都感到了担忧，这一次说什么都不再借钱给袁世凯了。袁世凯费了好大的劲，只在一位美国商人那里借了100万美元，但钱还没交付，中国商界便表达了强烈不满，要求美国商人停止给付此款，结果袁世凯只拿到了一部分。此外，虽然汉口商场督办杨度从怡大洋行借了21万两，农商部从中法实业银行借了12万元，交通部、财政部以滨黑铁路为抵押从华俄道胜银行借了50万两，但这些钱无异于杯水车薪。

现在袁世凯只有一条路了，那就是向中国银行和交通银行要钱。袁世凯派心腹周自齐出任中国银行督办，全力保障向北洋政府提供经费，同时以财政部的名义加强对交通银行的管理，下令直隶、山东、江苏等尚能控制的省份，要求其“所有一切收款以五成交中国银行国库，五成交交通分行号收存，以资周转而利流通”。在这种非常情况下，交通银行前后为袁世凯政府“垫款”4600万元，中国银行“垫款”2000万元。

但是银行并没有这么多自有资金，这些钱都是储户的。了解一些内情的官员和商人赶紧把自己的钱从这两家银行取出来，改存外国银行，于是就发生了两行的“挤提”事件。自1916年3月起，两行在各地的分行纷纷出现了“挤提”风潮，“在官人员，道听途说，亦有将所存两行公款提存外国银行之事”。

在整顿金融时，袁世凯政府发行了大量的中国银行、交通银行的兑换券，本来规定这些兑换券可以在两行自由兑换银元，“挤提”事件发生后又发生了“挤兑”，到5月初“挤兑”现象愈演愈烈，两行无法支撑。财政部宣布自5月12日起暂止兑现，这引来更大的骚动。中国银行虽是国家银行，但也属股份制性质，私人股份占有相当比例，中国银行的私人股东反对限制兑付，认为此举“无异宣告政府破产，银行倒闭，直接、间接宰割天下同胞，丧尽国家元气。自此之后，财政信用一劫不复”。经在上海的中国银行股东开会决定，上海仍照旧兑付，结果几天时间就耗去现洋200万元，中国银行也无力维系。

这场风潮立即席卷全国，袁世凯之前整顿金融的成果一夕之间化为乌有。风闻两行兑换券停止兑付，商民“皆惊惶失措，佥谓以现款购来货物，既纷纷售出，而收入之纸币不能再往购货”，北京、天津等平时依赖从外地进货供市场消费，“无待多日，百货皆用罄无存”。

在这种情况下纸钞迅速贬值，手中持有大量纸钞者无不自怨倒霉。也有人不干，有些地方出现了军人和外国人结伙持械前往银行强行兑付的事。银行成了危险之地，职员纷纷退职。这场金融风暴被称为“京钞风潮”，以京、津等地最为严重，其他各地也都波及，“市面金融状况顿生险象，中、交两行钞票，亦已停滞，百物交易均非现币不可”，经济秩序大乱，各地反袁的情绪进一步高涨。

袁世凯突然发现自己悄然进入了一个死局：为对付护国军，每天都需要大笔军费，而他所能控制的财政收入却在急遽减少，一向力挺他的各国政府躲了起来，迫不得已从中国银行、交通银行输血，结果引发了严重的金融风潮，这些愤怒的火焰汇聚起来，眼看就要燃成熊熊烈火，要把他的帝王梦无情地葬送。

如果仅仅是战场上的较量袁世凯还是有信心的，但现在的局面已变得复杂，金融危机引发了经济危机，经济危机造成了社会的全面危机。在这种情况下袁世凯尝到了“墙倒众人推”的滋味，就连一些嫡系也纷纷通电反对停止兑换纸钞，而这其实是与他在政治上划清界限。面对汹涌而起的倒袁风潮，平时拱绕在周围的那些欧美使节、顾问也退避三舍，袁世凯不仅感到了忧心，更感到了绝望。

1916 年 6 月 6 日，即财政部宣布停止兑付两行纸钞不到一个月的时间，袁世凯便在极度忧惧中死去，时年 57 岁。

八　借钱也能上瘾

袁世凯实行的是军阀政治、强人统治，依靠武力内外通吃、纵横捭阖，手下嫡系将领众多，都唯他是从，他一死，庞大的北洋军阀集团顿时变得群龙无首。

军阀，一般指自成派系的军人所组成的军事集团，他们在正常的国家体系内任意划分势力范围，通过军事手段割据一方，控制行政、司法、税务等机构。中国古代早就有军阀势力了。唐代中后期出现过严重的军阀割据，而再往前看，汉末的军事强人董卓也被认为是一个大军阀，他所掌握的凉州军集团实力强悍，董卓藉此把持朝政，将皇帝视为掌中玩物，对朝廷高级官员任意升免杀伐。董卓的凉州军里有一大批将领，他们都效忠董卓一人。董卓后来突然被刺死，凉州集团竟毫无思想准备，轰然倒塌，甚至准备散伙。实行“扁平化管理”和只效忠领袖一人是强人统治的特征，好处是可以高度凝聚，缺点是一旦领袖不在了，集团也将瓦解和崩溃。

与汉末董卓的凉州军集团命运类似，北洋军集团也因袁世凯的死去分崩离析，形成了直系、皖系、奉系等三大系统，它们在1916～1928年间先后掌控着中华民国政府，黎元洪、冯国璋、徐世昌、曹锟、段祺瑞、张作霖等分别担任过总统或以其他名义摄行总统职权，这期间内阁变更了37次，改组24次，有26人担任过总理，任期最长的17个月，最短的仅2天。

本来，第一次世界大战的爆发为中国提供了一次翻身图强的好机会，但由于政局不稳、军阀割据严重，中央政府无力统一中国，更无法专心经济建设，“内阁更迭，多凭强藩悍将之主张，而不出于国会”，国家的政治、经济停滞不前，白白浪费了大好光阴。

这一时期，中央政府财政日益窘困，据担任过财政总长的曹汝霖讲：“其时财政困难已达极点，各省应解之款都为督军扣留，发行国内公债，则旧公债尚未整理，续募为难。借外债则有四国银行团之约束，缓不济急，且不易磋商。”莫建来在《皖系军阀统治史》中也说：“各省协济几已完全停止，铁路盈余又复尽为纸币，而盐税余款又仅敷外债之需……外国银行团无资可借，且非候调查中交两行内容及中国政局安宁后，并不愿做借资之想。”

据曹汝霖说，当时北洋政府主要财政支出大项至少有 9 个：政府机关经费，国会经费，驻在京畿一带的中央军队军饷，警饷，保安队饷，各国出使经费，国立各学校经费，清室优待费，预备费。以上各项每个月大致需要 2000 万元，而北洋政府可以拿到的财政收入，包括关税余款、盐税余款、烟酒税、印花税、所得税等合计不到 1200 万元，每月至少有 800 万元的缺口没有着落。

这还不算，还有一些额外支出。袁世凯虽然死了，他惹的麻烦却没完，这就是“京钞风潮”。黎元洪继袁世凯之后担任了总统，皖系军阀首领段祺瑞任国务总理，他们一上任就面临如何平息“京钞风潮”的问题。为了应急，北洋政府 1916 年 10 月从日、英、俄、法四国银行团借到 80 万元，年息高达 7 厘，用“盐税余款”作的担保。因为盐税已用于善后大借款作担保，参照关税余款称“关余”的做法，此处又发明了一个“盐余”，但只能借来一些“小钱”。

之后，北洋政府又用烟酒公卖税作担保，向美国芝加哥大陆商业银行借到 500 万美元，年息 6 厘，用以增加交通银行的准备金。这还不够，中国银行又于 1917 年 11 月“增资扩股”，通过增加商股获得了 300 万余元的资金。北洋政府财政部又于 1918 年通过发行公债的方式募集资金。经过七凑八凑，总算把中国银行、交通银行发行的兑换券基本回收完毕，“京钞风潮”这才落幕。

北洋政府渴望借来外债以度日，但外国银行团已“无资可借”，主要原因还是第一次世界大战。欧洲各国深陷战争，无力也无心再向北洋政府借钱，当时有能力借钱的只有美、日两个国家。由于地缘原因，美国更关注欧洲，在东亚地区向日本做出了妥协，后来还与日本订立了《蓝辛石井协定》，承认日本在中国享有“特殊利益”，这为日本继“二十一条”之后进一步谋求独霸中国的野心制造了机会。

第一次世界大战的确是日本崛起的又一次重大机遇。日本虽然宣布参战，但只是幌子，目的是占领中国的山东半岛。随后日本又大发战争财，大批日本商品进入国际市场，仅1915～1918年日本进出口实现盈余就高达28亿日元。这些资金仅靠狭小的日本国内市场难以消化，也需要海外投资市场，在这种情况下日本打着商业贷款的旗号，在段祺瑞等人执政期间向北洋政府发放了多笔巨额借款。因这些借款大多由一名叫西原亀三的日本浪人从中联络搓和，故称“西原借款”。

西原亀三以民间学者的身份曾多次在中国考察，他在《西原借款回忆》一书中记述：“日本在中国的经济地位甚为微弱，据闻比利时的在华投资已达八亿之上，而我国尚不满五千万（东三省除外）。以目前之现状观之，日本所谓在华经济势力，实尚未达最起码之条件。”他呼吁日本政府加大对中国的投资，这得到日本内阁财政大臣胜田主计等人的支持。胜田主计在《确定对中国借款方针》中明确指出：

> 提供我国有余的资本和智能，使中国勤勉的劳力和无尽的富源相结合，进行开发，促使中国实现可凌驾于美国之上的大幅度经济发展，如由我国的资本和智能启发而成就此大事业，则帝国各种工业所需原料均可仰给予中国，其制成品亦可以中国为市场。融合日华经济为一体，明显为我帝国确立自给自足之策。即日华亲善的根本意义，是使中国国民开发其国土，享受其实惠，同时与振兴帝国工业契合一致，使日华成为一体，谋求自给自足之道，经济上、国防上如胶似漆地结盟。

从中可以看出日本在改变对华策略。赤裸裸地端出“二十一条”，固然可以使中国的北洋政府屈服，但由此也引发了中国人民的强烈不满和反抗，在国际上也招致广泛批评。要改变“吃相”就要改变“吃法”，加大经济入侵，把中国变为日本经济上的殖民地不失为一个理想选择。中国幅员辽阔、人口众多，可以为日本提供取之不尽的工业原料和劳动力。胜田主计还说过：“中国铁矿石丰富，煤炭丰富，石油亦有希望，并适宜于栽种棉花，饲养羊群及其他等等，总之，我国国民经济及执行国防计划所需的原料及一切物资，几乎完全可以从中国求得。”如果在经济上能实现对中国的霸权，无疑可以让日本进一步崛起，让日本真正与美、英等老牌资本主义国家一决高下。

从 1917 年 1 月到 1918 年 9 月，日本共向北洋政府发放了 8 笔共计 1.45 亿日元的借款，其明细见表 3.4。

表 3.4　　西原借款现金交付与存款支出一览表　　单位：日元

借款名称	契约日期	借款额	现金交付		存款全部支出完毕日期
			交付日期	金额（扣除预付利息后）	
交通银行借款（第一次）	1917. 1. 20	5000000. 00	1917. 2. 2	4827397. 26	不详
交通银行借款（第二次）	1917. 9. 28	20000000. 00	1917. 10. 11	19605479. 46	1919. 3. 17
有线电信借款	1918. 4. 30	20000000. 00	1918. 5. 1	19671232. 88	1918. 12. 16
吉会铁路借款	1918. 6. 18	10000000. 00	1918. 6. 19	9625000. 00	1919. 1. 20
吉黑林矿借款	1918. 8. 2	30000000. 00	1918. 8. 6	29001369. 87	1918. 10. 12
满蒙铁路借款	1918. 9. 28	20000000. 00	1918. 10. 5	19200000. 00	1920. 11. 29
山东铁路借款	1918. 9. 28	20000000. 00	1918. 10. 5	19200000. 00	1920. 11. 29
参战借款	1918. 9. 28	20000000. 00	1918. 9. 28	18400000. 00	1919. 12. 6
合　计		145000000. 00		139530479. 47	

资料来源：孙志鹏，《外债与外交：西原借款研究》，东北师范大学 2013 年研究生论文。

这些借款都设置了担保：第一次交通银行借款，以陇海铁路债券、北洋政府国库券和北洋政府欠交通银行债权证书为担保；第二次交通银行借款，以中国政府国库债券为担保；有线电报借款，以中国全国有线电报的一切财产和收入为担保；吉会铁路筹备借款，以国库券按贴现方式办理；吉黑两省金矿及森林借款，以吉林、黑龙江两省的金矿、国有森林以及上两项所生属于政府之收入为担保；满蒙四铁路筹备借款，以北洋政府国库券按贴现方式办理；高徐、济顺铁路筹备借款，以北洋政府国库券按贴现方式办理；参战借款，以北洋政府国库券按贴现方式办理，到期后以同一条件换发新券抵换。

通过这些担保，东北的吉会铁路、所谓“满蒙四路”和吉林、黑龙江两省的金矿及森林，还有全国有线电信的财产和收入全部抵押给了日本，继关税、盐税、路权、采矿权等被列强大量控制之后，中国的电信事业也落入外国人之手。时任日本内阁总理大臣的寺内正毅曾得意地说，通过此次借款日本所攫取的政治、经济特权“何止十倍于二十一条”。

关于日本方面的资金来源，主要有四个方面：一是日本的兴业银行、朝鲜银行、台湾银行等3家银行自有的资金，二是日本大藏省预金部的资金，三是由日本政府担保发行的兴业债券，四是日本政府临时国库证券收入。

关于借款用途，各笔借款其实都有相应要求，除了为诱使北洋政府宣布参加第一次世界大战而发放的“参战借款”外，其他多为商业借款，用途在借款合同里也都有约定，主要用于实业。但从实际用途看，这些钱一到北洋政府手中就立即用到了最急迫的地方。据王芸生《西原龟三对西原借款之回忆》，全部借款中被用于北洋政府直接财政性支出的占65.22%，用于军费支出的占25.4%。表3.5是1925年3月日本兴业银行向外务省提交的一份“西原借款支出明细”，反映的是他们所掌握的大部分借款的使用情况。

你敢借我就敢要，至于钱到手干什么用，你就管不着了。段祺瑞之所以“来者不拒”，打的就是这个主意。不仅如此，这笔钱将来还不还，对段祺瑞来说也不是一个问题，因为他压根没打算还。王毓超在《北洋人士话沧桑》一书中有过一段记述，是段祺瑞与冯国璋的一次对话：

表 3.5　　　　　　　　　　　西原借款支出明细

用　途	金　额	
	银　元	日　元
A. 行政经费	6211919. 20	21200. 00
B. 行债还本付息	5167085. 11	7978152. 22
C. 陆海军费	16328920. 02	1290000. 00
D. 内债还本付息	18061570. 74	
E. 订购军械	128216. 46	7124968. 52
F. 议院经费	311500. 00	
G. 拨付各项股款	992177. 50	5917808. 12
H. 拨付各项杂款	349107. 15	
小计	47550496. 18	22332128. 86

资料来源：孙志鹏，《外债与外交：西原借款研究》，东北师范大学 2013 年研究生论文。

冯国璋：现在外面都说你竟向日本借债，打内战搞武力统一，你要慎重啊。

段祺瑞：谁说的？是谁在发这种不利于国家的谬论？

冯国璋：你别管是什么人说的啦，事情不是明摆着吗？

段祺瑞：政府经济拮据，处处需要钱，入不敷出，不借债怎么办？打内战搞统一，谁愿意打内战？可是你不打他，他打你，就拿湖南的情形来说吧，是我们要打仗，还是他们要打我们？主持一个国家的人，没有不想统一的，难道说你当大总统，愿意东不听命，西不奉令，跟中央对抗吗？

冯国璋：可是债借多了，将来怎么还哪？打仗又没有必胜的把握，枉使生灵涂炭，实在叫人痛心！我看还是都慎重点好。

段祺瑞：慎重是对的，可是不能不干事呀。咱们对日本也就是利用一时，这些借款谁打算还他呀，只要咱们国家强起来，到时候一瞪眼全拉倒！

看来日本人未必了解段祺瑞这样的“草莽英雄”，为了能弄到钱，段祺瑞什么都敢做。西原借款解了北洋政府的燃眉之急，但也造成无穷后患，经济上的损失和负担不必说，政治上的影响也极为深远。日本趁着第一次世界大战的契机，先是通过“二十一条”在政治上、军事上加强了对中国的控制，继而通过西原借款又加强了对中国经济的进一步控制和侵略。日本多管齐下，在抢占在华利益方面迅速超过了英、俄、德、美等国，以至引起了这些国家的集体不满。

日本继续实现它对中国的侵略企图。向中国大量借款后，为一些日本激进分子叫嚣增加在中国的军事存在制造了口实。一些日本少壮军人以“保护资金”安全为由要求政府向中国增兵，其在意的并不仅仅是一些借出去的钱，而是要把中国彻底征服，即使不能把中国并入“大日本”的国土，也要把中国变成朝鲜那样，成为其独霸的、任由其奴役和侵略的殖民地。

九　北洋政府的结束

1912～1928 年是北洋政府统治时期：先是袁世凯统治时期；1916 年袁世凯死了，皖系军阀统治了 4 年；之后直系军阀又统治了 4 年；到 1924 年爆发了直奉战争，冯玉祥发动北京政变囚禁曹锟，吴佩孚兵败南下，奉系军阀主政。北洋政府统治的这 16 年，可以大致分为袁世凯统治、皖系统治、直系统治和奉系统治 4 个阶段。

1924 年孙中山领导的国民革命也拉开了序幕。经过“二次革命”“护国战争”“护法战争”的失败，孙中山认真总结了中国民主革命的经验和教训，认为只有学习俄国革命的经验和方法才能救中国。他改组了国民党，1924 年 1 月在广州召开了国民党第一次全国代表大会，提出了反帝反封建的新三民主义，主张反对帝国主义、废除国内的民族压迫、实行民主政治、平均地权和节制资本。这次大会上还提出了联俄、联共、扶助农工的“三大政策”，将此作为国民党的基本政策。国民党与1921年成立的中国共产党开始了第一次合作，有24名共产党人作为代表参加了国民党的第一代全国代表大会。

在共产国际和中国共产党的帮助下，孙中山以广东为根据地积蓄军事力量准备北伐。1924年10月，冯玉祥、段祺瑞、张作霖等人先后电邀孙中山北上共商国是，孙中山接受邀请准备北上，行前提出废除不平等条约、召开国民会议作为解决中国问题的基本办法。

年底，孙中山抵达北京。但此时孙中山患有重病，于1925年3月12日在北京逝世，临终前签署3份遗嘱。在国事遗嘱中孙中山总结了40年的革命经验，得出“必须唤起民众，及联合世界上以平等待我之民族，共同奋斗”的结论，同时向党内发出了“革命尚未成功，同志仍须努力”的号召。

孙中山生前任国民党总理，他去世后国民党暂未设总理，党中央职权由政治委员会执掌。为统一全国，国民党政治委员会决议筹组国民政府。1925年7月1日，国民政府在广州成立，汪精卫任主席，下设军事委员会，蒋介石、汪精卫、谭延闿为常务委员，军事委员会决定取消各地方部队名称，统一称国民革命军。

1926年夏，国民革命军在广州誓师北伐，提出以武力打倒祸国殃民的封建军阀，主要对象是直系军阀吴佩孚、孙传芳以及奉系军阀张作霖。北伐军先打吴佩孚，再攻孙传芳，最后进攻奉系张作霖，各个击破，不到一年即控制了全国的半壁河山。

国民政府成立后在政策上受到苏联和中国共产党的影响，这引发国民党内右派的不满。1927年，蒋介石、汪精卫违背孙中山的遗嘱分别发动了“清党”和“分共”行动，国共合作破裂，北伐也中途停顿，给张作霖等人提供了喘息之机。张作霖在北京组织了安国军政府，自任大元帅，妄图把已支离破碎的各派军阀联合起来作最后挣扎。但随后国民党领导的军队又继续北伐，张作霖于 1928 年 6 月下令麾下主力由京津退往东北。6 月 8 日国民党军队进入北京。在回沈阳途中张作霖被日本关东军埋置的炸弹炸死，12 月 29 日张作霖之子张学良宣布“东北易帜”。至此，中国实现了形式上的统一，北洋军阀在中国的统治彻底结束。

第四章

失色的“黄金十年”

一　一次翻身的机会

1928 年 2 月，在国民党二届四中全会上通过了改组国民政府的议案，规定国民政府掌管全国政务，受国民党中央执行委员会指导和监督，政府委员由国民党中央委员会选举，国民政府设内政、外交、财政、交通、司法、农矿、工商等部以及军事委员会、最高法院、监察院等。谭延闿被推举为国民政府主席，蒋介石任军事委员会主席兼国民革命军总司令。1928 年 9 月，国民党二届五中全会在南京召开，通过了《中华民国国民政府组织法》，规定国民政府总揽中华民国的治权，由行政院、立法院、司法院、考试院、监察院组成，蒋介石任国民政府主席兼陆海空军总司令。

北伐战争以及国民革命之所以迅速取得成功，除了孙中山提出的新三民主义以及“三大政策”的引领外，还与共产国际的支持以及中国共产党的配合密不可分。中国共产党利用自身优势，通过积极动员和有力组织为北伐战争的胜利提供了保证，许多共产党员在北伐中冲锋陷阵，为取得胜利作出了不可磨灭的贡献。

除此之外，北伐的迅速胜利也与当时的国际环境不无关系。在第一次世界大战中有 30 多个国家的 15 亿人口被卷入，这次世界战争所产生的一个后果就是帝国主义力量被严重地削弱，德、英、法、意、奥匈等老牌帝国主义国家均受到打击，俄国直接被摧毁，诞生了社会主义国家苏联。第一次世界大战后，资本主义国家的无产阶级革命运动以及亚、非、拉地区的民族解放运动高涨。

自鸦片战争以来，中国受到了资本主义国家的侵略和殖民，通过与清政府签订一个个不平等条约，资本主义国家在中国身上套上了一条又一条绳索。为挣脱这些绳索中国人民进行了无数次的抗争，但都以失败而告终。从 19 世纪 40 年代到 20 世纪初，绳索不但没有解开反而束缚得越来越紧，至清政府灭亡前夕中国已彻底沦为半殖民地半封建国家，苟延残喘的晚清政府已不再代表中国人民，而成为列强在中国的代理人。为维护自身的殖民利益，列强对中国人试图解开绳索的每次行动都给予暗中破坏或直接打击，近一个世纪里中国人都无法翻身，这是最重要的原因。

第一世界大战改变了世界格局，一部分帝国主义国家自身已无暇东顾或干预中国的能力削弱。俄、德、日是继英、法等国之后对中国最具侵略企图的国家，俄国成了苏联，转而支持中国的国民革命，德国因战败而暂时一蹶不振，剩下一个日本，虽有“独吞”中国的野心，但也要一步一步去实施。

世界格局发生的新变化不仅有利于中国实现形式上的统一，而且也为南京国民政府整合内外部资源、让中国彻底解套提供了难得的机遇。此时套在中国身上大大小小的绳索仍有很多，涉及政治、经济、军事等各个领域，有些以不平等条约的形式继续存在，有些以债务、赔款的形式继续榨取着中国人民的血汗，中国的有些重要部门和领域仍受外国人的直接控制或影响，中国要实现独立、自由和平等，必须摆脱这些束缚。

第一次世界大战还产生一个间接影响，那就是爆发于 1929 ~ 1933 年间的世界经济危机。战后，为恢复经济，世界上的几个主要资本主义国家为争夺国际市场展开了更加激烈的斗争，其中一个重要的措施是加强政府对经济的干预，以各种方式扶持本国垄断资本的发展，使资本和生产进一步集中，在企业规模、技术、劳动生产率大大提高的同时也导致了生产的严重过剩，从而引发了经济危机。

这场经济危机是第一次世界大战的“次生灾害”，破坏力不亚于一场新的世界大战，资本主义国家的力量又一次被削弱。由于中国经济水平和经济结构的落后，中国受这场经济危机的影响相对较小，反而为中国在经济上迅速追赶提供了机遇。

二　实现重要突破

应该说，国民党领导的南京国民政府也意识到了这样的机遇，采取了不少措施，并取得一些突破，包括收回关税自主权、撤厘改税、整顿盐务等几个方面。

先说收回关税自主权。

中国的海关自建立起就失去了自主权。1854 年上海小刀会起义，清政府上海海关无法正常运作，英、美、法等三国乘机组建了一个“关税管理委员会”，攫取了上海海关的行政权力。1858 年英国迫使清政府签订了《通商章程善后条约》，规定“各口划一办理”关税，由外国人“帮办税务”，并将该模式推行到其他口岸。1859 年，英人李泰国（Horatia Nelson Lay）出任清政府第一任海关总税务司，1863 年英人赫德（Robert Hart）接任，此后这一职位一直由英国人出任，其中赫德一人就占据该职位 45 年。海关人员的任命、管理和教育都由外国人说了算，所有高级职位全由外国人担任。

外国人利用把持中国海关的机会，不仅控制了关税的用途，而且干预关税税率的制定，通过一再下调关税，使晚清的关税税率基本降到了“值百抽五”的水平，但即使这 5% 的低税率，实际上也难以收足。有人计算过，到1921华盛顿会议召开时中国的关税总体税率不超过“值百抽三”，即3%。在低关税下，大量外国商品倾销中国，打击了中国民族工商业。南京国民政府首任财政部长宋子文曾说：“国民政府迁都南京之时，政府和公众对于海关都啧有烦言，诸多不满。人们指责海关已成为国中之国，是使馆街的走卒；总税务司的话成为国家财政上的法律；总税务司还充当了主宰北京每一任财政总长的后台老板角色；关税税款悉数存入外国银行，这只为外国银行增强了信心，而中国的银行则被撇到一边。”宋子文认为，直到1928年海关仍然是“彻头彻尾的不属于国家的行政机构”。

中华民国成立后国内关税自由的呼声就不断高涨，北洋政府时期中国曾在巴黎和会、华盛顿会议和北京关税特别会议上3次提出“关税自主”的要求，但都未能如愿。南京国民政府成立后为提高政府威望，也为了解决自身的财政困难，决定实施关税自主。1927年7月23日国民政府发布布告，声明自当年9月1日起江苏、安徽、浙江、福建、广东、广西等6个省率先实行关税自主，同时还颁布了新的进口关税暂行条例，规定进口货物除按5%的税率征税外，还要按货物品类不同增加收税，其中普通货物“值百抽七点五”，甲种奢侈品“值百抽十五”，乙种奢侈品“值百抽二十五”，丙种奢侈品“值百抽五十七点五”。

上述关税暂行条例力度很大，招致列强一致反对，态度十分激烈。当时北伐尚未彻底结束，南京国民政府只好暂时作罢。北伐结束后，南京国民政府与列强分别展开谈判，先后与美、英、法、德、比、意、挪威、荷兰、瑞士、葡萄牙、西班牙等签订了新的关税条约，在此基础上制定了新的统一税则，颁布后于1929年2月1日开始实施。新税则实行等差税率，分为7.5%、10%、12.5%、15%、17.5%、22.5%、27.5%等七级。之后，税则又分别于1931年、1933年、1934年进行过修订。虽然该税则是在与列强谈判基础上制定的，因而没能完全摆脱列强的控制，但也收回了大部分关税自主权，关税税率也有较大幅度提高。关税自主前的1922年中国的名义关税税率为5%，到关税自主后的1934年实际平均税率已增加到31.3%，虽然与同一时期英国的43.3%、美国的53.3%仍有较大差距，但进步已经非常明显。关税税率的提高不仅提高了南京国民政府的财政能力，而且一定程度上保护了国内商品的生产。

值得一提的是，此次关税自主还建立了“关税金”制度。以往中国海关收税是以“海关两”为结算单位，实行的是银本位制。当时主要资本主义国家早已实行了金本位制，国际市场上金贵银贱是一个长期存在的大趋势，白银大幅贬值意味着海关收入的缩水。1930年1月，南京国民政府决定对进口税使用“海关金”为单位，交税时须按官方公布的牌价折合成“海关金”进行缴纳。南京国民政府财政部认为这是一项重大进步，该部在一份报告中自豪地说：“自金贵银贱以来，偿付关税担保之外债，时有不敷之虞，改用金单位后，关税收入以金为本位，银价虽跌，各项金债仍可按期偿付。”

为避免海关控制权再度落入外国人之后，南京国民政府改革了海关体制，在财政部下设立关务署，专门负责海关的行政管理和关税征收，关务署长“承财政部长之命综理本署事务”，“最要事项应行呈由财政部长核定”，各地海关设关监督一名，“任免关监督及本署职员”须由财政部长首肯，从而保证了海关行政大权掌握在政府手中。但是，由于历史惯性和列强在中国的势力仍不容小觑，各地海关的负责人其实仍以外国人为主，一直到1937年中国人也只占到1/3。

再说撤厘改税。

厘金是清政府镇压太平天国运动期间实行的一项临时性收费措施，类似于通过税，用设卡的方式向来往商户和货物收税，征收范围以及税率由各地制定，过卡即收，重复征收是其最大弊端之一。当时清政府为对付太平军需支出大量军费，但朝廷财政捉襟见肘，根本拿不出这笔钱，只好给下面“政策”，让各省通过征收厘金的方式筹集经费。

厘金帮助清政府打败了太平天国，但这项临时性的制度没有因此结束，而是延续了下来。原因是厘金的征收实际上控制在地方督抚手中，已成为地方财政收入的重要支柱。清政府受太平天国运动的冲击，中央权威进一步被削弱，不得不向地方让渡了部分财权和人事权，督抚们不愿意撤掉厘金，朝廷也只能睁一只眼闭一只眼。

厘金对经济有很大的破坏作用，反复征税增加了商品的成本。四处设卡阻碍了商品的流通。只对本国商品收取厘金而对进口商品只征一次税率不高的“子口税”，又造成了内外贸易的不公平，进一步打击了本国工商业。因为存在这些弊端，许多有识之士早就呼吁废除该项制度，但由于它牵涉太多的利益关系，所以到清政府灭亡时仍继续执行，北洋政府统治的10多年里也在照收不误。

厘金实际上控制在各省，没有纳入国家的财政预算体系，严格说来它只是一种“乱收费”，它的存在也是中央集权被削弱的体现。南京国民政府完成形式上的全国统一后，把加强对地方的控制作为一项基本政策，取消厘金不仅可以呼应全国人民的强烈诉求，而且可以削弱各省的自主权。1931年7月，南京国民政府召开第一次全国财政会议，会上做出决定撤销厘金，由财政部组织全国裁厘委员会，以6个月为限全面取消厘金。

厘金撤销后需要解决抵补问题，南京国民政府在裁厘后推行了特种消费税、统税、营业税等一批新税，其中特种消费税、统税补给中央财政，营业税补给地方财政。这些效仿了欧美资本主义国家的做法，实行起来没有太大的制度困难，撤厘行动基本达成了目标。

最后说整顿盐务。

袁世凯为善后大借款把盐税拿去做了担保，外国势力趁机伸入中国盐政，成立了盐务稽核所，名义上是中外合作，其实由英国人控制，成为管理中国盐务的机构，盐税收入一律存入外国银行，优先用于归还外债。南京国民政府成立后立即宣布把盐务机构置于财政部管理之下。1929年1月南京国民政府财政部颁布《盐务稽核总所章程》，规定盐务稽核总所隶属于财政部，专门负责征收盐税、发放行盐准单、汇编盐税报告表册以及清偿盐务外债等，所征税款须按月拨解财政部指定的银行，各产盐区设稽核分所，归总所管辖。

1929 年 6 月，国民党召开了三届二中全会，进一步整理盐政成为一项重要议题，会议提出“整理盐务，减轻盐税，剔除积弊，调节盐价”。南京国民政府据此对盐政进行了新的改革，颁布了新《盐法》，对盐场进行了整合，统一了全国盐税的税率，实行就场征税，废除专商引岸制，规定任何人不得垄断，对于私自贩盐进行严厉的惩罚，从而使盐税征收和管理权限都集中于中央。此后盐税收入快速增加，1929 年盐税收入为 3000 万元，1930 年增长到 9000 万元，1937 年更接近 2 亿元，成为南京国民政府的一个财政支柱。

经过以上改革，南京国民政府的财政收入快速增长，1928 年岁入总额为 2.34 亿元，1929 年快速增长到 4.83 亿元，之后连年递增，到 1936 年，已增长到 8.7 亿元（详见表 4.1）。

表 4.1　　南京国民政府 1928～1936 年财政收入表　　单位：百万元

类别	项　目	1928 年	1929 年	1930 年	1931 年	1932 年	1933 年	1934 年	1935 年	1936 年
关税	岁入额	179	275	313	370	325	252	353	—	—
	占收入比（%）	53.5	57	50.1	59.8	53.1	51.3	57.3	33.3	43.4
盐税	岁入额	30	122	150	144	158	177	172	—	—
	占收入比（%）	9	25.2	21.9	23.2	25.8	25.7	22.4	22.6	22.7
统税	岁入额	31	41	53	89	79	104	108	—	—
	占收入比（%）	9.3	8.5	9.5	14.4	1.9	15.1	14.5		
其他	岁入额	94	41	41	16	51	56	112	—	—
	占收入比（%）	28.1	8.5	7.1	2.1	8.1	8.1	15		
岁入总额		234	483	557	619	613	689	745	817	870

资料来源：［美］杨格：《1927－1937 年中国财政经济情况》，中国科学出版社 1981 版。

三　整理外债遇挫

其实北洋政府时期也想过解决关税自主问题，但由于对列强依赖较深，当时没敢提出把海关收回来自己办，而是提了一个要求：加征关税附加税。

什么意思呢？就是关税税率实在太低了，请求各位列强行行好，能不能多收一些，从而给中国多留一部分。列强没有一口拒绝，说那就开会讨论讨论吧，于是就有了1925年的北京关税特别会议。北洋政府原计划邀请8个国家参加，结果却来了13个国家，就连挪威、丹麦和瑞典这些国家都闻讯而来。会议下设4个委员会，分别就相互关切的问题进行讨论。

关税特别会议及其4个委员会共开了25次会议。其实问题并没有那么复杂，当时中国的关税税率确实太低了，各国似乎也找不到多少反对提高关税税率的理由，但他们故意把问题复杂化，不断提出一些相关或不相关的问题拖延谈判进程。在各国所提出的问题中，最重要的一条是债务问题，即北洋政府必须偿清向各国所借的旧债，之后才能征收关税附加税或提高税率。这当然是不切实际的，结果这些会议都没有取得什么实质性成果。

那么，南京国民政府提出关税自主时列强没有提出这个问题吗？如果提出了，南京国民政府又是如何解决的呢？

这个问题列强当然不会轻易放过，他们也把债务与关税问题结合起来与南京国民政府谈判，而谈判的过程更加复杂。与南京临时政府、北洋政府一样，南京国民政府也不敢否认前任政府所欠的外债，1928年6月15日，南京国民政府发表了对外宣言，表示："国民政府对于友邦以平等原则、依合法手续所负之义务，始终未尝蔑视。"这个宣言表明，南京国民政府承认以往各国的对华债权，但也隐含了一个前提条件，即债权债务的形成必须是“平等自愿”，还要有“合法手续”。其后，南京国民政府分别与相关债权国展开了艰难谈判。

南京国民政府“继承”了北洋政府的外债，北洋政府“继承”了晚清的外债。南京国民政府需要面对的外债是个庞大的体系，据吴景平《评南京国民政府的整理外债政策》一文归纳，此时的外债大致可分为以下几类：一是有确实担保（即以关税、盐税等收入为担保）的外债，包括俄法借款、英德借款、英德续借款、英法借款、克利斯浦借款、善后大借款等，至1928年6月底此类外债所积欠的本金、预计利息和经理费超过7.4亿元；二是前北洋政府财政部经管的无确实担保的外债，积欠本息合计超过4亿元，还有北洋政府交通部经管的无确实担保的外债，积欠本息合计超过3.8亿元，两项合计超过7.8亿元；三是庚子赔款，至1928年6月尚欠本金及预计利息合计近5.7亿元，该笔款项虽不属一般的外债，但本息都有担保、有还款期限，历来也作债务处理。

上述约21亿元的总体债务就是南京国民政府所要面对的，债权人几乎涉及在中国有势力的所有列强。列强们普遍的意见是，只有这些债务得到清偿或者债务的偿还得到了新的切实保证，才可能与南京国民政府签订新的关税条约和友好通商条约。

南京国民政府起初的态度较为乐观，在内部提出了几项基本思路。一是坚持外债、内债一齐解决，因为除了外债，清政府、北洋政府还发行了为数众多的内债。外债不敢不还，内债不还也不行，都得解决，不能顾了外债而丢了内债，那样也没法过关。二是外债要分别对待，有没有“确实担保”要有区分。1928年南京国民政府财政会议提出“内外债凡有确实抵押品者，维持原案继续履行”，“无确实抵押品者，设立理事委员会，分别审查整理之”。三是坚持与各国整体协商，统一谈判，不与个别债权人或个别政府单独达成解决协议，因为所有债权国都得罪不起，一旦开了口子就得乱套。

从法律层面看，有没有担保的确是个重要的考虑因素，南京国民政府的想法似乎也没错，但如此一来将触动不少债权人的利益，能不能坚持下去的确是一场考验。而在有担保的债务中，用什么作的担保也是有区别的，以关税作担保的，由于关税收入较为稳定且不断在增长，所以保证效力较好，而以盐税作担保的，由于各地截留盐税现象仍较严重，加上盐务改革仍在实施之中，收入难免出现波动，偿还也相对不稳定。1928 年以盐税为担保的克利斯浦借款便无法正常偿还，相关国家立即向南京国民政府施压，除了催款，还干预南京国民政府的盐务改革，要求恢复由盐务稽核总所而不是财政部来支配盐税收入的制度。南京国民政府虽然坚持了已推行的改革方案，但也不得不采取各种措施保证盐税的实收，又大幅增加了盐税中拨付清偿外债的比例，重新制定并公布了克利斯浦借款等以盐税作担保的外债的清偿计划，才平息了相关国家的不满。

1929 年 1 月，南京国民政府财政部制定了《整理内外债委员会章程》。7 月，该委员会向国民党中央政治局会议提交了《整理公债标准》，提出了一些不予清偿的情况，包括：北洋政府所借的外债中，不是用来增加人民幸福、而是维持军阀统治，“以行使其贿买、侵吞、盗用之实”的外债；以实业为名却最终没有用于实业的外债；北洋政府所欠私人或团体的债务中，“并无债券在外流通”的外债；明知其用途，却仍通过相互勾结的手段，为了延长国内战争“完全为非善意之政治作用”的外债。如果按照这些标准，一大批外债都可予以“查明剔除”。

但这只是债务人的一厢情愿，债权人是不会同意的。列强还没有开口，南京国民政府外交部先发表意见了，他们提出“政府之偿还义务势难完全卸免”，外交部重新提出了清偿外债的基本原则，最重要的一条是“凡无确实担保之内外债，除手续不完备或迹近私相授受者，应分别整理偿还”。外交部的意见最后占了上风，南京国民政府按照谨慎的精神对所有外债逐笔进行了清理，有确实担保的外债不论，仅无确实担保的就有 67

项，其中日债最多，达31项。1930年11月，南京国民政府召集了“债权人会议”，提出早日清理结束债务问题的意见，希望各债权人能“减息展本”，本着现实的态度解决问题。为表明诚意，南京国民政府还提出在关税、盐税之外，把铁路收入也作为清偿外债的资金来源。

债务人无力清偿债务，又没有担保抵押，这样的债权现在称“坏账”或“不良资产”，金融机构处置方法中通常会免息并打折，有的干脆“打包出售”。“减息展本”已经很有诚意了，但债权人对此并不轻易松口，加上南京国民政府坚持内外债一同解决的精神，外债整理进展并不顺利。

就在这时，国际国内政局又发生了一些新变化，日本加快了对中国的侵略，分别爆发了“九一八事变”和“一·二八事变”，中国急需欧美国家的支持和援助，以遏制日本的侵略势头，但英、美等国态度暧昧，甚至对日本有所偏袒。1932年11月，出席日内瓦国联会议的中国代表顾维钧等人向国内发回电报，分析了欧美国家袒护日本的原因，认为最重要的一条就是这些国家在中国的债权没有得到解决。在这种压力下，南京国民政府重新调整了无确实担保的7亿多元外债的偿还方案，提出用28年时间全部还完，为此把每年用于偿还外债的关税额度由2500万元增加到6000万元，此举等于放弃了内外债同时解决的原则。同时，鉴于整体谈判的艰难，又同意个别交涉，对于“欠款数额小而毫无问题”的债务，提出“应不待交涉而即时开始偿还”。

在此过程中，欧美国家不断向南京国民政府施压。1935年5月，美国经济代表团访问中国，明确告知蒋介石如不能妥善解决积欠的债务问题，就不可能得到美国的进一步援助。9月，英国政府代表团访华，向中方明确提出，必须尽快制定津浦铁路借款等涉英的外债偿还计划，这是英国政府支持南京国民政府的前提条件之一。10月，英、美、法等国联合向南京国民政府提出外交照会，要求对湖广铁路借款进行整理，对该借款形成的积欠尽快制订还款计划。南京国民政府不得不加快外债整理进程，从拮据的财政收入中拨出更多款项用来还债。

只有对西原借款南京国民政府坚持到了最后。该笔借款是当时的日本寺内内阁为扶持段祺瑞政府而发放的，借款的条件并不苛求，抵押担保较为空泛，一些借款用铁路作抵押，但这些铁路并没有建设，担保抵押等于落空。除交通银行第一次借款的500万日元到期清偿外，其余款项都没有落实。南京国民政府认为段祺瑞执政时的曹锟是“贿选总统”，其政治地位不予承认，所以西原借款也是非法的。最终，日本的这笔借款成了名符其实的“坏账”，据说日外务省负责该笔借款“讨债”的佐分利贞男因此自杀谢罪。

但总体来说，之前遗留下来的庞大外债是南京国民政府的一个巨大包袱，面对这个压得人喘不过气来的巨大负担，南京国民政府其实没有太好的办法。为了不与这些债权国翻脸，也为了争取这些国家对自己的支持，南京国民政府只好忍气吞声地把这颗苦果继续含在嘴里。

在整理外债过程中，南京国民政府发现借钱花原来也是个“生财之道”，于是一边整理积欠，一边又借起了新债。1931年夏长江流域发生水灾，南京国民政府向美国提出借“麦款”，借到的款项用来从美国购买麦子或面粉，最后购买的粮食有45万吨，折合921.3万美元，年息4厘，以关税附加为担保。1932年南京国民政府向汇丰银行借款300万元，1933年向美国金融复兴公司借款2000万元，其后借款频率不断提高，1927～1937年间仅向美国借款就有10多次。

南京国民政府进行外债整理，让欧美各国重新认识了其“信用”，所以敢予借款，更重要的是这些借款除设定了严格的担保外，往往都有附加条件。如向美国金融复兴公司的2000万元借款又称“棉麦大借款”，主要用途是购买美国的棉花、粮食。对于正被生产过剩引发的经济危机所折磨的美国来说，正好利用这样的机会向中国大量倾销产品。而“棉麦大借款”签订时中国却迎来了一次棉花和小麦的丰收，大量“洋棉”“洋麦”涌入中国，打击了国内相关产品的价格，让农民在丰收的同时又遭受到巨大损失。

还有一些借款合同里虽明确了用途，但南京国民政府并没有真正用到这些项目上。杨荫溥在《民国财政史》中指出："有若干种，名为用作建设，事实上却被挪用或中饱，如宝成铁路、湘黔铁路、成渝铁路等均借了外债，但未见筑成铁路。"这些招数，其实是对北洋政府西原借款的"活学活用"。

四　经济出现起色

有人把1927～1937年称为经济上的"黄金十年"，不仅因为南京国民政府财政能力较以往大为增强，而且因为这一阶段的总体经济发展速度较之前也有了一个较快提升。据英国学者麦迪森（Angus Maddison）所著《世界经济千年统计》一书，1928年中国的国内生产总值为2740亿元，到1936年提高到3033亿元，人均国内生产总值也从1929年的562元提高到1936年597元。

中国是个传统农业国家，农业在经济结构中占有绝对比重，据管汉晖、李稻葵《明代GDP初探》，到明代中国还"基本是农业主导的经济结构，大部分时间农业在整个经济中所占的比重都在90%以上"，明朝中期手工业和商业有了一定程度的发展，"但到了王朝后期，农业比重又重新上升，手工业和商业最终没有发展壮大起来"。在清朝统治的200多年间，随着商业、手工业以及近代工业的缓慢发展，经济结构有了一定调整，工业在国民经济中的比重有了一些增加，但农业占主导地位的格局一直没有改变。

在经济政策上，中国历代遵循重农抑商的方针，因为这种政策最容易维护大一统的封建集权统治。在这种政策下商业、手工业被视为"末"，在大多数时间里不仅得不到扶持，还经常遭受歧视和各种政策的打压。这种经济结构会带来严重的问题，一方面经济发展的速度难以提升，《明代GDP初探》认为明代200多年里国内生产总值年均增速只有0.2%；另一方面，单一的经济结构也制约了政府财政的增长。中国历代政府的财政几乎都以土地税占主体，商业税所占比重很小，由于财力有限、增长缺乏基础，始终无法建立起“公共财政”的概念，影响到综合国力的提升。在近代以来的对外战争中清政府表现得不堪一击，与此有很大关系。除此之外，重农抑商也制约了科技创新，让近代中国远远落后于西方先进国家。

以农业为代表的自然经济发展到一定程度，其发展潜力会越来越有限，为了解放生产力，必须找到一种新的生产关系。俄裔美国经济学家库兹涅茨（Simon Kuznets）对不发达国家的经济结构研究后提出，农业部门的收入占总收入的70%是不发达国家工业革命之前经济结构比例的极限。欧洲一些国家率先推进工业革命，就是要突破农业经济发展的瓶颈，使经济发展实现由数量增长到质量增长的转变。远在1700年，农业在英格兰和威尔士总经济中所占的比例已经下降到40%，以纺织业为代表的工业经济及以交通运输业为代表的服务业在经济结构中所占的比例不断上升。

晚清兴起的洋务运动是一次对中国进行工业化改造的尝试，但由于思想的禁区和体制的壁垒，又由于在金融上存在着严重的短板，这场运动成效并不理想。加上随后发生的甲午战争，使中国近代化进程被打断，中国经济的总体格局仍未能实现突破。据王玉茹《论两次世界大战之间中国经济的发展》，1920年农业在中国国内生产总值中的占比仍高达75.42%，工业仅占24.58%。

南京国民政府比较重视工业的发展，在1929年7月国民党第三届中央执行委员会第二次全体会议通过的《训政时期国民政府施政纲领》中，提出了发展工业的13项措施，包括发展国营工业、提倡国货、调节劳资关系、改进劳工生活、救济失业工人、保护外侨等内容。1931年5月国民党第三届中央执行委员会第一次临时会议又强调：“水利、电气及钢铁、酸碱、煤、糖、煤油、汽车等项基本工业，应由国民政府积极兴办，其余由私人投资兴办者，政府应奖励并予以切实保障。”南京国民政府还强调：“中国为逐渐实行总理实业计划，于在国际间平等互惠，不损害中国主权行政权之条件下，得充分利用外国之资本技术，以发展国内天然之富源，发展国民经济，增进国际福利。”南京国民政府比较重视外国顾问和外国技术援助的作用，据杨格《1927－1937年中国财政经济情况》的统计，当时南京国民政府各个部门中“民政方面洋员人数共约65名，包括由国际联盟派来的欧洲各国专家约35名和甘末尔设计委员会的17名美国成员”。上述这些措施虽然未必都能得以落实，但对于促进经济、尤其是工业的发展起到重要的作用。

关税自主、裁撤厘金为民族工商业松了绑。为抵御外国商品的冲击，中国民族工商业者还自发推动了抵制洋货运动，“九一八事变”后这种运动更风起云涌。南京国民政府顺应民意，也发起了提倡国货的运动，多次颁布明令将其作为训政时期的重要工作之一，比如曾强调“于可能范围内酌量提高入口关税，并减低对内税则”，以及“全国公务人员各学校教职员及学生须一律服用国货，绝对禁止服用非国货服装”、“凡有建设工程，尽量采用国产水泥”等，还通过举行国货展览会、设立国货陈列馆以促进国货运动。

在这些有利因素的推动下，工业出现了较快发展的局面，尤其是一些进口替代工业发展速度更快，其中轻工业产品的自给率越来越高，棉织品、丝织品、针织品、面粉、卷烟、火柴、植物油等达到自给或基本自给，重工业产品自给率虽较差，石油等产品几乎全赖进口，但水泥、酸类等个别基础工业产品的自给率也能达到80%以上。

在工业生产中，机器化生产程度也快速提高，到1936年，新式的动力机器工业总产值达到32.19亿元，在工业经济中的比重上升到31.1%。1937年，全国有机器修造业厂家1433家，资本1200万元，总产值2752万元，占全国新式工业总产值的0.83%。1927～1936年，部分产业发展数据见表4.2。

表4.2　　　　1927～1936年部分产业发展数据

	棉纺织业				机器面粉日产（袋）
	纱机设备（万锭）	布机设备（台）	棉纱产量（万包）	棉布产量（万匹）	
1927年	202	12109	123	426	1950
1936年	275	25503	145	1099	2045
增长率	4%	12%	2%	18%	1%

	机器缫丝业		卷烟业	水泥业	锡锭（吨）
	机器（万台）	出口生丝（万担）	卷烟机（台）	产量（万吨）	
1927年	9.4	9.1	344	31	9684
1936年	5.4	4.6	473	53	12810
增长率	-5%	-5%	4%	8%	4%

	发电量（万度）	煤（万吨）	铁矿石（万吨）	生铁（万吨）	钨砂（吨）	纯锑（吨）
1927年	22915	1064	108	18	8500	20211
1936年	77295	1769	184	16	9763	15600
增长率	26%	7%	8%	-1%	2%	-3%

资料来源：许涤新、吴新明主编，《中国资本主义发展史》，社会科学文献出版社2007版。

值得一提的是，这一时期民族资本也得到了快速发展。长期以来，中国民族资本一直在外国资本的强势挤压下艰难成长，由于外资在中国享有种种特权，加之实力雄厚、技术先进，中国民族资本无法与之抗争。但随着中国工业的整体进步以及抵制洋货运动的兴起，中国民族资本迎来了快速发展的时期。到20世纪20年代中期，在上海的各工业门类中只有棉纺织业、卷烟业、电力工业等少数几个行业外国资本还占优势，其余行业民族工业都实现了超越，其中缧丝业、面粉业等民族工业优势明显。在民族资本中，民营资本发展速度更快，增速超过国家资本和外国资本，到1936年中国关内地区私人资本总额达到74.77亿元，虽然略少于76.56亿元的国家资本总额，但已明显多于50.1亿元的外国在华企业资本总额，从1920年到1936年，中国民营资本年均增长率为5.7%，在当时这是个很高的水平。

经过发展，中国经济不仅总量增长很快，而且经济结构有了明显改善，到1936年，工业总产值达到106.9亿元（按1936年的币值计算），在工农业总产值中的比重提高到34.92%，农业所占的比重下降到65.08%。虽然这个结构仍不合理，但总算突破了库兹涅茨提出的“不发达国家的极限”（详见表4.3）。

表4.3　1920～1936年工农业的增长和比重变化　货币单位：1936年币值，亿元

	1920年		1936年		1920～1936年年平均增长（%）
	总产值	比重（%）	总产值	比重（%）	
工　业	56.52	24.58	106.90	34.92	4.06
农　业	173.46	75.42	199.22	65.08	0.87
合　计	229.98	100.00	306.12	100.00	—

资料来源：王玉茹，《论两次世界大战之间中国经济的发展》，《中国经济史研究》1987年第7期。

五　“四行二局”与“废两改元”

发展经济最重要的一环是抓金融，金融如果不统一，经济发展的效率将大幅削弱，发展风险将大幅提升。晚清政府总体上不重视金融，导致金融建设严重滞后，结果吃过大亏。从南京临时政府到北洋政府对金融的重视程度不断提高，尤其在袁世凯统治时期，在金融建设上做出了一些实质性的努力，取得了一定成效。

但是，由于在金融方面总体欠账太多，发展经验又不足，到南京国民政府成立初期，统一金融、建立现代金融体系的目标仍有许多差距，表现在：银元大量发行后并没有完全代替银两，银两与银元并行的情况仍然存在，尤其是外国银行和国内的一些钱庄，仍喜欢以银两为单位进行结算或记账；银元的制式没有实现彻底统一，除“袁大头”外其他各种银元仍在市场上流通，在小额交易中铜元使用更为广泛，而铜元的统一状况更差，清政府、北洋政府以及各省所铸造的铜元种类繁多，与银元之间的兑换没有统一标准，增加了交易的难度和交易成本；虽然北洋政府颁布过《取缔纸币条例》，但滥发纸币的现象未能完全制止，除政府允许的国有银行外，各省银行、私营银行以及外国银行都发行了许多纸币，由于发行程序不严格，缺少足够准备金，纸币滥发、超发的情况较为严重。

不解决这些问题，经济快速发展也会失去最重要的基础，所以南京国民政府也花了很大力气进行金融改革，第一步是建立了“四行二局”的金融体系，加强了金融监管，在此基础上彻底“废两改元”，实现铸币权的真正统一。

“四行二局”指的是中央、中国、交通、农民等四大银行和中央信托局、邮政储金汇业局，它们是南京国民政府管理和运作金融的核心。南京国民政府成立后立即考虑建立自己的中央银行，当时有一部分业内人士认为筹备中央银行条件不足，建议把中国银行、交通银行合并，行使中央银行的职能，财政部长宋子文等人却想利用中国银行的现有基础，通过增加官股，使官股超过商股，以此改造出一个中央银行。此举遭到了中国银行原有股东们的反对，于是南京国民政府另起炉灶，筹建了全新的中央银行。

南京国民政府中央银行于 1928 年 11 月开业，首任总裁由财政部长宋子文兼任，资本为 2000 万元，理事、监事均由国民政府指派，成立时设理事 9 人，后增至 15 人。鉴于之前历任政府筹建中央银行失败的教训，此次中央银行的股本金由国民政府国库一次拨足。值得注意的是，该行从行政体系上直接隶属于国民政府而非财政部。

宋子文在该行开业时说，成立中央银行有三个目的：一是统一全国币制，二是统一全国金库，三是调剂国内金融。在国民政府的支持下，中央银行获得了许多其他金融机构无法得到的特权，如发行关金券、办理政府机关对外汇款甚至发送密电、免于检查等，使其业务迅速增长。1931 年宋子文信心满怀地说："五年以内，本行资产增至二十万万，确为极有把握之事。"表 4.4 是中央银行 1928 ~ 1933 年业务增长的情况。

表 4.4　南京国民政府中央银行发展情况统计表（1928 ~ 1933 年）　单位：元

项目 \ 时间		1928.12.31	1933.6.30
资产总额	实数	47470796	297169610
	指数	100	626
各项存款	实数	15410468	189958131
	指数	100	1233
发行兑换券	实数	11712923	46325990
	指数	100	396
纯益	实数	239360	6657242
	指数	100	2781

资料来源：南京国民政府中央银行档案《中央银行营业报告》1928 年、1933 年上期，中国第二历史档案馆藏。

中国银行拒绝被改造为中央银行后，建议国民政府把自己打造成"特许之国际汇兑银行"，实行专业化经营，避免与中央银行争利，而愿意加强与中央银行的合作。国民政府采纳了这个建议，增加了 500 万元官股，向该行派出 3 名官股董事，其中包括董事长。为便于就近控制，又将该行总部由北京迁至上海。交通银行的情况与中国银行类似，也被改造为专业银行并增加了官股，由国民政府加强控制。

中国农民银行是一家成立较晚的特殊金融机构。1932 年蒋介石发动了对中国共产党领导的中央苏区的第五次“围剿”，为筹措经费，在所谓“剿匪总司令部”内设立了一个农村金融救济处，次年将其改造为“豫鄂皖赣四省农民银行”，总部设汉口，对外宣称“复兴农村经济，供给农民资金”，其实仍是筹措“围剿”资金的工具。1935 年 4 月，四省农民银行更名为中国农民银行，总部迁往南京，蒋介石亲任理事长，拥有军事护照和军用交通特权，办理全国农业信贷以及与土地有关的金融业务，成为垄断农业金融的专业银行。

邮政储金汇业局创设于 1930 年，主要业务是吸收储蓄、经营居民汇兑。中央信托局创设于 1935 年，主要经营领域在对外贸易方面，从事的主要是买办性商业活动。这两个更为专业的金融机构都由国民政府实际控制，它们创立后南京国民政府的金融体系更为完备。

还有一个重要机构，那就是中央造币厂。1929 年 4 月，南京国民政府颁布了中央造币厂组织章程，在原北洋政府上海造币厂的基础上进行改造，强化了垄断地位和权威性，后来颁布的《银本位币铸造条例》中进一步强调“银本位币之铸造，专属于中央造币厂”，使中央造币厂成为唯一的铸造货币的法定机构。

1933 年 3 月 10 日，南京国民政府财政部颁布了《废两改元令》，规定所有公私款项收付、契约票据及一切交易一律改用银币，不得再用银两，原定以银两收付的，在上海按银两 7 钱 1 分 5 厘折合银币 1 元的标准以银币收付，上海以外按 1933 年 4 月 5 日申汇行市先行折合成规元，再以规元 7 钱 1 分 5 厘折合银币 1 元的标准收付。同时，财政部又颁发了《关于废两改用银本币的布告》，规定经济活动中“一律改用银元，不得再用银两”，从此完全废止了银两的流通，结束了中国近千年的银两制。

“废两改元”是博弈的结果，意义十分重大。近代以来中国金融业发展一直滞后，除政府不重视金融建设以及管理失策外，外国银行和国外势力的掣肘破坏也是一个重要原因。除此之外还有一个原因，以钱庄、票号为代表的相对落后的金融机构固守传统经营模式，不肯接受创新与改造，也迟滞了金融现代化建设的进程。钱庄、票号是银两制最后的坚定拥护者，“废两改元”实现了对各类金融机构的过滤，加速了优胜劣汰。

基于强化金融监管和“废两改元”取得的初步成功，南京国民政府随后实施了更大的一场金融改革，这就是法币的推行。这个过程从酝酿到实施历经数年，显示出改革的复杂性和艰巨性。

之前提及，关于货币本位孙中山曾提出纸币制方案，他曾表示：“若行钱币革命，以纸币代替金银，则国家财政之困难立可纾，而社会之工商事业，亦必一跃千丈。”南京国民政府成立后即着手研究纸币改革方案，1928 年 6 月召开的全国经济会议提出“全国发行权应属于国家银行，其现在各银行所发纸币，应于相当时期内加以限制”的初步设想，同年召开的全国财政会议把整顿币制、推进纸币改革作为一项重要议题。1929 年财政部长宋子文在向国民党第三次全国代表大会作财政部工作报告时提出：“候稍假时日，中央银行普及全国以后，中央纸币即可到处通行，而各银行之纸币自当渐次减少，然后再限令各发行银行分期自行收回，撤销其发行权。”1933 年 8 月，在金融专家顾翊群牵头下草拟出《中国货币金融政策草案》，提出必须改变货币制度上的“放任政策”，实行严格的“货币管理制”，具体办法是，设置一个过渡期，在此期间由中央银行与有关商业银行共同发行货币，为统一管理发行进行准备，但最终还是要将发行集中到中央银行。

然而，以往的经验表明，币制改革充满了风险，成功的少，失败的多，弄不好就将功亏一篑，甚至全盘皆输，所以币制改革虽然酝酿已久，却一直没有正式出台。要不是这时候国际金融市场发生了一场突变，这场改革还得继续拖下去。

六　“白银战争”与法币

第一次世界大战后经济危机的爆发，使世界经济发展速度放缓，各国物价高涨，由于避险的需求，黄金价格依旧坚挺，而世界黄金的总产量却在不断下降，其中1915年至1922年下降了1/3，实行传统金本位制的国家普遍感到了压力。

1922年，世界各国在意大利热那亚召开了经济与金融会议，讨论了战后如何重建有生命力的国际货币体系问题，会议建议采取金汇兑本位制以节约黄金的使用。金汇兑本位制也称“虚金本位制”，是指一国货币与另一个实行金本位制或金块本位制国家的货币保持固定比价，并在后者存放外汇或黄金作为平准基金，从而间接实行金本位制的货币制度。金汇兑本位制有个好处，即纸币不与黄金直接挂钩，而与外汇储备相关联，当本国的国际收支发生逆差时可以先动用外汇储备，之后再使用黄金。

随后，阿根廷、巴西等一些拉美国家由于黄金外流情况严重率先放弃了金本位制，到1932年底，德国、英国、日本、瑞典等近20个国家也先后脱离了金本位制，只有美国仍在坚守。到1933年3月，一共有35个国家放弃了金本位制。1933年4月，美国总统罗斯福（Franklin Roosevelt）签署法令，也放弃了金本位制，实行以黄金和美元为发行准备的货币制度，为此宣布黄金收归国有，禁止出口和兑现。

美国的这次币制改革虽为大势所驱使，本没有太多说道，但这次改革中还推出了一项特殊法令，搅动了国际金融市场，给全世界制造出一个意想不到的“大动静”，牵连到包括中国在内的许多国家。这就是美国于1934年通过的《白银法案》，该法案规定在美国货币储备中黄金占3/4，白银占1/4，按照这一标准测算，美国当时大致有13.5亿盎司的白银缺口，为此需要大量购入，美国国会授权财政部长决定收购白银的时间和数量。

美国为什么要强调白银在外汇储备中的地位呢？这与其国内政治有关。美国是个产银大国，20 世纪 20 年代美国白银产量约占全世界的 1/3，同时美国资本也在海外大量投资银矿，美国资本控制了加拿大白银产量的 34%、秘鲁的 87%、中美洲的 89%、智利的 83%，全世界白银产量的 2/3 被美国人控制着。在美国参众两院有 1/3 的议员代表与白银利益相关，称“白银派议员”。在第二次世界大战之前银价总体呈跌势，“白银派议员”通过各种方式向政府施压，希望采取措施提振银价，《白银法案》的通过就是其中最有力的措施，这意味着国际银价将进入上升通道。

为控制国际白银交易，1933 年 7 月美国在伦敦与澳大利亚、墨西哥、印度、中国等 8 个国家签订了《伦敦白银协定》，规定从 1933 年起的 4 年内，美国、印度每年对外销售白银以 3500 万盎司为限，澳大利亚、墨西哥等国在此期间不得出售白银，中国不得将熔化银元所得的白银对外出售。在《白银法案》和《白银协定》的双重作用下，白银价格由跌势迅速转为暴涨，1933 年底纽约银价尚为每盎司 0.3501 美元，至 1934 年底涨到 0.5448 美元，一年涨了 55.6%，1935 年 5 月更达到 0.7442 美元。

银价上涨对中国最为不利，在原来银本位币制下，银价较低时，中国还可以趁机扩大出口，而白银也会因此向中国流入。银价暴涨对中国出口将产生严重抑制，在削弱出口能力的同时也削弱了进口能力。美国挑起“白银战争”，除了照顾“白银派议员”的利益外，还是一场贸易战和经济战，是将本国经济危机转嫁给他国的一个步骤。

更为严重的是，中国在近代以前都不盛产白银，一方面当时发现的银矿资源十分有限，矿石品位差、含银量低，另一方面银矿冶炼复杂，提纯难度大。据有限的史料记载，宋初的元丰元年全国白银总产量为 21.5 万两，其后大体也就维持在了 20 万余两的年均水平。这貌似不少，但当时每年全国财政收入有数千万贯，换算成白银达数千万两甚至上亿两，国产生产总值更是这个数字的几倍、十几倍，这点白银产量也就显得微不足道了。

所以白银作为货币虽在中国也有一定历史，汉武帝就曾发行过“银币”，但在明代中期以前白银一直都不是中国的主要流通货币，顶多是一种辅币，更多是作为储备之用。现在中国虽然是世界八大产银国之一，但近代之前中国勘探出的银矿资源一直稀缺，矿石含银量多在1%以下，与秘鲁波托西银矿的50%、西班牙银矿的25%无法同日而语，产量与世界主要产银国的产量相比更不值一提。

现在，银价突然上涨打击了中国的经济，白银升值造成国际贸易逆差加大，继而使国内通货紧缩加剧，同时白银外流情况也日益严重。1934年中国白银的流出量用钱币计算约值2.57亿元，这还不包括走私渠道。这一数字是1907年的5倍。而据日本方面的估计，1933年中国白银走私出口量约为330万盎司，1935年暴增至1.88亿盎司。南京国民政府财政部的报告指出，如果“不迅带采取有效措施，则国内现银存底，必有外流罄尽之虞”。对于经济十分脆弱的中国来说，白银大量外流是个严重问题，它曾导致一场鸦片战争，它的直接后果是银根吃紧、工厂倒闭、失业增长、通货出现紧缩、政府财政收入下滑。

这样的情况其实已经发生了，上海的批发物价指数1933年为100.59，1934年5月美国《白银法案》颁布后即急跌至89.47，通货紧缩的危险已经来临。上海商业储蓄银行总经理陈光甫就此认为：“美国实施白银法以来，其影响于中国经济者尤为恶劣，卒乃引起空前未有之恐慌。”

南京国民政府不得不赶紧采取措施应对这种局面，1934年10月14日宣布自即日起加征7.75%的白银出口税，并奖励白银输入，规定“外商银行如有银元或银块由国外输入之时，得向海关登记，领取白银输入证明单，于六个月后复出口时，准凭单免纳正附各税，以示鼓励”。然而这些手段根本抑制不住白银外流，更无法制止近乎泛滥的白银走私，除了进行彻底的币制改革，似乎已没有更好的办法。

在此情况下，酝酿已久的币制改革方案终于出台了，1935 年 11 月 3 日，南京国民政府颁布了《施行法币布告》，宣布以法币为核心的币制改革正式开始，其要点有以下六条：

一、自本年十一月四日起，以中央、中国、交通三银行所发行之钞票定为法币，所有完粮、纳税及一切公私款项之收付，概以法币为限，不得行使现金，违者全数没收，以防白银之偷漏。如有故存隐匿，意图偷漏者，应准照危害民国紧急治罪法处治。

二、中央、中国、交通三银行以外，曾经财政部核准发行之银行钞票，现在流通者，准其照常行使，其发行数额以截至十一月三日止流通之总额为限，不得增发，由财政部酌定限期，逐渐以中央钞票换回，并将流通总额之法定准备金，连同已印未发之新钞及已发收回之旧钞，悉数交由发行准备管理委员会保管。其核准印制中之新钞，并俟印就时一并照交保管。

三、法币准备金之保管及其发行收换事宜，设发行准备管理委员会办理，以昭确实而固信用。其委员会章程另案公布。钱行号、商店及其他公私机关或个人，持有银本位币或其他银币、生银等银类者，应自十一月四日起，交由发行准备管理委员会或其指定之银行兑换法币。除银本位币按照面额兑换法币外，其余银类各依其实含纯银数量兑换。

五、旧有以银币单位订立之契约，应各照原定数额，于到期日概以法币结算收付之。

六、为使法币对外汇价按照目前价格稳定起见，应由中央、中国、交通三银行无限制买卖外汇。

南京国民政府随后还颁布了《法币政策实施法》及《兑换法币办法》，

进一步明确中央、中国、交通等3家银行发行的货币为法币，改变了以往至少有30多家银行在中国同时发行纸币的混乱局面，同时宣布白银国有，禁止白银流通。单从金融意义上说，以法定纸币取代银币的主体地位，这在中国货币发展史上具有划时代的意义，此举不仅完成了对货币发行权的独占，改变了币制混乱的状况，成为南京国民政府强化金融管制的关键一步，而且币制与银价的分离也使中国进入到一个新的币制时代。

法币推行后白银禁止在市场上流通，南京国民政府逐步把市面上的白银和银元收归国有，其中以1法币换银元1元，法币初期还与英镑挂钩，可在指定银行无限兑换。就这样，中国的币制没有经历金本位制阶段就直接跨入到金汇兑本位制。

一开始，部分外国评论家集体唱衰法币，他们认为“中国内地人民使用硬币已成习惯，法币之使用恐不能十分普及”，还有人认为南京国民政府财政困难，根据以往历朝历代的经验，这样的政府往往会“无限制发行纸币以事救济”，从而让纸币最终一钱不值。但法币推出后并没有遇到太大挫折，一年后已遍及全国，方便了市场交易，也促进了对外贸易的开展。曾任国民政府经济顾问的美籍专家杨格（Allyn Young）后来评价说：“1935年币制改革又是一个决定性的转折点，它成功地稳定外汇率，并制止通货紧缩，因而为经济注入新的力量，加强对未来的信心。”

法币的推行也促进了中国金融业的快速发展，中资银行的数量在这一阶段快速增加，据《全国银行年鉴》的统计，到1936年底全国新设银行达127家，分支机构1332所，而外国银行仅27家，分支机构仅105所。不仅数量增加很快，中资银行的业务也有快速增长，表4.5是1927～1934年间中国银行业规模统计情况：

在这一轮金融改革中，国民政府加强了对金融业的控制，通过修订银行章程、增加官股、直接任命高管等方式，将“四行二局”牢牢掌握在自己手中。为了加强对这些机构的绝对控制，蒋介石、宋子文等用尽了各种

表 4.5　　1927～1934 年间中国银行业规模统计　　单位：元

年份	资产总额	存款总额	放款总额
1927	1462098581	908019930	1056358175
1931	2569606083	1603905114	1603905114
1934	3849090232	22539066384	2253966384

资料来源：中国银行总管理处经济研究室，《中国重要银行最近十年营业概况研究》，新业印书馆 1933 年版。

手段，如 1935 年曾密谋逼走了中国银行原总经理张嘉璈，此事甚至时任国民政府行政院院长的汪精卫都不知情，还打电报向蒋介石本人求证。宋子文后来辞去中央银行总裁职务，继任的是孔祥熙。蒋、宋、孔三家的特殊关系尽人皆知，蒋介石“举贤不避亲”，原因在于这些机构实在太重要。孔祥熙后来执掌中央银行达 13 年之久，在那个时代也算是个奇迹。

法币的推出促使货币发行权实现了真正的统一，除国民政府中央银行以及中国、交通银行外，其他所有商业银行、地方银行均不再有货币发行权。徐德莉在《抗战时期货币伪造诸象之多维社会成因》中认为此举意义重大，因为它“标志着以蒋介石为代表的南京国民党中央政权对于地方实力派的合法性权威性，已经有了货币制度的保证”。但这也激起了地方上的反抗。一般认为，1936 年发生的“两广事变”和“西安事变”都与此有很大关联。

七　国民党的“土地改革”

自古以来土地和农民始终是中国经济发展的基础性问题，尽管近代工业化早已起步，但农业在经济中所占的比重依然是最大的，发展经济不能回避这个问题。

中国封建社会农业面临的最大问题是土地兼并，这个问题 2000 多年都没有解决好，使王朝更替陷入“周期律”怪圈：经济发展产生贫富分化，继而产生土地兼并，土地兼并导致失地农民揭竿而起，建立新的王朝，新王朝建立后兼并的矛盾有所缓解，经济得到发展，但继续出现兼并……中国传统农业经济的核心是小农经济，而土地兼并是小农经济的瓦解力量。除了农民起义，历代王朝往往通过改革、变法来调整土地关系，让经济重新回到小农经济的轨道。

小农经济的特征是以家庭为生产和生活的基本单位，在农业生产中实行精耕细作，同时农业和家庭手工业相结合，生产出来的粮食以及手工产品用来自己消费或缴纳赋税，这种自给自足的自然经济保证了中国在2000多年里政治制度的基础稳定。近代以来，经济体制虽然出现了变革的趋势，但小农经济在中国仍长期存在，稳定小农经济才能稳定数亿人口，才能保证社会的稳定。

晚清以来，中国土地兼并的状况持续加剧，太平天国运动之前兼并程度就已经很厉害了，所以太平军推出了天朝田亩制度以增强对失地农民的吸引力。太平天国运动期间，由于战乱，百姓逃亡、土地撂荒情况严重，有能力的人趁机大量收买土地。清人陶煦在《租核》中说：“上自绅富，下至委巷、工、贾、胥吏之俦，赢十、百金，即莫不志在良田。”而在镇压太平军过程中立下军功的将领、军士，也大量圈地、买地，出现了很多名震一方的大地主。还有一部分人，因为经营钱庄、票号或者从事其他工商业而赚了钱，也花钱去买地，几种力量叠加，使清末的土地兼状况较以往更为严重。

失地的农民只好受雇于土地拥有者，成为佃农，被迫承受繁重的剥削。由一位外国人撰写的《广东农民运动》写道：“广东省的特征是无地和少地的农民的数字颇占优势，根据其他材料来看，广东省内佃农和半佃农即无地和少地的农民的数字正在增长，换言之，农民土地被剥夺的过程正在进行。”

中华民国成立后土地兼并情况依然有增无减，兼并还呈加速之势。章有义编辑的《中国近代农业史资料》中引述了郇陋的一篇《淮河南岸的一个村庄》的文章，其中记述了晚清至民国间江淮地区一个村子地权变迁的情景：

我为好奇心所驱使，对于他们土地所有权的转移做了一个简单的调查。在20年以前和现在，全村的土地所有情形如后：

20年前：150亩1家，120亩1家，50~70亩7家，10~30亩28家，无地的没有。

现在：310亩1家，270亩1家，70~100亩6家，10~20亩20家，无地8家。

以上可以看出，50亩以上的人家土地都渐渐增加了，而30亩以下的人家，近1/3流于破产。

谁能解决土地问题谁就能赢得农民，从而赢得中国。孙中山对中国土地问题进行了长达20多年的研究，经过不断修正完善，提出了一整套土地思想。在阐述民生主义时孙中山指出："民生主义真是达到目的，农民问题真是完全解决，是要'耕者有其田'，那才算是我们对于农民问题的最终结果。"

孙中山土地思想的核心是"耕者有其田"，方法是平均地权，主要途径是核定地价、涨价归公、照价收税和照价收买等。通过地主自己申报、政府核定等确定地价，现有地价归原主，以后的涨价部分归国家，政府按照原地价的1%收税，除此之外国家还可以根据所需来收买土地，通过政府调节实现地权的平均。列宁对孙中山的土地思想曾给予高度评价，在《中国的民主主义和民粹主义》一文中说"按照马克思的学说，土地国有就是尽量铲除农业中的中世纪垄断和中世纪关系，使土地买卖有最大的自由，使农业有最大的可能适应市场"，他还说"在资本主义范围内实行这种改革有没有可能呢？不但有可能，而且是最纯粹、最彻底、最完善的资本主义”。

孙中山关于土地改革的思想和方法有一部分被南京国民政府所采纳。为了贯彻“耕者有其田”的精神，南京国民政府从 1928 年初就开始酝酿《土地法》，由胡汉民等人牵头组织讨论草拟出《土地法原则》，共 9 条，又经过数月讨论，于 1928 年的年底在国民党中央执行委员会政治会议上通过。之后以此为基础开始了《土地法》的起草，一年半以后形成了《土地法》草案，于 1930 年 6 月由国民政府正式公布。

南京国民政府的《土地法》共 397 条，分为五编：第一编为“总则”，规定了法律施行、土地所有权、土地重划、土地测量和地政机关；第二编为“土地登记”，通过整理丈量土地为下一步土地税的征收做程序上的准备；第三编为“土地使用”，将土地分为市用地和农用地，并分别就其使用和权利的保护作出规定，其中尤其强调了佃农耕作权的保护；第四编为“土地税”，这是本法的核心，较为详细地规定了土地估价、税率确定、征收对象等内容，基本体现了孙中山的土地思想及措施；第五编为“土地征收”，规定对合法取得所有权的土地，当国家认为有必要时可以遵循一定的程序进行征收，征收时给予田主地价补偿。

这部《土地法》通过立法对私有土地所有权进行了限制，同时也限制了田租的水平，抑制了大规模土地兼并和土地投机的行为，有一定的可取之处。但是，这部《土地法》也存在着明显的不足，它强调在土地国有的基础上承认并保护土地私有的合法性，其实保护了大地主和资产阶级的利益，只能是一种“改良版”的土地改革，并不能解决中国存在日益尖锐的土地矛盾。同时，这部法律中有许多操作性的规定，如土地定价、土地征收、地价申报等，虽然借鉴了欧美国家制定土地政策的一些做法，但忽视了中国土地和农民问题的复杂性，因而操作性显得不强，影响到这一轮土地改革的实施。这部法律虽然条文多达近 400 条，但没有一条涉及违反该法如何处罚的，作为一部涉及面极为广泛的法律，其效力自然又打了折扣。

对比中国共产党同一时期的土地政策主张，国民党的“土地改革”就明显落后了。中国共产党建党初期即提出了解决中国土地问题的主张，1920年11月由陈独秀起草的《中国共产党宣言》中提出，将土地“收归社会公有，社会公用”。中国共产党“一大”通过的《中国共产党纲领》提出：“消灭资本家私有制，没收机器、土地、厂房和半成品生产资料。”从长远考虑，中国共产党主张消灭封建剥削制度，以彻底解决中国的土地问题，但从现实的考虑，中国共产党也提出先把减租减息作为过渡性土地政策，即“最高纲领”与“最低纲领”，中国共产党“二大”把限制田租率作为“最低纲领”的一部分。

在随后的第一次国共合作中，正是受到中国共产党的影响，当时的广州国民政府通过了“二五减租”政策，具体做法是，不论何种租佃形式均按照原租额减去25%收租。这项政策实施效果明显，受到广大佃农的拥护。南京国民政府《土地法》又对此进行了重申，明确把土地收成平分为两半，分别归田主和佃户，然后从田主所得的一半中再拿出25%给佃户，这样田主最终所得地租为整个收入的37.5%。这个比例较以往田租水平大为降低，一定程度上减轻了佃户的负担。

随着革命形势的发展，中国共产党逐渐把过渡性土地政策向彻底解决土地问题转变，在1926年11月召开的中国共产党中央政治局和国际代表联席会议上通过了《关于农民政纲的草案》，系统阐述了中国共产党最新的土地革命政策主张，共九条：

> 一、推翻农村中劣绅的政权，并要由革命的农民建立平民的政权。
>
> 二、革命的农民参加县政府组织。

三、武装农民，乡村中一切武装势力受乡村的革命民众政权所指挥。

四、没收大地主、军阀、劣绅及国家、宗祠的土地，归给农民。

五、保证佃户在其所耕种地上有无限期租佃的权利，并由农会会同革命政权的代表规定租课额。

六、禁止一切欺压迫的契约，包农转租契约亦包含在内。

七、取消以前关于租佃的欺压的契约和欠账，禁止重利盘剥。

八、规定整个一定的农业税，取消苛捐杂税，废除陋规。

九、国家经过农村革命政权机关之手以帮助农民和农村经济。

要真正解决中国的土地问题，改良显然是不行的，必须通过土地革命去解决，但由于国民党坚持“清党”，致使第一次国共合作失败，中国共产党的土地革命主张无法在全国范围内推开。南京国民政府的《土地法》颁布后不仅没有有效地解决土地问题，反而因为自身的许多缺陷受到了各方面的批评，一经颁布，要求修改的呼声便不断提出。

说到底，国民党推行土地改革具有很强的目的性和功利性，初衷只是为了取得各方面的支持并增加政府在土地方面的收益，而对于围绕着土地所产生的各阶层的矛盾却采取了回避态度。面对复杂的现实矛盾，国民党缺少勇往无往的革命勇气，实际上维护了少数人的利益。当时即有学者尖锐指出这部《土地法》的制定“为确认地主阶级土地私有之规则”，自然得不到广大农民和佃农的拥护。一些有实力的军阀，也凭借自己的势力在各自控制区内自行其是，山西、云贵、四川、两广等地纷纷推出了自己的“土地改革”，如阎锡山于1935年在山西搞的“土地村公有运动”等。而当时土地税率以及减租政策虽以法律形式明确，但许多地方依然自行其是，农民和佃户的总体负担不降反增。

国民党政权的统治核心不是农民，所以它无法代表广大农民的利益，学者益圃在当时就指出："租佃制度是否能够彻底改革，主要关键倒还不在改革办法是否周密，而在乡村政权究竟掌握在谁的手里，如果地主豪绅掌握乡村政权，那么任何周密办法都无法推行。"（《中国地政学会怎样改革租佃制度》，益圃）从基层的实际情况看，当时的乡村政权普遍被地主豪绅掌控，尤其在大革命失败后，豪绅地主阶层在乡村的势力进一步加强，国民党所推出的《土地法》，即使其中有一些进步和可取的地方，在实践中如果触碰到那些既得利益又实际掌权的人，也会受到抵制和反对，浙江省在土地改革中擅自取消"二五减租"政策就是一个例证。

所以，这部《土地法》实施的效果并不理想，甚至可以说这是国民党在这一时期经济建设方面的一个败笔，使所谓的"黄金十年"顿时失色。由于相关政策事实上只迎合了少数阶层的利益，难以有效动员占中国人口绝大多数的农民和佃户，使他们对南京国民政府日渐疏远、淡漠以致敌对，南京国民政府也因此难以争取到最广大的民意基础，发展下去将成为它最大的政治危机。

八　基层的贫困化

在着手"土地改革"的同时，南京国民政府推行的另一项重大经济政策是明确中央与地方的收支权限。1928 年南京国民政府第一次全国财政会议通过了《划分国家收入地方收入标准案》和《划分国家支出地方支出标准案》，明确关税、盐税、印花税、烟酒税、特税等划为国家税，田赋、厘金、牙税、屠宰税、契税、当税等划为省税，同时还公布了《审计法》《预算法》，推行预算决算制度。

南京国民政府之所着急和地方"分账"，是因为其财政收入情况并不乐观。本来这一时期的经济有所起色，关税、盐税等收入持续增长，财政收入水平较以往也有明显提高，但国民党在政治上"反共"，军事上"剿共”，加上国民党内部派系纷争不断，除多次“剿共”外，国民党还先后参与了蒋唐战争、蒋桂战争和蒋冯战争等，致使其财政支出十分庞大。在1928~1932年的政府财政支出中，军费经常占到40%以上，债务占30%左右，这两项开支即用去了全部财政收入的70%（见表4.6）。

表4.6　南京国民政府军费开支、债务开支及其占支出的比重（1928~1932年度）

单位：百万元

年度	军费开支	债务费支出	支出总数	军费占支出的比重（%）	债务费占支出的比重（%）
1928	209.5	121.3	412.6	50.8	29.4
1929	245.4	159.0	539.0	45.5	29.5
1930	311.6	241.0	714.4	43.6	33.7
1931	303.8	238.8	683.0	44.5	35.0
1932	320.7	169.5	644.8	49.7	26.3

资料来源：姜芹，《南京国民政府内债问题研究（1927－1937）》，南京大学出版社2003年版。

财政支出加剧的另一个原因是国民党推行的所谓“乡村自治运动”。自晚清以来基层政权日益空心化，以保甲制度为代表的基层政权体系不断式微，政府对基层的控制力减弱。为巩固统治基础，更为了配合“剿共”，南京国民政府尽一切可能加强对乡村政权的控制和渗透，自1927年起便开始推行所谓“新县制”，在县以下建立起区、乡镇、保、甲等4级组织，让行政、财政、治安、军事等权力体系深入乡村，“层层节制，逐级运用”。

国民党意识到，完全依靠地方上的土豪劣绅无法巩固基层政权的基础，反而会越来越激化阶级矛盾，所以在推行“新县制”的同时也选派大量人员进入基层，如用公开考试的办法选拔县长、区长等公务人员，这些措施无疑也加剧了财政支出的压力。据民国时期出版的《赣政十年》一书，当时江西全省有69个县实行了“新县制”，为此每年需增加县级经费

190 万元、乡镇公所经费 470 万元、保级经费 160 万元。而如果要在全国范围内全面推行“新县制”，据估算需要培训和补充近 120 万名基层公务人员，相关经费需要 7.6 亿元。

为了加强地方控制，除行政开支外还少不了组建地方民团、保卫团等武装组织。自 1927 起各省纷纷制定了《保卫团条例》等相关制度，在各县组建保卫团、民团，成为一个常设的治安组织。以河北省为例，截至 1933 年 4 月全省 130 个县中组建了保卫团的有 104 个县，为此每年需支出经费 250 万元。如果以河北省为平均水平计算，这项开支全国每年就需要 6000 万元以上。

此时中国仍处于低水平农业社会阶段，国民平均收入很低，尚不具备向现代化国家政权转型的条件，所以盲目扩大政府机构和人员规模与现实状况是脱离的。一些实行了“新县制”的地方，机构、人员虽然到位，但有限的财政只能保证这些人的“人头费”开支，有的地方连这一点也很难做到，虽然搭起了公共财政的框架，却无法实现现代化政权应有的职能。马寅初在《财政学与中国财政》一书中讲过一件事，有一个专家看过许多县的财政报告，于是有感而发，写了一篇文章发表在报纸上，其中写道：

> 概括地说，现在很多县份的收入，大部分是拿来养活县政府的职员。他们的薪水、津贴、生活补助费等等的开支，占了县政府支出的很大百分数。县政府把自己的秘书、科长、科员、办事员、警察、工友等生活问题解决之后，余下的钱已经无几了，所以请不起教员，开不起医院，顾不到救济，一切建设的计划，变成纸上空谈。

经费不足，使“新县制”的目标大打折扣，南京国民政府不得不大量依靠原有的乡村体制。但由于对这些人员缺乏有效控制，又导致了新弊端。印度研究中国问题的学者杜赞奇（Prasenjit Duara）在《文化、权力与国家》一书中将其归纳为“国家对乡村社会的控制能力低于其对乡村社会的榨取能力”。

美国国际政治理论家亨廷顿（Huntington Samuel）在《变革社会中的政治秩序》一书中指出：“一个政党如果想首先成为群众性的组织，进而成为政府的稳固基础，那它就必须把自己的组织扩展到农村地区。”国民党显然意识到基层政权建设的重要性，所以推动了“新县制”改革，但这场声势浩大的“政权下乡”运动却没有取得预期效果。正如徐勇在《现代国家的建构与村民自治的成长》中分析的那样，国民党是“一个由上层人士组成的精英型而不是群众性的政治组织”，这是它无法克服的自身缺陷，由于其不能下令真正与大多数底层农民群众发生有机联系，所以国民党很难“将乡村动员起来支持国民革命和之后的民国政府”。

但“政权下乡”却造成了严重的经济后果，由于相关行政经费不可避免地大幅度增长，使得原本就紧张的财政状况更加恶化，从1927年至1936年，南京国民政府的财政收支一直处于严重的赤字状态（见表4.7）。

表4.7　　1927～1936年南京国民政府财政赤字情况　　单位：百万元

年　度	实支总额	除债款外的实收额	赤字额	赤字所占实支比例（%）
1927	150.8	77.3	73.5	48.7
1928	412.6	332.5	80.1	19.4
1929	539.0	438.1	100.9	18.7
1930	714.4	497.8	216.6	30.3
1931	683.0	553.0	130.0	19.0
1932	644.8	559.3	85.5	13.3
1933	769.1	621.7	147.4	19.2
1934	1203.6	638.2	565.4	46.9
1935	1336.9	513.2	823.7	61.6
1936	1894.0	1293.3	600.7	31.7

资料来源：杨荫溥，《民国财政史》，中国财政经济出版社1985年版。

在中央财政严重困难的情况下，一些财政缺口又转嫁给了基层民众。

"二五减租"以及《土地法》的颁布虽然从法律上明确了农民的田赋负担水平，但各省、县普遍以田赋附加的形式增加了农民的实际支出。这种法定税赋之外的乱收费不仅成为常态，而且名目越来越多，总体水平越来越高。当时各省田赋附加的名目都在10种以上，有的多达几十种。据对湖北省各县田赋附加的调查，田赋附加低于田赋"一倍以下者仅六分之一"，田赋附加最严重的利川县，1933年附加税居然超过正税86倍，创造了"租税史中的新纪录"。表4.8是1927～1937年间湖北省宜昌县田赋正附税额征数比较情况。

表4.8　　1927～1937年宜昌县田赋正附税额征数比较表

年度＼项目	正税（元）	附加税（元）			附加税为正税之倍数
		省附加	县附加	小计	
1927	6625	4754	12840	17594	2.7
1928	6625	4754	14165	18919	2.9
1929	6625	4754	14165	18919	2.9
1930	6625	4754	14165	18919	2.9
1931	6625	4754	106640	111194	16.8
1932	6625	4754	107765	112519	17
1933	6625	4957	111340	116297	17.6
1934	11504	2398	111340	113738	9.9
1935	21606	6439	134340	140779	6.5
1936	36015	3691	137942	141903	3.9
1937	36015	5402	139096	144498	4

资料来源：宜昌县财政志编纂委员会，《宜昌财政志》，黄山书社1998年版。

除了乱收费还有乱摊派，不仅县、区、乡大搞临时性、随意性的摊派，保卫团、民团以及其他地方势力也随意征钱征物。1934年湖北省松滋县整理田赋委员会在给省财政厅的一份报告中说："松滋赋制紊乱已达极点，捐税名目日见繁多，人民负担万元，公家实收不过百元。"许多驻军也加入乱摊派行列，利用武力向百姓劝捐、劝粮。这种混乱状况也给一些人制造了可乘之机，中饱私囊、集体舞弊的情况司空见惯。

虽然不断加码，但收上来的税费有时仍无法满足需要，在许多地方又推行了田赋“预征”的制度。开始是地方割据军阀搞出来的，后来南京国民政府也默认了这种方式，“预征”的年限也越来越长，最久的竟达数十年。据吕登平《四川农村经济》一书，在四川省有的地区1933年和1935年的“预征”总年度中，最远的到了1980年，即把后面40多年的税都提前收了。这种杀鸡取卵、涸泽而渔的经济掠夺，严重窒息了农业经济的发展。

“新政”多、养兵多和征收中的蛀虫多，这“三多”导致基层农民负担的加重，成为“近代农村社会转型中的沉重脚镣”。这一时期，又是资本主义经济危机全面爆发的阶段，为转嫁危机，资本主义国家向中国大量倾销过剩产品，致使农产品出现滞销和价格低迷。如1932年江西农业取得了丰收，但由于“洋米”大量倾销，长江中下游一带迎来“谷价惨跌之秋”，谷物的市场销售价格低于生产成本。1933年10月召开的江西等十省市粮食会议指出：“有些地方闹饥荒，人民吃树皮草根，有些地方丰收，谷米无处销售，因此造成洋米倾销，国产粮食不得高涨。”在此情况下大量农民弃耕。据对1928～1937年江西省弃耕情况的统计，在此期间的各年度里全省被撂荒的土地在23.1%～59.27%之间。

农产品滞销、税费负担加重，加上天灾和战乱，农民的生存状况不断恶化。据1936年出版的《江西农业金融与地权异动之关系》一书，20世纪30年代初江西省平均每位农民的年均收入为36.5元，支出却达48元，也就是说辛苦劳作一年，不仅没有任何积累，还得亏损11.5元。据该书的调查，江西省农民“连最低之生活费都不能保障，不要说婚丧嫁娶，天灾人祸，就是正常年份，亦势非求之负债，不足以苟延残喘”。江西省农民的生存状况具有一定的普遍性，据严中平等编辑的《中国近代经济史统计资料选辑》，1934 ~ 1935 年间中国 71% 的农业家庭有负债，借款中的 19. 3% 来自典当、钱庄、银行，其余来自地主、商人等，借款期限 1 年以下的占 77. 3%，借贷利率极高，粮食借贷年利率平均为 94%，现金借贷中有 75. 9% 年利率高于 30%，所有借款中只有 8. 4% 是为了农业生产，其余都是为了艰难度日。

所谓“黄金十年”，难掩基层贫困化尖锐的社会现实，尽管工业化以及金融建设等方面取得了一些进展，但这一时期由于国民党坚持“反共”“剿共”的错误路线，致使中国迈入了一个经济上高消耗的社会，从而错失了发展的机遇。

第五章

没有硝烟的抗战金融战场

一　法币“惹怒”日本

在南京国民政府法币改革中，规定禁止白银流通，个人手中的白银须兑换成法币。这项规定适用于中国境内每一个机构和人员，其中也包括外国金融机构，他们手里掌握着大量白银储备，现在要他们把白花花的银子拿出来换成一张张纸，他们能干吗?

在这个问题上各国的态度分成了两类，一类表示配合或理解，一类坚决反对。前一类的代表国家是英美，其中英国对法币改革态度最为积极，曾专门派李滋罗斯（Leith Ross）担任南京国民政府的首席经济顾问。李滋罗斯来华后负责调查有关情况，与南京国民政府沟通币改相关事宜，以至于当时社会上纷纷传言李滋罗斯是法币改革的“幕后操盘手”。对此，他本人在1936年6月离开中国前专门发了一个书面声明予以澄清：

> 于九月间抵沪时，中国政府已在策划进一步之办法，即废除银元政策，本人对中国政府，并未提出任何周密完整之计划，仅依据考察，拟定一草案，或须由国际之支援。在余未提出任何改良意见以前，交易市场更趋脆弱，中国政府即决定以其本身之资源，制定一不

兑换之管理货币。余对此大胆之步骤，毫无责任。

南京国民政府法币改革推行后，英国外交部即批准了英国大使馆颁布的“国王规章”，禁止英籍公民在华使用白银，强调应遵照中国的币改法令。英国在华拥有巨大利益，早在法币改革酝酿之初英国就十分关注，他们的设想是，通过提供币改贷款等，把中国的法币纳入到英镑集团。李滋罗斯来华前与英国的相关银行进行过商谈，认为法币改革前中国政府可能会寻求一笔巨额借款作为发行新币的外汇储备，英国可以提供这项仅用于币制改革的贷款，但中国必须以英镑作为币制的基础。李滋罗斯等人甚至商定了中国新币与英镑之间的汇率，即1法币=1先令2便士。

那么，李滋罗斯后来为何又急于撇清与中国法币改革的关系呢？这是因为英国提出的相关方案和条件没有被南京国民政府接受，英国虽然答应提供币制改革贷款，却附加了很多条件，如要对该贷款提供足够担保，还要保留英籍总税务司对中国海关的管理、聘请英国人担任南京国民政府中央银行顾问以及其他政治条件，让南京国民政府难以接受。

在这种情况下美国乘虚而入，美国也想把中国的法币纳入美元体系，对于中英之间的合作持反对甚至破坏的态度。美国一度暂停在伦敦市场收购白银，致使伦敦市场银价大跌，南京国民政府不得不转而依赖向美国出售白银以获取外汇。1936年3月，南京国民政府派币制代表团访美，5月12日双方签订了《中美白银协定》，主要内容是：美国将从中国收购白银7500万盎司，每盎司价格为0.5美元，售银所得存放在纽约的美国银行，以其中的5000万盎司白银作抵押向美国联邦储备银行贷款2000万美元，作为支撑法币改革的外汇基金，以维持每100法币=30美元的汇率水平。

中国的法币事实上纳入到了美元体系中，此举让日本十分不快，因为在英美争夺对法币影响力的同时，日本也在寻求控制或影响中国货币制度的可能性。日本为此曾打出过“中日经济提携”等口号，也曾表示可以向南京国民政府提供“信用放款”以诱使法币纳入日元体系，但在当时的政治气候下，南京国民政府与日本的合作缺乏民意基础。

当时的局势是，日本通过1931年发动的“九一八”事变已占领了中国的东北，又通过策动“华北自治”等将势力进一步向关内渗透。由于南京国民政府与日本尚未互相宣战，日本在上海、南京以及华南地区还有大量投资，其中日本银行在中国内地也有广泛的业务，他们手中所持有的白银约值1000万元，如果执行南京国民政府的币改法令，日本银行得交出所拥有的这些白银。

日本不希望中国强大，遇到能使中国发展进步的事都会积极反对并百般破坏，所以从内心里并不希望中国的币制改革取得成功，自然也不愿意配合。同时，基于对中国国情的了解，他们认为这场改革注定会失败，日本陆军参谋本部曾在一份报告中指出：“鉴于南京政府不能取信于国民的现状，白银国有令的强制实行很明显终将归于失败，南京政府所发行的法币也可能化为一片废纸。”拿价值上千万元的白银去换一堆“废纸”，日本当然不干。

在南京国民政府颁布了《施行法币布告》的前一天，即1935年11月2日，南京国民政府中央银行副总裁张嘉璈奉命在上海拜会日本驻中国大使有吉明，通报了将要实施币制改革的有关情况，解释改革的原因是为了救济市场、挽救中国经济，希望在华的日本银行能遵照法令向中国的中央银行兑换法币，并表示此项规定已获得其他大部分国家在华银行的支持，有吉明对此当场表示强烈反对。

11月4日，即《施行法币布告》发布后的第一天，南京国民政府财政部长兼中央银行总裁孔祥熙亲自拜会有吉明，就法币改革作进一步解释，指出中国之所以断然采取币制改革，是因为金融混乱状况已到了非常严重的程度，中国政府此举是为了救市场、救经济。对于日本政府比较在意的英镑贷款一事，孔祥熙也做出澄清，表示中英之间没有达成外界所传的贷款。对孔祥熙的上述解释，有吉明继续提出抗议。

11月7日，在上海的外国银行召开会议，商讨落实中国政府币改事宜，日资银行在会上反对用白银兑换法币。在此之前，日本在华的正金、三井、三菱、朝鲜、住友等银行已召开了紧急会议，统一了口径。

11月8日，日本驻华使馆武官矶谷廉介代表日本在华军方发表谈话，要求日本政府发表正式声明，对中国的币制改革坚决反对并予以阻挠，必要时不惜使用“实力”。

11月9日，日本外务省发表谈话，指责中国政府币制改革前未与日本方面协商，在没有取得合作的情况下就宣布了币制改革的决定，所以日本外务省“坚持持反对之态度”。日本军部也紧接着发表了声明，强烈反对中国的币制改革，还陈重兵于热河，声称要对南京国民政府“决断”性打击。日本密集发声并以武力相胁迫，强烈反对刚刚推出的法币，调门越来越高，让空气顿时紧张。

为什么日本对南京国民政府的法币改革如此不满？是这场改革损伤到日本人的利益还是他们另有所图呢？

二　“温室里的大花”

19世纪60年代的明治维新改变了日本的国运，在此之前日本与中国的情况大体类似，甚至不如中国，但之后日本走上了近代工业化之路，在国力大增的同时军国主义也开始抬头。通过甲午战争和日俄战争，日本先后打败了中国和俄国，占领了中国台湾、控制了朝鲜，扶持了伪满洲国，把俄国在东北的势力挤了出去。

日本通过《马关条约》获得了巨额战争赔款，之后把其中的大部分都用来发展军工以及相关产业，军事实力进一步增强。日本在华势力的崛起也曾引发同英、美等资本主义国家的矛盾，但随后爆发的第一次世界大战让日本获得了机会。它趁各国无暇东顾之机，加紧了对中国的势力扩张，日本的经济在这一时期也快速发展，经济实力进一步跃升，出现了所谓“战时景气”。

由于其他资本主义国家忙于在欧洲打仗，日本可以大举增加对外出口，普通商品输出主要集中在东南亚和中国，军工产品出口主要来自协约国。日本双管齐下，出口量激增，1914 年出口总额仅为 5.9 亿日元，到 1919 年便快速蹿升至 21.7 亿日元，6 年中出现了 13.3 亿日元的贸易顺差，加上船运费、保险费等非贸易收入，在国际收支上日本的对外债权由 8.1 亿日元猛增至 43.7 亿日元，成为世界头等富国，政府的财政盈余也持续增长（见表 5.1）。

表 5.1　　第一次世界大战时期日本财政收支情况　　单位：日元

年度	岁入		岁出		剩余金额
	预算额	决策额	预算额	决策额	
1915	727653350	708615882	750687857	583269852	125346236
1916	600938397	813308613	602262972	590795353	222513266
1917	730929472	1084958387	780170435	735024251	349934136
1918	902373475	1479115821	902373475	1017035574	462080247

资料来源：［日］坂入长太郎，《昭和前期财政史》，酒井书店 1989 年版。

日本的经济结构也发生了显著变化，在 GDP 中工业所占的比重持续上升，1918 年其工业产值在 GDP 中的占比上升到 56.8%，而农业则下降到 35.1%。这表明日本已由农业国转变为近代化的工业国，以造船业、化工业、纺织业为代表的近代工业在日本蓬勃发展，三菱、三井、住友等大财阀的资本实力成倍扩张，日本成为世界五大工业国之一。当时日本流行一句话叫“战争成金”，第一次世界大战成了日本“吸金”的机会，到 1920 年日本的黄金储备达到 21.78 亿日元。

但是第一次世界大战只打了 4 年就结束了，这一点或许令日本很失望。

战后召开了巴黎和会，成立了国际联盟，各帝国主义国家重新调整了势力范围，建立起“凡尔赛—华盛顿体系”，资本主义世界又进入相对稳定的阶段，各国重新致力于发展本国经济，日本独享战争“好处”的局面不复存在。受日本侵略和经济掠夺的国家也纷纷发起抗争，1919 年 3 月朝鲜爆发了有 50 多万人参加的全国性反日示威，两个月后中国爆发了五四爱国运动，反对帝国主义侵略的呼声高涨。中国各地还爆发了许多抵制日货的运动，进一步打击了日本商品的对华出口。

对日本来说更严重的是，第一次世界大战之后马上爆发了严重的经济危机，突出的表现是消费乏力、生产过剩，日本的出口远远大于进口，经济发展严重依赖海外市场，所以这场危机对它的冲击也最大。1920 年日本工业总产值下降了 19. 9%，其中造船业受影响最重，急降 88%，采矿业下降 48%，大量采矿设备闲置，各种工业品价格下降了一半以上，整个出口贸易下降了 40. 3%。

到 1921 年，经济形势丝毫没有好转的迹象，日本经济状况不断恶化。1923 年 9 月日本发生了关东大地震，东京城内 85% 的房屋被毁，横滨 96% 的房屋被夷为平地，全国共 25. 3 万所房屋毁于地震，44. 7 万所房屋被大火烧毁，15 万人丧生，200 多万人无家可归，财产损失达到惊人的 65 亿日元，而 1923 年日本政府的财政收入才不过 20 亿日元。

对日本来说可谓“屋漏又逢连阴雨”，一方面受世界经济危机的影响经济增速放缓，其中 1921 ~ 1923 年的工业生产平均增速仅为 3%，高增长的局面已不复存在；另一方面需要拿出巨额资金进行救灾和灾后重建，原本丰裕的财政立刻紧张起来。

这其实暴露出日本经济的两个软肋：脆弱性和依赖性。说到底，日本在第一次世界大战期间超常规的发展缺乏持续的基础，以日本的人口、资源和经济基础，即使没有后面的经济危机和关东大地震，这种高速增长也难以维持。美国耶鲁大学历史学教授保罗·肯尼迪（Paul Kennedy）在

《大国的兴衰》一书中提到，有些日本人自己也承认这种现实，称日本的战时景气只是“温室中的大花”。

为摆脱经济危机和财政上的困境，日本加紧了对中、朝等国的侵略，把损失向国外转嫁。在对待中国的方针上，日本国内主要有两种主张：一个主张“协调外交”，代表人物是曾两度出任外相的币原喜重郎，强调要维护好日本与英美等国之间的关系，反对对华使用武力，主张用经济渗透的方式巩固扩大日本在华利益；另一个主张“武力外交”，代表人物是曾任首相的田中义一，主张打破既有的秩序和势力范围，通过武力强行扩张势力。

在20世纪初日本的对外路线上，“协调外交”曾一度占据上风，币原喜重郎任外相时推动了日本与南京国民政府签订日中关税协定，促进了南京国民政府关税自主的实施。但随着日本国内形势的改变，其对外政策也发生着改变，经济压力呈现出渐向社会矛盾演变的趋势。1918年日本爆发了因米价上涨而引起的“米骚动”，由渔村妇女抢米为开端，漫延到全国各地，最后涉及日本3/4的地区，前后有1000多万人参加。这表明日本国内的社会矛盾也很深，如果经济持续衰退，这种矛盾将越来越尖锐。在这种情况下，“武力外交”路线开始占了上风。

当时的日本理论界对中国的认识也存在争论，先后兴起过“支那保全论”“东亚盟主论”及“脱亚入欧论”等，理论界争论的核心与政策层面大体类似，即对待中国是施以“王道”还是“权道”。所谓“权道”，与中国古代政治思想中的“霸道”相同。“王霸之辩”曾是孟子思想的三大主题之一，《孟子》说：“以力假人者霸，霸必有大国以德行仁者王，王不待大，汤以七十里，文王以百里。以力服人者，非心服也，力不赡也。以德服人者，中心悦而诚服也，如七十子之服孔子也。”其后从董仲舒到宋明理学对“王霸之辩”都有过阐述和发展，大体来说，中国传统政治认为“王道”象征光明正大，“霸道”象征威权统治。以号称“日本近代教育之父”的福泽谕吉为代表的一批日本人认为所谓国际政治，本质其实就是强权，所以理应选择“权道”，他称中国为“东洋之恶友”，主张“脱亚入欧”，之后加入欧美列强阵营转而侵略中国。

1927年4月，时任陆军大将的田中义一组阁，同时兼任日本外相。田中义一在日俄战争期间曾任满洲军参谋，是1906年出台的《帝国国防方针》的起草者之一。田中义一上台后立即以保护侨民的名义出兵中国山东，网罗了一批“强硬派”“中国通”委以重任，于1927年6月筹划召开了“东方会议”，全面研讨新的对华政策。

“东方会议”重点研讨了五个问题：一是中国时局；二是维护与扩大日本帝国在中国的经济利益；三是从山东撤军与中国反日问题；四是对华武器输出问题；五是委员针对政府对华政策的质询。关于对华政策，会上也出现了两种主张，一是山本条太郎等人提出的“内科方法”，即用外交、经济手段维护和扩大日本在华特别是在东北的利益；二是森恪等人提出的“外科方法”，即用军事手段进行侵略。会议综合了两种主张，形成了《对华政策纲领》，要点如下：鉴于日本在远东的特殊地位，对于中国本土和满蒙应加以区别对待，当日本帝国的利益以及在华日侨的生命财产遭受侵害时，应该“断然采取自卫的措施”。

虽然田中义一因1928年的“皇姑屯事件”下台，但随后发生的一系列侵华事件都是在这种政策纲领下实施的，包括1931年的“九一八”事变、1932年“一·二八”事变、1933年入侵热河、1935年策动“华北自治”等，日本侵华的节奏步步紧逼。

国民党政府一开始对日本的侵略采取了妥协政策，1935年与日本政府签订的《何梅协定》就是最明显的例证。蒋介石和国民党政府始终把“剿共”作为头等大事，对于日本，他们认为中日实力悬殊，中国不是对手，希望通过妥协以及英美等国的调停维持局面的平衡。但是，已被军国主义主导的日本政府显然不会收手，一方面武力侵略的步伐不断加快，更大规模的军事侵略行动在加紧准备之中；另一方面对南京国民政府在外交上不断进行挑拨和围堵，在经济建设上进行破坏，削弱中国的实力。

所以，当南京国民政府推出了旨在统一全国币制、稳定金融的法币改革后，日本政府觉得这与他们的侵略目标背道而驰，一个统一而强大的中国不符合日本的利益，所以日本政府自然会反对和破坏，不愿意交出白银只不过是一个寻衅滋事的借口。

三 军国主义与财阀

从日本国内的政治氛围和舆论形势看，对华强硬、扩大侵华战争已成为一个不可逆转的大形势，日本的军国主义势力此时已经彻底左右了日本的对外政策制定。

“军国主义”一词源于日文，通常指黩武主义的极端形式，对内主张实施军阀独裁，由军人来组阁，宣传极端的民族主义和沙文主义，经济上以大力发展军事为目标，对外穷兵黩武，进行领土扩张，实施殖民侵略。第一次世界大战后日本军国主义的兴起有着深厚的经济原因，对外扩张迎合了一部分日本人渴望重现经济高速发展奇迹的梦想，在他们看来提振日本经济的唯一办法就是通过武力扩张，把经济危机转嫁给其他国家，通过战争攫取更多的好处。日本军国主义思想在田中义一那样的军人中变得很狂热，而在背后扶持他们的，是实力雄厚的财阀。

“财阀”一词也源于日文，主要指的是那些大型金融资本集团，由于它们通常与浓厚的封建家族关联在一起，所以就像中国魏晋时期盛行的“门阀”一样称之为“财阀”。从渊源上看，日本财阀兴起于明治维新时期，明治政府把“殖产兴业”作为维新的三大核心之一，大力发展资本主义经济，在兴办“国有企业”的同时也扶植私人资本主义。三井、三菱、住友、安田、古河、大仓、浅野、藤田等一批私营企业崛起，它们最早多因经办工矿企业、商业或因“政治商人”而发家，资本积累速度很快。

以三井财阀为例，它的创始人三井高俊是日本三重县伊势松阪人，17世纪中叶在家乡开办当铺和酿酒业，后到东京经销和服，同时兼营钱庄。三井钱庄实力不断扩大，开始资助当时的封建诸侯，取得代征贡米的特权，成为“政治商人”。明治维新时三井家族站在新天皇制一边，出钱为军队支付过军饷，明治政权获胜后三井家族得到了回报，三井银行掌管了政府的官银出纳和汇兑业务，还取得了发行“三井票”的特权，拥有了货币发行权。

实力雄厚的三井集团还办起了物产公司，日本政府把一些“国有企业”出让给私人，三井集团趁势廉价收购了一批工矿企业，集团规模迅速膨胀，业务遍布几乎所有的经济领域，发展成日本最大的垄断性财阀。其他财阀的历史与三井财阀也大体类似，到第一次世界大战之后，它们的实力都发展到相当惊人的程度。表5.2是1928年日本主要财阀投入资本的情况。

表5.2　1928年日本主要财阀在下属公司投入资本统计表　　单位：百万日元

财阀	直系下属公司	直系下属的下属公司	旁系下属公司
三井	242.0	204.0	203.6
三菱	225.6	124.8	181.1
安田	159.5	132.0	67.0
住友	132.1	8.1	47.0
浅野	82.1	97.6	71.4
古河	42.7	9.7	16.1
大仓	33.7	12.5	97.5

资料来源：转引自滕新凤，《日本财阀治理》，清华大学2004年研究生论文。

三井财阀是日本大财阀的缩影，财阀通常被形容为“垂直的、同族的、封闭性的垄断组织”，一般有以下特点：一是多由紧密型家族企业开始发家，企业的实权通常控制在彼此拥有血缘关系的少数人手中；二是企业资本实力雄厚，经营范围广泛，员工众多，在整个国家经济中有不可忽视的份额；三是通常都控制有金融机构，以方便资金调动和信贷；四是集团内部交叉持股严重，经过“你中有我、我中有你”的资本结构设计，形成了复杂又紧密的资本体系；五是一般都与政府保持着良好关系，从而拥有一般企业无法得到的经济特权。

同时，热衷政治是日本财阀的传统，很多政党和团体接受过财阀的各种资助。为了稳固政治基础，日本的政治人物会有意识地结交势力庞大的财阀，一些财阀也建立政策研究机构或智囊团队，帮助和影响那些在台上的政治人物。日本企业历来重视商业情报搜集，相信“情报就是金钱”，各大财阀内部都建有情报机构，其情报搜集、分析能力和处理效率超过政府的相关部门，经常提出一些独到的观点。日本的政治家普遍愿意听取他们的意见，这也成为财阀影响政治的一个重要方面。出身于三井财阀的永野垂雄曾直言不讳地说：“自己不能搞政治就派代理人去搞，有这种力量的就是财界人。”

“财界人”也是一个日文词汇，指的是那些财力雄厚、足以影响政治的人。财阀往往通过成立一些非官方的组织来保持与政治人物的密切联系。政友会就是其中之一，它由伊藤博文创建于1900年，直接受三井财阀的资助。第四届伊藤博文内阁（1900－1901）、第一至二届西园寺公望内阁（1906－1908，1911－1912）、原敬内阁（1918－1921）、高桥是清内阁（1921－1922）、田中义一内阁（1921－1929）和犬养毅内阁（1931－1932）都深受其影响。有人甚至认为上述这些内阁都是由政友会所组织的。

田中义一曾任政友会总裁，1925年时以陆军大将的身份退役。当时的政友会总裁高桥是清不善于筹钱，田中义一主动表示可以为政友会筹来300万日元的巨款，后来果然把这笔钱弄来了，而来源一直保密。直到后来人们才知道，这笔钱是田中义一以陆军机密费购买的公债为抵押向财阀借来的。

田中义一组阁后森恪任外务省政务次官，外相是田中义一兼任的，所以森恪的实际作用相当于外相，负责日本外交政策的制定与实施。森恪与田中义一关系密切，正是在他的鼓动下田中义一才投身政界的。森恪也在政友会中担任过要职，曾任干事长，而在他早年的经历中与财阀也有着很深的渊源，21 岁时就加入了三井物产，还担任过三井物产的上海支店长。

军国主义好战、财阀“乐战”，对外扩张对财阀而言具有多重意义，只有扩张才能让国土狭小、资源有限的日本获得经济发展的源源动力，财阀们自身的发展也才有基础，战争又能给财阀们带来大量的订单，让它们实现超常规发展。仍以三井财阀为例。据日本持株会社整理委员会 1973 年编纂的《日本财阀及其解体》，在第一次世界大战前三井财阀所属公司只有 11 家，资本为 1.6 亿日元，到战后的 1929 年，其直系、旁系以及子公司就超过了 97 家，资本达 12.3 亿日元，20 年里资本增长了 8 倍。

《日本财阀及其解体》一书还提供了 1931 年日本军费支出在国家预算总支出中的占比情况——高达 30.8%，这是一个十分惊人的数字，但此后几年里这一数字还在急速攀升，1932～1936 年分别是 35.2%、38.7%、43.5%、46.8% 和 47.2%。这些数字背后是巨量的军需订单，对于第一次世界大战期间过惯了“好日子”，又被战后突然来袭的经济危机打得晕头转向的日本财阀来说，这些正是他们渴望的。

军界也希望财阀们为侵略出力，1937 年 1 月 28 日日本工业俱乐部举办例行茶话会，日军参谋本部一名高级军官发表演讲称“从目前中国对日本的态度来看，政治入侵毕竟有困难，无论如何要从经济方面和平侵入，这一点无论如何需要财界方面出力”。其实日本财阀早就开始“出力”了，1910 年三井、三菱、住友、安田、大仓等财阀联合日本兴业银行共同出资成立了东亚兴业公司，总部设在东京。1913 年三菱、三井财阀和大阪商船公司共同出资设立了中日实业公司，总部设在上海。上述两家公司以强占或控制中国的重要经济领域为目标，从事对华资本输出和资源掠夺，充当着日本侵华的另一支“先头部队”。

“九一八事变”后日本出兵占领了东北80万平公里的土地，论面积这相当于日本本土面积的2.5倍，蕴藏着无穷的经济潜力。日本军部宣布对国内企业全面“开放”满洲市场，三井、三菱等财阀立即闻风而动，从重工业、轻工业到矿业开采、商品贸易、金融等各方面广泛渗透，控制了许多重要的经济领域。据庄严、赵朗《日本财阀资本对东北经济的渗透与侵略》统计，从1933年至1939年的7年间，日本财阀在东北投资创建较大的新企业共89个，其中：1933年建立1个企业，投资额为700万日元；1934年建立9个企业，投资额5464.5万日元；1935年建立9个企业，投资额5020万日元；1936年建立40个企业，投资额6649.3万日元；1937年建立19个企业，投资额30860万日元；1938年建立20个企业，投资额16080万日元。

在中国东北，财阀不仅控制了重要经济领域，实施资源掠夺，还协助日本军部推行所谓“移民计划”，由三井、三菱和住友等财阀操控的满洲拓殖股份公司曾制订计划，打算用20年时间由日本国内向中国东北迁100万户、500万人，把中国东北变成永久的殖民地甚至最终成为日本的领土。关于这一时期日本财阀在对外扩张和侵略中的作用，日本学者坂本雅子在《日本财阀和帝国主义》一文中说：

> 三井物产是为“大东亚共荣圈”提供物资、物流活动的重镇，承包经营日方接管企业（外国资本、中国民间资本）。不仅如此，它还与日军联手掠夺中国农民的粮食，又成为鸦片流通的中心，并负责统治占领区。太平洋战争爆发后，三井物产全体海外支店中中国支店的份额占到85%，对于三井物产来说，中国是它获取巨额暴利的主要地区。到1940年代，该公司每年的纯利润大都维持在4至5千万日元。

而对于日军来说，没有三井物产就无法开展战争（物资争夺战）和统治占领区，双方是互相依存的关系。

财阀得益于对外扩张和战争，所以它愿意支持军国主义。一位美国学者曾说："所有财阀都是军国主义者，它们不仅通过战争攫取了巨大利益，而且在战后也依然继续加强其垄断地位。"美国人认为财阀"是日本最大的战争潜力"，正是由于财阀的存在才使日本的对外"侵略和征服成为可能"。

在20世纪30年代那种特殊的政治和经济形势下，日本财阀向外扩张的冲动更无法抑制，这助长了军国主义的进一步膨胀。南京国民政府于1935年底推行的法币改革虽然目的并非与日本在经济、政治上抗衡，但它也深深地刺激了包括日本财阀在内的侵略势力，被认为这是向他们发出的一种挑战。

1936年8月7日日本召开了"五相会议"，由首相、大藏相、陆军相、海军相和外相参加，此时的首相是广田弘毅，大藏相是结城丰太郎。此前，日本军部曾拟邀请三井财阀的总管池田成彬任大藏相，但池田成彬认为时机不到，才推荐了结城丰太郎，自己担任了日本银行的总裁。在经济和财政政策制定方面，同为财阀出身的池田成彬和结城丰太郎时常联手，日本军部对他们也言听计从，所以这次"五相会议"也为财阀参与国策制定提供了直接的机会。就在这次会议上，日本内阁制定了《国策基准》，把"向南方海洋发展""南北并进"作为国策基调，提出在已占有中国东北的情况下，必须立即占有拥有丰富资源的中国华北。

随后，日军参谋本部在制定的《战争准备计划方针》中把中国华北与日本本土、满洲相提并论，称要在上述地区"大力发展长期战争所需要的产业"，以便"进行长期战争时，能在大陆生产军需品"。1937年5月29日，日本陆军省依据《国策基准》制订了《重要产业五年计划要纲》，直接把中国领土华北列入日本“国防资源圈”，竟然提出“要优先开发华北的经济”，以便“在有事之日能在日、满及华北获得重要资源的供给，而在平时，则由此谋求国力的飞跃发展”。

从中也可以看出，1937 年 7 月 7 日发生的“卢沟桥事变”绝非一次意外，而是日本军部和财阀控制的内阁事先精心策划的。

四　日军的“货币战”

“卢沟桥事变”的爆发，使中国进入到全面抗战的新阶段，日军很快占领了华北五省的大部分地区，并提出了用 3 个月时间灭亡整个中国的目标。

日军在迅速占领华北的同时，将另一个重点进攻的目标选择了上海，上海是中国的经济中心和金融中心，如果上海立即被日军占领，中国的经济和金融将马上产生混乱，这是日军急于进攻上海的原因。但是，尽管中日军力对比悬殊，在中国军民的全力抵抗下上海并没有马上落入日军之手。上海的抵抗前后坚持了 3 个月，淞沪地区的资本和生产设备赢得了撤离的宝贵时间，也让日军 3 个月灭亡中国的叫嚣化成泡影。

日军发动对上海等地的进攻后，对金融市场造成了严重冲击，国人纷纷把钱从中资银行中提出，转存到英美等外国银行中。这种挤提风潮不仅发生在江浙地区，也漫延到了内地。就在淞沪会战开始的第 3 天，即 1937 年 8 月 15 日，南京国民政府财政部颁布了《非常时期安定金融办法》，限制提取现款，鼓励存款，以维护法币的稳定。

为维护法币的地位，南京国民政府还做出决定，在被日军占领的地区，国民政府所属中央、中国以及交通等银行所设分支机构尽量通过撤至外国租借的方式坚持经营。1938 年 3 月，南京国民政府财政部与各银行多次研商，决定根据当时各地区的不同情况，把金融业经营的地区分为陷敌区域、附近陷敌区域、距敌较远区域、复兴根据区域等4种类型，以“分别情形规定办法”，即使是陷敌区域也没有放弃经营，而对于复兴根据区域，则要求“在本区域内往来汇兑，不收汇税，不限数额”，以保证法币的顺畅流通。

看到短期内灭亡中国并无可能，日本也调整了侵华策略，在军事上对中国全面进攻的同时，也把经济和金融作为重要的战场。1938年7月12日召开的日本“五相会议”做出一项决定，要设法造成法币的崩溃，使中国从经济上失去抵抗能力，从财政上彻底打垮南京国民政府，推翻中国的政权。

为对付法币，日本先是在占领区内限制法币的流通，对法币予以贬低和打压。同时大量发行伪币，以取代法币的地位，最终把法币挤出去。日本还通过伪造假币的办法制造混乱，对法币进一步实施打击。通过上面这些办法，日本人试图彻底摧毁法币，让它变成废纸。

北平是中国北方的金融中心，在“卢沟桥事变”前北平市有123家中资金融机构，其中银行20家、银钱号80家、兑换所23家。日军占领北平后，军部制定了《华北金融对策纲要》，提出“务必促使经济活动通畅，避免引起人心不安，并须在事实上以及在事变后减轻我国经营华北的负担，因而必须动员组织河北省银行，中国、交通两行以及其他重要银行参加的合作，以树立华北金融的独立体系”。

但事实上这种“合作”并不存在，中资金融机构分别遭到了暴力劫收、停办、外迁或改组，其中中央银行北平分行被暴力劫收，中国银行、交通银行的北平分行被停业。日军及华北伪政权通过劫收、整编等排除异己的办法建立了自己的金融体系。日军为这些敌伪金融机构下达的任务是筹措军费，建立“确立重建华北经济之基础的新通货体系”。

一开始，日军并未明确提出占领区内法币不得使用的规定，这是因为新的金融机构整合尚未完成，伪币还在准备之中，货币不能出现真空。据

《北平金融史料》提供的数字，至1937年6月南京国民政府下属的四大行共发行法币14亿元，其中有4亿元在华北地区流通，在这中间有2亿元在北平，很难立即退出市场。

到1938年初，日伪筹措发行新货币的工作取得进展，日军便于3月公布了《旧通货整理办法》，5月又公布了《小额纸币及辅助货币整理办法》，规定票面上只要印有天津、青岛或山东标志的中国银行、交通银行发行的法币必须限期退出市场，时限是自1938年3月11日起为期1年，而其他有南方省份标志的法币以及各类“杂票”允许流通的时间更短，只有3个月。上述纸币中，面值不足1元的以及各类辅币，时限可放宽至3年。超过了流通期限，各类法币一律作废。

同年8月，日伪政权又颁布法令，强行对尚允许流通的法币实施贬值，其中中国银行、交通银行发行的法币按九折计值，1939年2月又贬值为七折。这是为了配合日伪新币发行采取的措施，目的是迫使大家去兑换伪币。这还不算，日伪政权还颁布严苛法令，规定不得随身携带超过60元以上的法币，一经查出即处以死刑。

太平洋战争爆发前隶属于南京国民政府的四大行在上海租界里坚持继续营业。1941年3月，接连几天日敌伪特务机关派大批武装人员进入租界，炸死炸伤四大行的员工数十人，又绑架了100多人，意图是将四大行挤出上海，但四大行经过紧急研究，决定不撤离，仍然在租界里坚守，以保证法币在上海流通的不中断。

日军侵占到哪里，就在哪里组织伪金融机构发行纸币：占领东北时，通过伪满洲中央银行发行了所谓的“中银券”；占领察哈尔、绥远后，通过伪蒙疆银行发行了所谓的“伪蒙疆券”；占领华北后，通过伪中国联合准备银行发行了所谓的“联银券”；占领华中地区后，通过汪伪政府的中央储备银行发行了所谓的“中储券”。以上4种伪币，是日本在中国实施金融统治和侵略的主要货币工具。除此之外，还有日军发行的“军票”以及伪冀东银行发行的“冀东券”、伪华兴银行发行的“华兴券”、伪广东省银行发行的“通用券”、台湾银行发行的纸币等杂币。

伪满洲中央银行成立于1932年6月，总行在伪满洲国的新京即长春，是在“九一八事变”后日军劫收的东三省官银号、吉林永衡银钱号、黑龙江省官银号和边业银行等东北四大金融机构的基础上成立的，该行成立后随即公布了《满洲国货币法》，发行纸币伪满洲国元，即“中银券”。1932年7月1日，伪满洲国颁布了《旧货币整理办法》，宣布自即日起至2年内收兑原东北各金融机构发行的15种货币，限期兑换成“中银券”，收兑过程中有意压低兑价，东三省官银号发行的“奉天票”被强行按50：1的比价兑换，吉林永衡官银钱号发行的“官帖”按360：1兑换，黑龙江省官银号发行的“官帖”更达到了1680：1。截至1934年底，“中银券”共兑回各类旧币1.4亿元，仅通过兑换一项日伪就搜刮去大量社会财富。

伪蒙疆银行于1937年12月设立在张家口，是蒙疆地区成立的伪政权的“中央银行”，在大同、北京、天津、多伦等设有10多家分行，在日本东京和伪满洲国新京设有办事处，除开办一般银行业务外也发行伪币，包括1元、5元、10元、100元纸币及1角、5角、5分的纸辅币，俗称“伪蒙疆券”，另有其他额度不等的金属辅币。由于南京国民政府发行的法币在该地区流通不广，“伪蒙疆券”在伪蒙古联合自治政府、伪察南自治政府、伪晋北自治政府等辖区内使用较为广泛。

伪中国联合准备银行成立于1938年2月，总行设在北平，“卢沟桥事变”后日军扶持汉奸王克敏成立所谓“中华民国临时政府”，伪中国联合准备银行相当于其“中央银行”，总资本额定为5000万元，“中华民国临时政府”出资1250万元，其余一半资本强迫原华北地区的中国银行、交通银行、大陆银行、金城银行、中南银行、盐业银行、河北银行等参股，在华北的日军占领区广泛设立分支机构。该行成立后筹备发行“联银券”，先后出台了多份《旧货币整理办法》，对法币以及各商业银行、银钱号的杂币进行兑换。由于无节制的滥发，“联银券”造成了华北地区严重的通货膨胀，华北人民称其为“汉奸票”“走狗票”。

伪中央储备银行成立于1941年1月，是1940年3月由日军炮制的以汪精卫为首的伪中华民国国民政府的“中央银行”，总行在南京。该行发行的“中央储备银行券”俗称“中储券”，汪精卫伪政府规定“所发钞券，概为法币，举凡纳税、汇兑、及一切公私往来，一律行使，关于现在流通之各种法币，暂准与中储券等价流通”。在此之前华中一带的侵华日军主要使用军用票，伪中央储备银行成立后日军把战争经费中的相当一部分转嫁给了“中储券”，具体做法如下：日本正金银行向伪中央储备银行存一笔军用票，等于有了一笔“存款”，而这笔军用票是不存在的，是正金银行在账上空造的，但这笔“存款”却能按一定比率兑换成“中储券”。如此一来，日军需要多少“中储券”就可以凭空套出多少，“中储券”成了日军的提款机，日军通过这种方式套走了多少“中储券”已无法确知。

日本军票最早出现在20世纪初的日俄战争中，开始是作为发放军饷的“军中货币”，但没有保证金作为兑换的支持，意味着日军想发多少就可以发多少。到了第二次世界大战期间军票的使用越来越广泛，淞沪会战时日军第10军团在杭州湾登陆，就携带有一批专门为在中国占领区使用的军票，此后又发行了大量这类票券。随着日军占领区的扩大，军票也作为货币在中国的华中、华南等地流通，先后发行了甲、乙、丙、丁、戊等不同版本。仅据1940年日本正金银行的不完全统计，从1937年至1939年甲至丁等四批军票的总发行量就高达34.3亿元，而最后回收的不过4.7亿元，大量军票散落在中国民间，意味着日军用军票搜刮走的财富也不可限量。

上述这些伪币随着日军占领区的扩大而不断扩大流通范围，南京国民政府发行的法币使用空间被不断压缩。表5.3是抗战期间敌伪金融机构发行伪币的统计情况。

表 5.3　　　　　　抗战期间伪金融机构发行伪币统计情况

区　域	行　名	资本额（元）	发行货币	颁布主要金融法规
东北区	伪满中央银行	1 亿	中银券	《伪满中央银行法》 《临时资金统制法》 《贮金部法》 《国民储蓄会法》 《新银行法》 《普通银行资金特定运用办法》
华北区	冀东银行	250 万	冀东券	《中国联合准备银行条例》 《旧通货整理办法》
	中国联合准备银行	5000 万	联银券	
	察南银行	100 万		
	蒙疆银行	1200 万	蒙疆券	
	同和实业银行			
	河北省银行			
华中区	华兴商业银行	5000 万	华兴券	《妨害新法币治罪条例》 《修正整理货币暂行办法》
	中央储备银行	1 亿	中储券	
华南区	正金银行		军用票	
	台湾银行		台币	
	华南银行			
	伪广东省银行		通用券	

资料来源：叶世昌、潘连贵，《中国古近代金融史》，复旦大学出版社 2001 年版。

五　法币保卫战

法币如果倒下了，中国的抗战就失去了最重要的经济基础，日军彻底打败中国的企图也就得逞了。所以，对围堵法币的战争中国军民必须应战。

保卫法币，就是要让它稳定，除了尽一切可能保证法币的市场流通和自由兑换外，最要害的是稳定外汇市场。法币属金汇兑本位货币，又类似于国家信用货币，不与金银等硬通货直接挂钩，其价值是以紧盯美元、英镑两种主要外汇来实现的。在《法币实施公告》中确定了法币的两大核心，一是“按照目前价格”与英镑、美元自由兑换，二是“无限制买卖外汇”，这是法币得以“立身”的基础。

按照《法币实施公告》，法币兑美元的比价是《中美白银协定》规定的100:30，即100法币兑换30美元；对英镑的比价是1法币卖出价为14.625便士，买入价为14.375便士。全面抗战打响前的1936年9月，南京国民政府根据需要扩大了对英镑买卖的汇率区间，卖出价和买入价分别为14.75便士和14.25便士，如果法币能始终保持以上汇率水平并可自由兑换，那么它就是坚挺的。如果法币顶不住压力，汇率急速贬值或无法兑换成英镑、美元，那它就失去了国家信用，也就不攻自破了。

法币保卫战的核心就是维持其汇率的基本稳定。日军进攻上海后，中国金融市场陷入严重动荡。就在保卫上海的“八一三抗战”打响的第3天，即1937年8月15日，南京国民政府财政部颁布了《非常时期安定金融办法》，限制提取现款，鼓励存款，同时为防止有人在外汇市场抛售法币，南京国民政府还与上海的欧美银行达成了“君子协定”，约定各银行拒绝接受那些投机外汇业务，防止骗汇和逃汇。

“君子协定”还进一步约定，南京国民政府保证为外资银行提供足够的外汇以维持法币兑换外汇业务的执行，汇率与战前水平略有下调但幅度不大，兑英镑按1法币12.5便士、兑美元按1法币兑0.29美元计价，但外汇买卖只限于现期交易，具体协调工作由中外银行业各选派2名代表进行；与此同时，外资银行表示暂时拒收中国人的法币存款，以防止中资银行出现大规模挤提。

日军在华北等地站稳脚跟后，利用各类伪币大量兑换法币，如果能把这些法币通过秘密渠道运往国民党统治区，再设法换购外汇，就将达到双重金融战的效果：一方面获取了英镑和美元，另一方面削弱了国民政府的外汇储备。国民政府虽然严禁各类伪币的使用，但无法完全关闭法币与外汇兑换业务，因为那样以来法币就将加速崩溃，而只能通过严格审查外汇用途、限制兑换额度等措施控制兑换规模，同时打击地下外汇市场，防止外汇流失。除此之外，国民政府还通过抛售外汇的办法稳定法币汇率，收到一定成效。据有关资料统计，抗战初期的前 8 个月国民政府共抛售 1.2 亿美元外汇，回笼法币 4 亿元，对稳定法币起到一定作用。

到了 1938 年，日伪发起的金融战越来越严密，外汇市场压力越来越大，外汇管理需要更强有力的控制措施。1938 年 3 月 12 日，国民政府财政部颁布了《购买外汇请核办法》，严格限制外汇买入，规定“各银行因正常用途，于收付相抵后，需用外汇时，应填具申请书，送达中央银行总行，或其香港通讯处”，之后由中央银行审核后才能进行。随后又颁布了《购买外汇请核规则》，规定个人确有正常需要购买外汇的，“除予其本行商业所取得及其自有者相抵外，如有不敷，得向中央银行总行或其香港通讯处申请购买”。这两个办法的颁布，标志着国民政府虽没有完全关闭法币与外汇之间的兑换通道，但已经实行了严格的外汇管制。

这一时期国民政府仍坚守外汇的固定汇率兑换，但由于需求与供应的巨大反差，在地下外汇黑市上英镑、美元的汇价越来越高，法币越来越贬值。当时最大的外汇黑市在上海租界内。上海沦陷后国民政府在上海的四大行分支机构纷纷迁入租界继续经营，在特殊环境下它们成了外汇黑市的源头。它们以官方牌价拿到外汇，又在暴利的驱使下把这些外汇转到黑市上投机。压力之下，国民政府不得不一再调低法币汇率。根据张嘉璈《中国通货膨胀史（1937－1949）》提供的数字，到 1938 年底 1 法币的官方汇率已降至 8 便士和 0.15 美元，对比年初的情况，法币的汇率一年时间就来了个“腰斩”（见表 5.4）。

表 5.4　　1938 年 3 月至 1939 年 3 月官方固定汇率下调情况

时　间		英镑（便士）	美元（分）
1938 年	3 月	13.954	28.613
	4 月	12.978	23.9049
	5 月	13.298	23.3870
	6 月	8.970	18.5150
	7 月	8.838	18.1719
	8 月	7.933	16.1538
	9 月	8.082	16.2332
	10 月	8.078	15.9792
	11 月	8.000	15.7375
	12 月	8.000	15.6250
1939 年	1 月	8.000	15.7375
	2 月	8.000	15.6250
	3 月	8.000	15.7375

资料来源：张嘉璈，《中国通货膨胀史（1937－1949）》，文史资料出版社 1986 年版。

国民政府仍不想放弃外汇交易，如同艰难的阵地作战一样，尽管不断败退，但仍然要作最后的坚守，因为一旦放弃就意味着前面的努力都白费了，而经济上的全面大溃败将一泻千里而无法收拾。为了克服严峻的形势，国民政府成立了国币平准汇兑基金（Currency Stabilization Fund），在法币汇率下跌严重时，通过平准基金用外汇收购法币，使法币汇率回调，反之则逆向操作，通过对外汇市场的干预，力求法币不至于崩盘。

一开始，国币平准汇兑基金的来源主要是国民政府的外汇储备，但有限的外汇只坚持了 3 个月就被耗费殆尽，国民政府不得不寻求英美等国家的帮助。1939 年 3 月，中英两国 4 家银行的代表在伦敦签订了《中国国币平准基金合同》，这 4 家银行包括中方的中国银行、交通银行以及英方的汇丰银行、麦加利银行，4 家银行共同决定合计出资 1000 英镑建立中英平准基金以维护中国法币的稳定，中英两国的银行各承担 500 万英镑。中英平准基金干预中国汇市，在一定时期内对稳定法币汇率起到重要作用。但是，由于基金规模偏小，又因为法币发行量不断加大、日伪对法币的破坏也越来越严重，法币很快又到了生死存亡的关口。

中英平准基金投入汇市后，很快出现了英镑供不应求的局面，最后发展成有出无进，到5月底，中英平准基金即消耗掉670万英镑，只剩下了330万英镑。6月7日，中英平准基金委员会通知汇丰、麦加利银行在上海的机构限制出售外汇，结果又造成了法币汇率的急跌。

国民政府内部出现对用平准基金办法稳定汇市的质疑，认为投入了巨大的外汇资源却没能带来明显成效，按照这个办法继续下去，平准基金就成了无底洞，还不知道要填进去多少外汇。有人主张放弃维护法币汇率的做法，或者关闭法币与外汇兑换的通道。当时的香港《大公报》曾发表一篇评论："我们希望基金会速决定对策，应该以壮士断腕的勇气，来放弃支持上海自由市场的政策。"

但也有一部分人看到了保卫法币汇率的重大意义，这是因为对法币的不作为意味着在这场与日伪的金融战中完全失败，维护法币汇率确实消耗了巨大的资源，但这项政策总体来看还是利大于弊的。当时法币在广大沦陷区仍在大量使用，虽然日伪政权一再明令限期禁止法币流通，但由于日伪银行发行的各种伪币信用都很差，许多沦陷区人民仍然习惯使用法币，法币的继续存在对于提振沦陷区人民的抗日信心发挥着很大作用，所以有人提出"法币为沦陷区的通货中心，维持法币即为维系沦陷区人民心理"。

反之，如果法币倒下，日伪政权可以轻松地大量印刷纸币去掠夺财富，对于全面抗战的整体形势极为不利。对于国民政府统治区来说，法币如果溃败，将加剧沦陷区法币的回流，造成物价狂涨，使本已严峻的通货膨胀更加失控，由此带来的经济和政治振荡都难以预料。据《四联总处史料》，1940年负责管理国民政府四大行的四联总处提出："现在流通于游击区的法币，华北约三亿，华中约十亿，华南约二亿，共计十五亿，占目前流通总额的三分之一。为避免通货膨胀，必须保持法币原有流通区，勿使流回后方，予敌伪滥发钞券机会。”

所以，采取平准基金稳定汇市的主张最终还是占了上风。但此时英国也深陷二战旋涡，没有更多力量再来帮助中国，平准基金只好向法美等国求援。法国政府曾考虑由法国银行向中国平准基金投入2亿法郎，但由于欧洲战场形势发生的变化，法国政府的计划最终未能落实。美国政府一开始对中国平准基金并不感兴趣，虽然国民政府多次派人去华盛顿协商，蒋介石也几次公开呼吁美国政府予以重视，但美国政府一直态度消极，其原因一方面是对中国政府管控外汇市场的能力较为怀疑，另一方面是美国尚未与日本宣战，担心参与中国平准基金后会受到报复，甚至引发战争。

1940年10月日本政府公开承认汪伪政权，美国的态度这才有了变化。关于这一点，时任美国财政部长的摩根索（Henry Morgenthau）在日记中分析了罗斯福态度变化的原因：“他为中国担心，显然担心汪和蒋之间会发生某种事。”所谓“某种事”，大概是指在严峻的形势面前蒋介石最终撑不住了，倒向日伪一面，如果真是那样，无疑将改变世界反法西斯战争的格局，对美国来说将是最严重的情况。

而此时英国又表示会继续为中国平准基金追加投资，又打消了美国政府的部分顾虑。1940年11月30日美国总统罗斯福宣布美国将向中国平准基金提供借款。经过了几个月的艰难谈判，中美两国最终就平准基金合作达成了协议，美国政府宣布向中国提供5000万美元借款，用以充实中国的平准基金。这个数额虽然距离国民政府期望的2亿~3亿美元相差较远，但对保卫岌岌可危的法币无疑将发挥重要作用。

美国政府随后还实施了另一项重要政策。1941年7月26日美国政府宣布冻结日本在美国的资金，美国财政部也应中国政府的请求，下令封存中国人在美国银行的私人资金，不仅包括美国境内的银行，也包括开设在中国境内的美国银行，此举可以切断在中国用法币套汇炒汇的资金来源。英国政府紧接着也宣布了类似决定。这项措施对于打击在中国的外汇投机和恶意炒作有重要意义，是对平准基金稳定外汇市场的有力配合。

当时的法币汇率，除国民政府中央银行挂牌价格外，还存在上海租界内的“黑市汇价”和中央银行的“商业汇率”，这些都是外汇市场混乱的源头。1941 年 9 月 8 日平准基金委员会电令上海租界内的中外银行停止“黑市汇价”交易，10 月 1 日国民政府财政部也下令中央银行停止执行“商业汇率”。但由于上海租界所处位置的特殊性，加上国民政府外汇管制政策不严密，黑市交易、私下交易的情况仍未禁绝，除继续存在外汇流失的问题外，也为日伪势力通过这些非正式管道继续套取外汇提供了机会。

1941 年 11 月 12 日，国民政府宣布了更严厉的外汇管控措施，规定“凡由我国任何地区运往英美售换外汇之货物，必须将其所得外汇售给平准会”，同时“进口货所需之外汇，均需经由平准会核付，凡私存外汇者，将无法用以订购货物”。新办法只准特许银行经营外汇业务，银行只能代客户向平准基金委员会会申请结汇，但“不能要求平准会一定供给”。此举对黑市外汇的来源和出口都是重大打击，黑市上原来大约要超过 40 元法币才能兑换 1 美元，新的管制办法出台后，外汇黑市虽然仍难禁绝，但美元在黑市上的汇价迅速跌至 1 美元兑 27 法币的水平。

1941 年底太平洋战争爆发，香港、上海等地的银行基本被日本人控制，内地与香港、上海等地之间的支付关系只能暂时中断，法币的外汇市场也逐渐移向内地。对国民政府来说外汇统制难度加大，但直到 1945 年抗战胜利时平准基金都没有终止，而是全部移至大后方继续运作，国民政府同时采取了最严格的外汇管制措施，加大外汇审核力度，尽最大努力维持法币的地位。

回顾以上法币保卫战，可以看出大致分为以下几个阶段：从 1937 年

“卢沟桥事变”到1938年初，努力维持法币的自由兑换；从1938年初到1939年初，对外汇交易实行一定管控，但努力维持法定汇价，对黑市交易采取了默认态度；从1939年初至1941年太平洋战争爆发前，强化外汇管控，管控措施日趋严厉；从1941年太平洋战争爆发到1945年8月抗战胜利，通过中、英、美三国建立的平准基金维持法币汇率，以期法币不至崩盘，在外汇交易中实行了最严格的审核制度，取缔了黑市交易。

尽管到抗战结束时法币的实际贬值情况已相当严重，但法币在艰难支撑中始终没有倒下，保住了一道最重要的经济防线，为抗战最终取得胜利发挥了至关重要的作用。

六　“松机关”的“杉工作”

为打击法币，日伪机构还使出了伪造的办法，日军对这件工作很重视，将其命名为“杉工作”，由日军参谋本部下属的“松机关”负责实施。

日军成立了许多承担特殊使命的所谓“机关”，如广为人知的“梅机关”“竹机关”“菊机关”等。“梅机关”是日军参谋本部于1939年8月在上海建立的特务机关，主要职责是扶植并监视汪伪政权，该机关位于上海虹口日本侨民聚集区内的一座被称为“梅花堂”的小楼里，因此得名“梅机关”。“竹机关”酝酿得更早些，开始是由日本陆军参谋本部发起的，当时中国境内已有若干个敌伪政权，因互不隶属而降低了统治效力，为此成立了这个跨兵种、跨地域的特别组织，日本“五相会议”为其命名为“在支特别委员会”，“竹机关”是其代号，因为它一直由土肥原贤二控制，又称“土肥原机关”。“菊机关”是日军在福建的特务组织，名气虽小但能量很大，1939年底曾策反了国民党闽粤边防军总指挥黄大伟，黄大伟率部叛变，组建了伪和平建国军第一集团军。

上面这几个“机关”都是负责政治和军事情报工作的特务组织，而

“松机关”是负责经济情报的。1939年日本陆军省和陆军参谋本部的《对华经济谋略计划》出台后，日军进一步加紧了对中国的经济战，提出“破坏蒋介石政权的法币制度，继而搅乱中国国内经济，毁坏蒋政权的经济能力”，为此“松机关”应运而生。该机关总部在上海，负责人是受日本陆军委托的企业家阪田诚盛和日本陆军参谋冈田芳政中佐，所以该机关又称“阪田机关”。为便于在上海的活动，阪田诚盛还与上海青帮头目杜月笙的女儿结婚，在杜月笙家中设立了据点。阪田诚盛还以自己的名义注册资本金1亿日元在中国开办了“诚达公司”，该公司在中国各地广泛设立分公司，分公司最多时达53家，都是“松机关”的特务网络。

印制假钞是一项技术要求很高的工作，负责“杉工作”技术支持的主要是日本陆军第九科学研究所。该研究所位于日本神奈川县川崎市，又称“登户研究所”，研究所主任山本宪藏在满洲服役期间曾花数年时间对中国的币制进行过详细研究，又专门前往华中地区观察法币流通情况。他注意到在中国流通的法币主要由英国德纳罗公司（Thomas De La Rue）、华德路公司（Waterlow & Sons Ltd）以及美国印钞公司印制，其主要防伪手段是水印和暗记，伪造起来难度不大。

山本宪藏提出了《法币谋略工作计划》，并受到日本陆军参谋本部的高度重视。1938年12月时任陆军大臣的东条英机下令批准实施该计划，这就是“杉工作”的由来。该计划在当时属绝对保密事项，在陆军省内部也仅限陆军省大臣、次长、军务局长以及相关的几位军事课长知道。假钞印刷工作具体由陆军第九科学研究所负责，经陆军省批准“可利用民间工厂的全部或一部”，但也要做到绝对保密。假钞印好后交由上海“松机关”负责在中国投放，投放工作“要隐蔽进行，主要目的在于扰乱敌方经济，用伪造法币进行正常的交易，采购军需品和民用品”。

根据日本陆军省“杉工作”的详细计划，通过假钞“获得的物资按军队规定的价格分别交给指定的军事补给厂，所得款项用作摧毁法币的活动费，但另有命令时不受限制”。“松机关”可将所印法币的20%留作活动经费，“松机关”每月月底向陆军参谋本部报告“杉工作”的进展，包括资金及器材使用等情况。

山本宪藏主持的登户研究所一开始把5元面额的法币作为伪造重点，后来又大量伪造了中国农民银行发行的1元、5元和10元面额的法币。这些假钞经过“做旧”处理后运到中国，与真钞混在一起，由日伪控制的商社、公司投向市场，用来抢购物资。登户研究所的假钞印制是在绝密状态下进行的，即使在该研究所内部，一般人员也无法接触到核心，印制伪钞的区域被3米多高的木板墙围了起来。登户研究所因印制假钞而进入鼎盛时期，职员最多时超过了1000人，占地面积达到36万平方米，研究所内有100多栋建筑。

太平洋战争爆发后，日军于1941年12月占领香港。国民政府在此设有秘密的法币印刷厂，日军清收时发现了这个印刷厂，搜到大量现成的法币印刷材料，于是全部接收，将其运回日本，由登户研究所用这些材料印制假钞，自然更加难以辨认。1942年日军攻占缅甸，也发现了国民政府秘密设立的法币印刷厂，又查获了大量法币半成品、印刷设备和原料，甚至包括法币的编码暗账底册，仅用这一批材料登户研究所就印制了20亿元假钞。1942年下半年，德国海军在太平洋上意外截获了一艘美国商船，查获了美国印钞厂为中国交通银行印制的大批法币半成品。日军得知后，花钱从德国人手中买回了这些半成品，由登户研究所加工成假钞。

登户研究所印制的假钞很难辨别真伪，曾在该研究所工作过的大岛康弘回忆，当时印制的这些假钞逼真度很高，“几乎不存在真钞与伪钞之分”。登户研究所每天可印10万张，如果仅以面额计算，相当于中国国内货币流通量的10%。据郭晓平《太行根据地的金融货币斗争》，到日本投降时日伪造的各类假钞有20多种。据郭静洲《华北、华中地区的中日货币战》估计，抗战期间日伪伪造的法币总面值高达40亿元，相当于日军

2～3年的军费。如果这些法币全部被投放到市场，造成的杀伤力是无法估量的。

抗战进入到尾声，美军不断对日本本土实施轰炸，登户研究所不得不将印制假钞的机器和材料分别疏散到长野县伊那地区和福井县武生市，但仍不打算停止印制。这时出现了纸张紧缺的问题，登户研究所就用加藤造纸厂来制纸。

日本投降前夕，由于担心伪造假钞的事泄露，所以日军陆军参谋部下令把相关设备和资料全部销毁，并命令曾在登户研究所工作的人员不得说出真相。战后美军占领了日本，为了让日本从事特殊研究的那些人为自己服务，美军提出凡从事过秘密武器研究的日方人员可以通过向其提供情报的方式而免于战犯起诉，结果一些登户研究所的技术人员到了美国。朝鲜战争和越南战争爆发后，美国把登户研究所印制伪钞的技术运用到了朝鲜和越南。这些事与强掳劳工和慰安妇等问题不同，它们没有特定的受害者，因此战后没有人就此向日本政府提出过赔偿诉讼，而由于相关证据证物大多已销毁，日本政府也不愿意公开承认曾经印制过他国伪钞的事。

20世纪70～80年代，在登户研究所旧址上建起了明治大学的校园。2006年日本巴川造纸厂要编纂企业史，在历史调查中于静冈市骏河区发现了一批印钞的特殊用纸，共279张，约30厘米见方，每张纸上都有孙中山的侧脸像水印，纸张中间镶嵌有丝纤维。经明治大学专家确认，这就是登户研究所当年印制中国法币伪钞的专用纸。明治大学后来开设了和平教育登户研究所资料馆，向民众公开了日军战败时登户研究所相关证据被毁的活动痕迹。据《东京新闻》报道，明治大学校园内至今仍保留着印有日本陆军标志的消防栓，代号为“5号栋”的伪钞工厂虽然接近解体，但仍然存在。2008年3月，新华社驻东京记者刘赞、江冶探访了明治大学学田校区内的登户研究所旧址，之后在新华网上发表了《访二战时日军秘密武器研究基地》一文，其中写道：

> 在这片土地上，当年的建筑物保留下来的已经很少，其中就包括被称为5号栋和26号栋的伪钞印制工厂和仓库。从登户研究所建立的1937年算来，它们已经有71年历史了。尽管在战后曾长期作为明治大学的教学用房，里面已被改造过而看不出当年的样子，但它们的外观仍和71年前一样，向人们默默诉说着那段历史。
>
> 1937年，日本发动了全面侵华战争。日军一开始想速胜，但进入1938年后发现中国的抵抗能力比他们想象的要强得多，于是开始转变战略，寻求建立傀儡政权以取代蒋介石政权。同时，由于从1938年3月起日元走软，日军认为用日元维持战争出现困难，于是设立专门机构从事所谓经济谋略，寻求在经济上为战争提供支持。这两项工作基本同时展开，并互相交织，旨在从政治和经济两方面瓦解中国的抗战。
>
> 汪精卫伪政权成立后，于1940年5月设立了其中央银行——中央储备银行，并开始发行货币。然而中央储备银行的货币并不被中国老百姓所接受，没能流通起来。由于无法达到从经济上打垮中国的目的，于是日军就开始伪造中国当时的货币法币，用于对中国的经济战。而当时承担印制假法币任务的正是登户研究所。

陪同两位记者采访的是日本学者渡边贤二，他从1985年起就在当地一些市民的支持下开始对登户研究所进行调查。渡边贤二展示了一些当年印制的法币伪钞，其中除一张因没有编号可基本断定为伪钞外，其余均无法分辨真伪。渡边贤二对中国记者说："没有这些伪钞，日本的侵华战争是打不下去的。"

为应对这些假钞，抗战中中国军民也想尽了各种办法。针对日伪越来越猖獗的伪造活动，国民政府在1939年专门颁布了《日人伪造法币对付办法》，规定：

一、四行设法阻止新法币券转入沦陷区内，及在接近沦陷区域发行处，多备旧券发行，使沦陷区内所有流通者尽属旧券，则日人新制之伪券，不易鱼目混珠。

二、由财政部通令各关卡严密检查日人印制伪券，绝对不使窜入未沦陷区域内，则受害地方不致蔓延。

三、由财政部通咨各省转饬所属，特别注意防范，务使境内日人所造伪券不能留存。

四、四行应择要发送各种样本券，与接近沦陷区之县政府请其张贴示众，使人民发现伪券时，就近可以核验不致受欺。

五、四行应宣示真券伪券不同之点，并将行使伪券之害剀切详列，印制宣传品，由中央宣传机关设法在沦陷区域内散发，并请中央宣传机关，或驻在就近沦陷区域之军委会政治部之各种宣传方法同时进行，俾得民众知所从违而拒绝行使。

六、凡据情报知日人伪造法币印造制运等情时，应由国际宣传机关对各友邦极力宣传其狡谋，如知伪券号码数额时，由外交部正式对各友邦声明，该项伪券本国不能承认，务使日人不正当丑态举世毕露。

七、沦陷区域内如有伪造机关时，因我军警权利不能执达，应托印券之外国钞票公司出面交涉，盖日人制造伪券对银行为破坏信用，对国家为扰乱金融，对印券公司则为侵害法益，在法律地位上言之，该钞票公司自有出头交涉之权也。

八、无论在任何地方，若有为日方收藏或转运或行使伪造之法币，或未通谋日方而意图供行使之用伪造法币或收集者，经查获或告发讯实后，应按其所犯情节，分别依照修正惩办汉奸条例第二条第十款，或修正妨害国币惩治暂行条例第四条之规定，从重处断。查获之机关或告民人，于案结后，应按照案情暨所获伪造法币之数额由各发行行参照破坏获伪造钞票给奖之例，优给奖金，如藉故诬陷者应由原审讯机关，依照刑法，从严究办。

除以上这些办法外，国民政府还采取“以假对假”来应对日军的金融战，在重庆歌乐山也秘密建立了一座伪造日伪钞票的工厂，从美国购买纸张和最先进的印钞设备进行印制，主要是日本钞票、各种伪币和日本军票。据周鹏《抗战时期中日双方的“伪钞战”》，每当日军发行一种新版纸币时，就由戴笠从汪伪汉奸周佛海处获取日伪银行的印钞票版，带回歌乐山复制并日夜赶印，总数多达 15000 多箱，然后将成品运至江西上饶，由国民政府交通部门配合源源不断地偷运到汪伪政权控制的沦陷区，混入金融流通领域。这些伪钞与沦陷区流通的真钞一模一样，连日本制币专家也难以鉴别。国民政府由此轻而易举地套购到大量黄金、棉纱、布匹等急需物资，给日本控制的沦陷区金融市场以沉重打击，加剧了日伪统治区的通货膨胀。

同时，国民政府也不断强化法币造假的技术难度，1941 年重庆印钞厂曾对法币进行了一次大的改版，让日本人的假钞刚印出来就面临作废的尴尬。但真正对日伪“杉工作”产生致命打击的，竟然是国民党政权统治下出现的严重通货膨胀。战前法币总发行量不过 10 亿多元，到 1944 年就达到了 1890 亿元，7 年增长了 100 多倍，这让日本人始料未及。他们多年来把伪造的重点放在了百元以下的钞票，而千元、万元甚至 10 万元面值的法币不断出现，让日伪在短时间内来不及完成伪造。由于最终伪造出来的假钞与同时期法币总发行量相比数量较小，因而用假钞打击整个中国经济的企图被大打折扣。这一点令登户研究所的负责人山本宪藏也不无沮丧，他曾哀叹道：“中国实在是一个令人望而生畏的国家。”

七　一场“惨胜”

经过中国军民十四年浴血奋战，日本终于在1945年8月15日宣布无条件投降，抗日战争以中国人民的胜利而结束了。

法币没有在这场中日金融战中倒下，但为之付出了高昂代价，实在是一场“惨胜”。从最初的抛售外汇到后来的平准基金，国民政府在外汇市场投入了大量英镑、美元，才维护了法币的信用，即使如此法币的汇价也在不断下跌。

在整个抗战期间，由于外汇黑市的长期存在，也使法币蒙受了巨额损失。外汇黑市主要存在于上海租界内和香港等地，国民政府控制区里也有一些，国民政府为什么没有从一开始就下决心取缔外汇黑市呢？陈建智在《抗日战争时期国民政府对日伪的货币金融战》一文中的分析有一定道理：

> 国民党政府为什么要拼死维持外汇黑市呢？我以为，除了它想巩固法币信用和基础外，在很大程度上是为了维护英美和本国大资产阶级的利益。英美一手扶持法币，使法币成为它们的附庸，法币跌价会使英美商品在中国市场涨价，不利于商品的倾销，还会使英美在华投资受到损失，那些在上海拥有大量不动产的大资本家以及借汇兑投机活动牟取暴利的中外商业银行和富商大贾，也都极力赞成维持外汇黑市。因此，维持外汇黑市的失败，是英美帝国主义要维护在华利益，要保持中国的半殖民地地位以及对日本帝国主义实行绥靖政策的必然结果；是国民党政府要维护大地主阶级和官僚资产阶级利益，消极抗日，积极反共，损害人民群众利益的必然结果。

后来，国民政府通过颁布冻结法令、建立平准基金和外汇审核制度对外汇市场进行干预，打击外汇黑市，这是情势迫不得已，但由此必须会产生权力的滥用。一些有渠道、有门路的机构和个人把外汇投机作为来钱快、风险小的生财之道，平准基金会多次宣称上海的外汇黑市已不存在，但实际上该地的地下外汇交易从未中断，而且一直红火。

不仅是外汇投机，其他方面也对外汇有需求。上海的《正言报》当时刊发过一篇文章，记者采访中国银行在上海的一位高级职员，问外汇黑市还能不能继续存在，这位高级职员回答："如消费品、奢侈品等等，皆为中国政府所禁运者，彼等既不能照新汇率结得外汇，则惟有仰给于黑市而已。"

这就如同一个水池，想给里面注满水，但水池下面有漏洞，又在不停地向外放水。这边注，那边漏，结果损耗了大量水资源。据国民政府美籍财政顾问杨格（Arthur Young）统计，从 1938 年 6 月到 1941 年 8 月，为平准上海外汇市场共耗费 4600 万美元，平均每月 120 万美元；从 1941 年 8 月到 1941 年 12 月，共耗费了 2100 万美元，月平均量是前 3 年平均量的 3 倍多。如果不是太平洋战争爆发，国民政府采取了更严厉的外汇管控措施，这一趋势还要加剧。这些巨额外汇中，有多少被日伪套取、又有多少流入了私人的腰包都已无法核算，而最终的负担实际上还是由全体中国人承担了。

外汇损失只是抗战期间中国承受经济损失的一小部分。抗战之初，国民政府行政院就颁布了《抗战损失调查办法》和《查报须知》，开始着手调查相关损失情况，作为抗战情势评估和战后索赔之用，以后每半年编制一次《抗战中人口与财产所受损失统计表》，对各项损失都有大致的统计。抗战胜利后，国民政府行政院于 1945 年 10 月 12 日编报了战争损失的初步统计情况：自 1931 年 9 月 18 日起至 1945 年 9 月底止，财产损失折合成 1945 年 8 月的货币价值共计 3100372 亿元，另有 9033.7 亿元未折合，人口伤亡自 1937 年 7 月全面抗战开始至 1945 年 9 月底止，共计 516690 人。

这个统计疏漏较多，1946 年 10 月国民政府行政院成立赔偿委员会，组织专家、学者及大量人员重新进行了战争损失情况统计，形成了《中国责令日本赔偿损失之说帖》，对损失情况重新予以核定：

> 中国抗战达15年，即自1937年7月算起亦有8年之久，比任何同盟国家作战时间均为漫长，沦陷地区有26省1500余县市，计面积达600余万方里，占全亚洲沦陷地区70%以上，直接因战争死伤之人口达1000余万人，人民受战争损害者至少在2亿人以上，而财产损失更属不可以数计。自1937年7月起至战争结束之时止，据初步统计，公私财产直接损失已达313亿美元之巨，间接损失计204亿美元（以1937年7月美金价值计价），此数尚不包括东北、台湾各省市及海外华侨所受之损失，亦不包括军费在内。

这份报告中统计的战争损失较上一份报告有大幅度增加，尤其人员损失情况。但是，这个损失未算入东北、台湾等地的情况，尤其是中国共产党领导的敌后抗日根据地承受的巨大损失也不在内，所以也只是一份最低限度的估计数字。1991年，中华人民共和国国务院发表了《中国的人权状况》白皮书，对1937年日本发动的侵华战争给中国人民所带来的巨大损失进行了概略统计：

> 在1937年开始的日本帝国主义的全面侵华战争中，2100余万人被打死打伤，1000余万人被残害致死。中国有930余座城市被占领，直接经济损失达620亿美元，间接经济损失达5000亿美元。

近代以来列强一步步侵入中国，先是英、法等西方老牌资本主义国家，后有美、德等欧美新兴的帝国主义列强，后来又来了更具野心的侵略者日本。从第一次鸦片战争到中国抗日战争胜利，历史走过了一个世纪，中国人也进行过多次抗争，试图解除套在身上的绳索，但无一例外都失败了。

中国现代化的进程一次次被打断，这其中日本的因素影响最大：晚清时兴起了洋务运动，中国的国运呈现出一丝转机，但1894年的中日甲午战争将其打断；中华民国诞生后，建立了新的政体，中国又一次艰难奋起，但一个“二十一条”，让中国发展的进程再次受阻，进一步助长了日本侵略势力的野心；南京国民政府成立后，中国好不容易实现了统一，经济有了一定起色，国力逐渐恢复，但日本全面侵华战争又让中华振兴的梦想成为泡影。

抗日战争的胜利是近代以来中国人民反抗殖民侵略的第一次全面胜利，作为无可争议的战胜国，中国理应获得相应的战争赔款，以弥补中国人民的创伤和损失。1945年2月，英、美、苏召开的雅尔塔会议上提出了德、意、日法西斯国家给予同盟国战争赔偿的原则，德国的赔偿以同盟国从各占领区拆迁工业设施为抵偿，追随德国的几个欧洲国家另向相关战胜国支付赔偿款。1947年2月，苏联、南斯拉夫、埃塞俄比亚、希腊等4国获得了意大利、罗马尼亚、保加利亚、匈牙利、芬兰等5个国家分别赔偿的2.55亿美元、3亿美元、0.7亿美元、4亿美元和3亿美元。

而在东方战场，战争赔款问题却在争吵中无限拖延了下去。同盟国虽然成立了赔偿委员会，提出了总额540亿美元的战争赔款，但由于各国在分配比例上不能达成一致而陷入僵持。后来国际形势发生了重大变化，中华人民共和国成立，国民党政权退往台湾，朝鲜半岛形势也日趋紧张，美国出于自身利益的考虑，对日本由打压变为暗中扶持，在未邀请中国政府代表参加的情况下，竟然于1951年9月8日召集包括日本在内的49个国家在美国旧金山签订了《旧金山对日和平条约》，声称“联盟国放弃赔偿请求权，联盟国与其国民放弃其他于战争期间被日本及日本国民战争行为之赔偿请求权，以及放弃占领之直接军事费用请求权”，将日本对中国政府的战争赔款一笔勾销了。对此，当时刚成立的新中国政府坚决不予承认。

日本的战争赔款问题成为美国二战后运用于大国博弈的筹码，最终的结果是，一些受战争破坏较轻的亚洲国家反而获得了赔偿，其中缅甸、菲律宾、印度尼西亚分别获得了2亿美元、5.5亿美元和2.23亿美元，甚至当时的越南南方政权也获得了0.39亿美元，而自战败至今，日本未向中国政府支付过任何战争赔款。由于国际形势变化等原因，这件事也可能就此湮没在历史的风尘中了。但是，有关国家对正义的呼声可以视而不见、充耳不闻，却不能堵住那场战争中屈死的数千万冤魂的夜夜呼号！

抗日战争胜利了，也“打烂”了中国，留下了满目疮痍，刚刚起步的民族工业、商业、金融业以及各项社会事业无不遭受了毁灭性打击，中国现代化的进程又被迫向后倒退了若干年。除了承受巨大的战争损失，中国人身上的其他沉重负担仍然没有解除，这些最早由欧美列强用一个个不平等条约套在中国人身上的绳索已演变为帝国主义、封建主义、官僚资本主义三座大山，沉重地压在中国人民的身上。

“解套”的努力，依旧任重道远。

第六章

“金圆券”里一场梦

一　由“计划”到“统制”

抗日战争不仅是正义与邪恶的较量，是信心、意志和军事能力的比拼，还是对经济支撑力的严峻考验，为打赢这场战争，无论是国民政府领导的“国统区”还是中国共产党领导的敌后抗日根据地，都最大限度地进行了全民动员，调动一切物资和财力以支持抗战。

战前，关于中国应实行何种经济管理模式的问题，国内展开了一场激烈的争论。近代以来，经历过无数碰壁与失败后，中国人意识到必须“师夷长技以制夷”“西学为用”，要放下“中华帝国”的架子向外国人好好学习，一开始想学欧美，继而想学日本，但又发现中国的国情与它们有太多的不同，照搬的结果可能把中国带入到另一个死胡同，比如日本的君王立宪制，如果搬到中国来就不是进步而是复辟。

苏联诞生后所走的道路让人耳目一新，十月革命前俄国在经济上本不是世界一流强国，但经过 1928 ~ 1937 年的两个“五年计划”，苏联的经济实现了腾飞，迅速完成了工业化。还有资本主义世界里的后起之秀德国，虽然经历了第一次世界大战的重创，但战后经济恢复得很快，尤其是1933 ~ 1936 年“四年计划”的实施，更让德国的经济、军事实力迅速复兴，重新成为世界一流强国。

对于当时的中国人来说，苏联、德国的经验更值得借鉴，于是中国兴起了一股“苏德热”。当时的《新经济》杂志曾发表过一篇《新经济的使命》的文章，称“近代欧洲有两种新发展的国家，皆足为我们借镜”，这两个国家一个是苏联，一个是德国。当时的《大公报》也发表过一篇《新生活与合理化》，称苏联计划经济掌握着世界新的希望，“给了世界一种领导，一种榜样”。

在当时中国理论界、知识界看来，苏联、德国之所以取得成功，原因就在于“计划”，也就是国家对经济实行强有力的干预和管理，同时以国防为导向实施强国战略，这是一种制度优势，理应引入中国。马寅初在1935年出版的《中国经济改造》一书中认为：“统制经济即计划经济(Planned Economy)，源于苏联之五年计划。”

抗日战争的全面爆发，促进了“计划经济”模式的快速确立。1938年4月，国民党在武汉召开全国临时代表大会，紧急商讨抗战的大政方针。在这个会议上通过了《抗战建国纲领》，提出“依靠自力，艰苦奋斗，以自拔于危亡，决不稍有侥幸之念”。会议还提出以抗战促进国家建设，以加强国家建设来支持抗战，这份纲领分7项32条，经济工作是其中一项，共8条：

一、经济建设以军事为中心，同时注意改善人民生活，本此目的，以实行计划经济，奖励海内外人民投资，扩大战时生产；

二、以全力发展农村经济，奖励合作，调节粮食，并开垦荒地，疏通水利；

三、开发矿产，树立重工业的基础，鼓励轻工业的经营，并发展各地之手工业；

四、推行战时税制，彻底改革财务行政；

五、统制银行业务，从而调整工商业之活动；

六、巩固法币，统制外汇，管理进出口货物，以安定金融；

七、整理交通系统，举办水陆空联运，增筑铁路、公路，加辟航线；

八、严禁奸商垄断居奇，投机操纵，实施物品平价制度。

以上8条成为全面抗战以后南京国民政府管理经济工作的指导原则，“实行计划经济”是其核心。根据以上这些原则，国民党全国临时代表大会还通过了《非常时期经济方案》，就经济工作的具体目标、方法进行了阐述，提出“集中物力财力，早获成功”，指出“在抗战初期，前方将士之一切需要，固应充分接济，而后方民众日常生活所必需，亦应由国内设法供给”，还指出“金融、交通以及对外贸易，亦为经济计划中之要端”。

到1939年初，抗战的形势更加严峻，武汉失守动摇了国民党中一部分人速胜的幻想，国民党在此时召开了五届五中全会，决定设置国防最高委员会“统一党政军之指挥”，强调“全国党政工作均与军事相切合，以收共同行动之效”。该委员会高度集权，不仅国民党中央执行委员会下的各部、会都归其管，南京国民政府行政院等五院，军事委员会及其所属之各部、会也都归其统领，根据国防最高委员会组织大纲的规定，委员会的委员长由国民党总裁担任，这就是人们所熟知的“蒋委员长”称呼的由来。

这次全会还做出一项重大经济政策调整，提出“分别轻重，斟酌缓急，实行统制经济”，具体内容是：“调节物质之生产消费，举凡抗战必需之重工业、矿业、民生日用必需之轻工业、手工业，急要之铁道、航空线、公路等，应竭力之所能，努力兴举。更以巩固币制，流畅金融，促公私产业之发展，他如农、林、畜、牧之改进，内地蕴藏之开发，后方各省生产能力之增加，尤当合政府人民一切资本技术之力，切实加紧推行。”为了与此相配套，1939年以后南京国民政府陆续颁布了《战区粮食管理办法大纲》《取缔囤积日用必需品办法》《非常时期禁止出口物品办法》《矿产品运输出口管理规则》《非常时期采金暂行办法》《非常时期评定物价及取缔投机操纵办法》《日用必需品平价购销办法》《督导工商团体办法》《粮食管理紧急实施要项》以及汞业、铜业、锡业、水泥、棉花纱布、纸张、煤炭、茶叶、猪鬃等重要物资的管理规则、进出口管理办法、统购统销政策等。

由“计划经济”到“统制经济”，国民党在经济上的集权进一步加强了，国防最高委员会有权直接干预、管制经济活动的各个方面。1941 年 3 月召开的国民党五届八中全会上对这种经济管理模式再次加强，提出了“军事三分，经济七分”的口号，强调“以军事第一与经济国防化”来“建立健全之经济有机体”，指出要“确认当前对敌经济斗争为胜利之主要关键，放弃一切不合时宜之经济观念，而代之以军事第一，与经济国防化之基本信念，确立战时经济体系努力之方向”，还强调“对于人民经济活动，从生产过程以及最后消费，应作有体系之计划，并逐渐加强，使能全盘控制，以配合军事之运用”。

这一年的年底，国民党又召开了五届九中全会，通过了《加强国家总动员实施纲领案》，对“统制经济”进一步加码，指出“现代战争，乃国家总力之决斗，必须集结全国任何一人一物，悉加以严密组织与合理运用，使成为一坚强之战斗体系，以保持战力之雄厚，贯彻战争之胜利”。尽管全面抗战以来全国军民已付出了巨大牺牲，竭尽人力、物力投入抗战，但这次会议认为仍然还不够：

检讨以往，深觉全国各方面动员之程度，距战争之要求相差尚远，于蕴藏之国力，犹未能充分发挥。今值太平洋战争爆发，侵略之凶焰弥漫全世界，我国与各友邦并肩戮力，共赴反侵略之圣战，斯诚百世成败之转捩，存亡绝续之所关，自应把握时机，彻底加强全国总动员工作，使每一国民皆能更尽其对战斗之任务，每一物质咸能更发挥其对战争之效用，庶我战斗力量不弱于任何友邦，克以确保我国家民族之独立生存，共同肩负维护全世界人类正义文明之责任。

这次会议后南京国民政府出台了《国家总动员法》，该法第6条规定：“本法实施后，政府于必要时，得对国家总动员物资之生产、贩卖或输入者，命其储存该项物资之一定数量，在一定时间，非呈准主管机关，不得自由处分。”第7条规定：“本法实施后，政府于必要时，得对国家总动员物资之生产、贩卖、使用、修理、储藏、消费、迁移或转让，加以指导、管理、节制或禁止。前项指导、管理、节制或禁止，必要时得适用于国家总动员物资以外之民生日用品。”

无论“计划经济”还是“统制经济”，在当时的经济理论界还处在概念的争论上，什么是统制、哪些需要统制、哪些不需要统制，这些都尚无定论。抗战全面爆发以来，苏联和德国的“计划经济”在中国显得落后于形势了，现在能借鉴的或许只有美国的“战时经济政策”和日本1938年4月颁布的《国家总动员法》，国防最高委员会依据所颁布的一系列法令对中国社会、经济、军事实行全面“统制”，有适应抗战形势需要的一面，在非常时期对支持全面抗战走向胜利发挥了重要作用。但另一方面，高度集中、几乎不加区别地全面管制，又使经济走上了严重的国家资本主义垄断之路，打击了民间私人资本的发展，使经济无法步入健康发展的轨道，而战争结束后由于未做及时调整，这种制度所造成的负面效应很快显现，经济不可避免地由衰退走向迅速恶化。

从晚清到民国，中国的私人资本得到了快速发展，展现出一定活力，在许多领域远远超过了国家资本。以工矿业为例，全面抗战前，全国工矿业资本总额13.76亿元，其中国家资本2亿元，仅占15%。但随着“统制经济”的实施，国家资本在工矿业中所占的比重迅速上升，一些重要物资被管制，私人资本无法施展，只能在五金、木材、食品、印刷等少数领域继续保持优势，而在整个工矿业总产值中国家资本实现了赶超。表 6.1 是 1942 年大后方国家资本与私人资本在工业中所占比重的情况。

表 6.1　1942 年大后方国家资本与私人资本在工业中所占比重表　单位:%

工业类别	国家资本所占百分比	私人资本所占百分比
水电工业	89	11
冶炼工业	90	10
金属品工业	3	97
机器制造工业	73	27
电器制造工业	89	11
木材及建筑工业	4	96
土石品工业	49	51
化学工业	75	25
饮食品工业	23	77
纺织工业	49	51
服饰品工业	8	92
文化工业	16	84
杂项工业	6	94

资料来源：南京国民政府统计处编《后方工业概况统计》，转引自石柏林，《凄风苦雨中的民国经济》，河南人民出版社 1993 年版。

大片国土沦陷后，私人资本开办的大批工厂、矿山以及商业、交通企业被日伪侵占，一部分侥幸迁移到大后方，由于经营环境和政策环境的恶化，它们中的许多企业又面临破产倒闭的命运。借着“国家动员”的名义，国家资本对私人资本趁机实施了接管和吞并。

国家资本不是国民经济的全部，国家垄断资本更不是引领国民经济发展的正确途径。在“统制经济”实施期间，有些政策本身就不合理，可以不“统制”的领域却实行了严格的专卖、专管；还有一些政策虽然有一定合理性，但在执行的过程中存在偏差，有的被人为钻了漏洞，为一些有权力的人趁机牟取私利带来了方便。

仍以工矿业为例。根据1938年10月颁布的《非常时期农矿工商管理条例》以及后来的《国家总动员法》，国家资本可以对私人资本开办的企业进行强制投资、合办，可以强行收买甚至接管。这种极端方式既谈不上公平和信用，又对健康的市场环境产生了破坏，政策的制定者只关注了如何调动一切资源投身抗战，但对如何操作才最稳妥缺乏细致研究，结果造成了私人资本因政策的不公平而纷纷被迫退出市场。

国家垄断资本主义的特点是国家不仅管理经济，而且直接参与并主导经济活动，这种体制在短时期内或许能达成某种效果，却缺乏可持续性。“统制经济”下的高度垄断不仅意味着不公平，而且会造成经济活力的丧失。

二　金融业的官僚资本

在以抗战为名而实施的“统制经济”里，金融自然是不可或缺的领域，或者说是最重要的一个领域，在金融管控的力度方面，国民党政权较战前又大大向前推进了一步。

战前，南京国民政府形成了“四行二局”的金融体系，对金融业的控制力较以往大为增强。抗战爆发后，为了应对可能出现的金融危机，国民政府立即加强了对金融业的监管，在1937年8月颁布的《非常时期安定金融办法》中，除规定限制提取存款、防止资金外逃外，还做出建立“四行联合办事处”的决定，用该机构把四大行统一起来，并在汉口、重庆、南京、南昌、广州、济南等地设立了12个分处，共同筹划和实施战时的金融管制。

1939年9月，国防最高委员会成立后颁布了《战时健全中央金融机构办法》，把“四行联合办事处”改名为“四行联合办事总处”，明确其职能是“负责办理政府战时金融政策有关各特种业务”，总处设理事会，组成人员是：中央银行总裁、副总裁，中国银行、交通银行的董事长和总经理，中国农民银行的董事长和总经理，财政部代表。总处设主席，“总揽一切事务”。当时中国农民银行的董事长由国防最高委员会委员长蒋介石兼任，国民政府于是“委派”蒋介石董事长担任了“四行联合办事总处”的主席。除蒋介石外，国民政府的行政院院长、财政部部长、经济部部长以及“四行二局”的负责人都在其中，充分显示了这个机构的特殊性和权威性。

显然，“四行联合办事总处”不同于一般意义上的金融机构，甚至也不同于其他国家的中央银行，它有超然的地位和权力，尤其在“统制经济”的旗号下，更是左右国民党政府金融业的一切，并通过金融业左右着各个重要的金融领域。据《徐堪谈四联总处成立的经过》，曾任“四行联合办事总处”秘书长的徐堪转述过，蒋介石经常说“本总处为经济作战之大本营”。根据“四行联合办事总处”的组织章程，其工作任务有以下几项：

一、关于全国金融网之设计分布事项；

二、关于四行券料之调剂事项；

三、关于资金之集中与运用事项；

四、关于四行发行准备之审核事项；

五、关于受托小额币券之发行与领用事项；

六、关于四行联合贴放事项；

七、关于内地及口岸汇款之审核事项；

八、关于战时特种生产事业之联合投资事项；

九、关于战时物资之调剂事项；

十、关于收兑金银之管理事项；

十一、关于推行特种储蓄事项；

十二、关于其他四行联合应办事项等。

上述每一项都包含着很大的权力，如“全国金融网之设计分布”意味着对其他金融机构的审批与监管；“发行准备之审核”，“受托小额币券之发行与领用”就是发钞权，发多少、准备金怎么定都包括其中；“内地及口岸汇款之审核”即外汇管理权；“推行特种储蓄”主要指的是公债；“战时物资之调剂”则把权力延展到金融以外的各个经济领域。

这个由蒋介石亲自兼任主席的金融机构无疑掌握着国民政府的全部金融命脉。这种金融权力的高度集中表面上是为了抗战的需要，其实是国民政府垄断金融业、推行经济集权统治的手段，这种金融资源高度的集中的确也解决了国民政府面临的许多棘手问题。

全面抗战爆发后，国民政府控制的区域不断缩小，财政收入锐减，而支出却在不断增加，尤其是军费支出，1940 年已经达到了 39. 1 亿元，而次年又几乎增长了 1 倍，达到 66. 2 亿元，1943 年这一数字增加到了 429. 4 亿元，3 年里增长了 10 倍。由此，财政赤字也在不断增长，1940 年财政赤字约与军费支出持平，为 39. 6 亿元，1944 年增加到 1334. 9 亿元，也与当年军费支出大致持平。

如果还是在晚清，面对这种巨额赤字恐怕就一筹莫展了，道光皇帝的主要办法是向下面摊派或者卖官筹钱，咸丰皇帝的主要办法是收厘金，慈禧太后的主要办法是向外国人借，而现在通过金融权力的高度集中，国民政府有了“更好”的办法。

一个办法是由银行垫支，需要多少钱就给四大行开个单子，反正钱是纸印的，理论上说要多少有多少，名为“垫支”其实也未必打算还，顶多在账上列一下、转一转。据吴岗《旧中国通货膨胀史料》，蒋介石就任“四行联合办事总处”主席后马上就下达了一份手谕，要求从中央银行提取一笔数量不小的“特别支出”，中央银行赶紧落实。以后凡是缺钱，蒋介石都以手谕的形式直接下达，之后由中央银行向财政部划款。这种划款的数额越来越大，占国民政府财政总支出的比重也越来越高，从 1939 年到 1945 年，其比重分别为 2.29%、2.62%、2.60%、3.02%、13.21%、18.94%、38.33%。有了这条“绿色通道”，国民政府的财政赤字大部分都得以“轻松”消化。表 6.2 是 1940～1945 年银行垫支解决财政赤字的情况。

表 6.2　1940～1945 年军务费、财政赤字、银行垫支增长表　单位：亿元

年份	军务费	财政赤字	银行垫支
1940	39.1	39.6	38.3
1941	66.2	86.9	94.4
1942	152.2	188.8	200.8
1943	429.4	384.1	408.6
1944	1310.8	1334.9	1400.9
1945	10607.4	10021.3	10432.6

资料来源：南京国民政府《财政年鉴》续三，转引自虞宝棠，《国民政府与民国经济》，华东师范大学出版社 1998 年版。

银行除非有无限量的自有资金，否则根本无力承担这样的“垫款”。不过，“四大行”虽然自有资金不足却握发钞权，于是财政压力转化来的垫款压力被增发法币又“轻松”地化解了。

作为一种纸币，信誉是关键，纸币的信誉不是口号也不是无形资产，而是准备金。本来，在法币改革中准备金是有严格规定的，南京国民政府在推行法币时已向国内外宣告了准备金的建立和管理情况，在其《发行准备管理委员会检查规则》中对其进行了细化：“法币发行，须按发行数额十足准备。现金准备为六成，以金银或外汇充之。保证准备为四成，以南京国民政府发行或保证之有价证券及经财政部认为确实之其他资产，或短期确实商业票据充之。”

这段话的意思是，每发行 1 元法币，政府至少有 0.6 元的黄金、白银或外汇在那里储备着，形同银行贷款中的“资产质押”；剩下 0.4 元，由政府作了信用上的担保，形同银行贷款中的“信用担保”。换句话说，政府手里有价值 6 亿元的金银、外汇才可以发行 10 亿元的法币。发行纸币的国家大都有类似的制度设计，不同的在于比例，前者的比例越高纸币的风险越小。法币6∶4的准备金结构是相当不错的，这保证了法币推出之初能受到社会的广泛接受。

抗战前，南京国民政府多次重申准备金制度的严肃性，1936 年 5 月财政部长孔祥熙曾发表谈话，重申：“政府为充分维持法币信用起见，其现金准备部分仍以金、银及外汇充之，内白银准备最低限度应占发行总额百分之二十五。”为了增强市场对法币的信心，孔祥熙还宣布：“政府为增进法币地位之巩固起见，其现金准备，业已筹得巨款，将金银及外汇充分增加。”

南京国民政府成立有发行准备管理委员会，由财政部官员、四大行代表、银行业同业公会代表、钱业同业公会代表、商会代表等组成，以体现政府、金融界、商界的利益，但 1939 年最高国防委员会和“四行联合办事总处”成立后，国党党政府立即颁布了《巩固金融办法纲要》，对准备金制度做了不少突破。比如之前认可的准备金只有金、银以及外汇，新办法规定短期商业票据、货物栈单、生产事业投资、政府发行的公债“亦充作准备金”。之所以做出这样的规定，是因为法币已开始大量增发，按照原来的准备金比例难以支撑，于是就对准备金进行了“扩容”，把一些因财务风险很大而不应列入发行准备金的资产纳入进来。

上述新增的“准备金”中，“生产事业投资”即政府持有的股票和债券，加上“商业票据”，其范围十分广泛，政府手中的任何一笔资产都可以派生出票据和股票，那它就有可能被多次计入发行准备金中，成为一种“循环准备”，原有的现金准备比例就可以不断降低，通过这种手段实现法币增发的目标。表 6.3 是新办法实行后，“四大行”增发法币时现金准备金占比下降的情况。

表 6.3　中央、中国、交通、农民四行现金准备数额及占各行发行额比例

日期	中央银行		中国银行		交通银行		中国农民银行	
	数额（千元）	占比（%）	数额（千元）	占比（%）	数额（千元）	占比（%）	数额（千元）	占比（%）
1939.3	545588	63.9	437086	61.5	329167	60.0	213511	71.3
1939.6	663906	63.3	432741	43.7	329168	54.6	200213	61.4
1939.9	513504	38.4	430979	38.1	329540	47.5	246587	66.3
1939.12	677804	40.1	472323	38.5	358521	44.0	219901	60.2
1940.3	737009	37.2	542923	38.5	397050	44.3	254672	63.7
1940.6	771728	26.7	536942	32.5	356508	35.4	252348	49.4
1940.9	863871	26.3	633645	35.7	400489	35.2	262338	40.9
1940.12	1028938	26.7	783713	40.3	465504	35.0	370316	50.2
1941.3	1225448	28.5	1085400	42.7	547789	36.1	413524	51.9
1941.6	1488258	31.0	1350709	44.4	678065	38.0	544498	50.5
1941.9	1691883	30.8	1675426	45.7	845571	39.8	835604	61.0
1941.12	1849120	29.2	2033499	46.8	1039350	41.6	932123	51.5
1942.3	1989801	27.8	2351568	46.8	1227881	42.3	1336218	48.9

资料来源：中国人民银行总行参事室编，《中华民国货币史资料（1924－1949）》（第二辑），上海人民出版社 1991 年版。

由于对“四行二局”完成了绝对控制，新的准备金制度并没有遇到多大阻力，四大行成了国民政府取之不尽、用之不竭的“提款机”。为了进一步实现准备金管理的“便捷化”，国民政府在 1942 年 7 月又通过了一项《统一发行办法》，规定：“中、交、农三行在三十一年六月三十日以前之发行准备金，应于三十一年七月底以前全部移交中央银行接收……中、交、农三行移交之准备金，除以交存于中央银行之白银抵充外，其余均应先以国库垫款拨充。”如此一来，准备金的管理体制又发生了根本变化，除中央银行外，四大行中的其他 3 家银行不再负责准备金管理。国民政府顺便对《中央银行法》也进行了修正，准备金管理以后便由中央银行监事会负责，原有的代表各方面利益的发行准备管理委员会的使命也就结束了。

国民政府通过修改相关法规，不断改变法币准备金的管理办法和体制，准备金管理最后变成中央银行监事会说了算，中央银行又归“四行联合办事总处”的“蒋主席”直接领导，在这种“便捷”的体制下，法币超发的冲动当然无法遏制。表6.4是抗战期间法币增发的情况。

表6.4　　1937～1945年国民政府法币发行数额及其指数

年份（年底）	发行数额（亿元）	比上年增加		各阶段平均每年增加百分数	发行指数（各年12月）（1937年6月=1）
		数额（亿元）	百分数		
1937	16	4	33.3	38.5	1.17
1938	23	7	43.7		1.64
1939	43	20	87.0	87.3	3.05
1940	79	36	83.7		5.60
1941	151	72	91.1		10.76
1942	344	193	127.8	210.7	24.42
1943	754	410	119.2		53.57
1944	1895	1141	151.3		134.64

资料来源：杨荫溥，《民国财政史》，中国财政经济出版社1985年版。

除大量增发法币，发行公债也是国民政府增加财政收入的方法。“卢沟桥事变”爆发后的第2个月，国民政府财政部就发行了5亿元的“救国公债”，年息4%，期限30年，发行办法规定：“凡个人或团体以现金或有价物品缴充救国之用者，按照其所缴数额，以本公债给予之。”时值国难方起，群情激奋，在共同抗日、一致对外精神的感召下，广大军民纷纷购买，此次公债发行取得了较好业绩。

抗战期间，国民党政府财政部共发行了18种公债，票面额度为150亿元，从名目上看有军需公债、金融公债、国防公债、铁路公债、赈济公债等，对于解决财政赤字问题也起到一定作用。表 6. 5 是各年度公债发行额及其与财政赤字对比的情况。

表 6. 5　1937 ~ 1944 年国民党政府法币内债发行面额及其占财政赤字的百分数

单位：百万元

年　度	财政赤字	法币内债发行额	法币内债发行额占财政赤字百分数
1937	1532	1000	65. 7
1938	827	30	3. 4
1939	2080	1200	57. 6
1940	3971	1200	30. 2
1941	8819	2400	27. 2
1942	19242	1100	5. 2
1943	42299	3175	7. 5
1944	135473	5000	3. 7

资料来源：杨斌，《抗战时期国民政府发行公债政策述评》，《江西社会科学》2001 年第 1 期。

但是，与国民政府对用公债解决财政赤字问题的期望相比，上述成效还有一定距离。本来，在有些年度计划发行的公债额相当于年度财政赤字的一半以上，但由于公债利息偏低，兑付年限过长，使公债逐渐丧失了吸引力，加之发行中急功近利思想较重，财政部喜欢把公债卖给银行等机构，忽视了在民间的销售，而银行因为可以把公债作为“债权”纳入准备金中，成为增发法币的条件，所以也乐意接受，使公债成为“循环准备”的另一种模式。所以，从票面价值来看公债消化了不少财政赤字，但从实际效果看却又是另一回事，这反映出国民政府管理金融不仅集权而且懒惰：既然可以把公债转化为准备金，既然可以毫无限制地增发法币，为什么要费时费力地再去四处推销公债呢？

世界各国的公债多印成了票券作为凭据，而国民政府在抗战期间发行的公债，只有第一种“救国公债”印成了票券，其他的居然连印都懒得印了。

三　“四大家族”暴发史

日本投降后，紧接着是接收。在金融接收方面，首要问题有两个：一个是对日伪发行的货币进行兑换，另一个是接收日伪成立的银行等各种金融机构。

如果从“九一八事变”开始算起，日本在中国横行了 14 年，开办了数不清的银行，发行了无数的钞票。站在国民政府的立场，这些钞票当然是违法和无效的，但它们现在大部分攥在原敌占区内的中国普通百姓手中。当年这些百姓们被逼无奈用手里的法币兑换了伪钞，虽然上面印的文字可恶，但说起来这些也都是他们辛苦挣来的血汗钱，如果宣布作废，于法虽通但于情于理不通。

然而，按什么标准兑换是一个难题。以在上海、南京、杭州等地大量使用的伪“中储券”为例，它与法币之间的比值相差就很悬殊。如果按购买力计算，重庆 1 元法币可买到的东西，在上海需要 50 ~ 80 元伪“中储券”才能买到，于是有人认为法币与伪“中储券”的兑换比率应该在1∶50至1∶80之间较为合理，但 1945 年 9 月 27 日国民政府财政部公布的法币与“中储券”兑换比率竟然是1∶200。

有人发现这竟然是个发财的机会，于是大量国统区官员和商人带着法币到原沦陷区去抢购东西，让这些地区的物价迅速暴涨。以上海为例，日本 1945 年 8 月 15 日宣布投降，市场普遍认为这是天大的“利好”，所以 9 月份的物价指数狂降了 36%。但法币兑换政策出台后，上海的物价指数立即蹿升，11 月份的指数较 9 月份竟然增长了 187%，市场陷入一片混乱。

当初在日军占领期间，法币兑换伪币时有的是按 7 ~ 9 折甚至更低标准换算的，已经缩了一次水，现在 200 元伪币才能兑换 1 元法币，这让原敌占区普通百姓的资产一夜间再次大幅缩水，一些资产阶级“缩水”成了中产阶级，中产阶级直接成了无产者，而原本就生活在社会底层的人更加一贫如洗。李宗仁后来回忆说：“一纸命令之下，收复区许多人民顿成赤贫了，而携来大批法币的接收人员则立成暴富。政府在收复地区的失尽人心，莫此为甚。”但国民政府却从中得到了好处，有人估计至少赚取了数十万两黄金，这当然是相当保守的估计。

另一方面，日本人虽然被打跑了，伪政权也被消灭了，但日伪开办的银行等金融机构还在。国民政府迅速接收了各伪政权开办的大小银行，也接收了属于日资的正金银行、住友银行、朝鲜银行、台湾银行在中国的机构，取得了大量黄金和金银。仅从伪中央储备银行就接收了 50 万多两黄金和 763 万两白银，还有 37 万枚银元；从伪满洲中央银行上海分行接收了 8 万两黄金和 31 万两白银，还有 24 万枚银元。这些大多是作为原日伪“中央银行”准备金之用的，现在到了国民政府手中。

四大行牵连着国民政府的命脉，是蒋介石建立集权统治的另一个基石。如同抓军队离不开“黄埔系”一样，抓金融蒋介石也离不开“自己人”，四大行这一点甚至比军队更重要，蒋介石把它们交给了有亲缘关系的宋子文、孔祥熙等人。蒋介石任命的南京国民政府中央银行首任总裁就是妻弟宋子文，宋子文离任后继任的是蒋介石的“连襟”孔祥熙，孔祥熙在这个位子上干了 11 年，期间还兼任“四行联合办事总处”副主席多年。

蒋介石政府为了抓金融领导权，中国银行原来的总经理张嘉璈曾被逼“让贤”。张嘉璈 1914 年就担任了中国银行的副总经理，1928 年升任总经理。宋子文、孔祥熙等人策划给中国银行搞“增资扩股”，之后用一个“国民政府财政顾问委员会副主席”的虚衔就把张嘉璈踢出了中国银行。

交通银行是中国近代史上出现的第二家官办银行，宋子文、孔祥熙通过改组、增资逼走了原董事长卢涧泉，与宋子文关系密切的胡笔江被任命为董事长，同样听命于宋子文的唐寿民被任命为总裁。宋子文、孔祥熙还不放心，又通过董事会任命宋子文的弟弟宋子良为该行常务董事，从而把交通银行也牢牢抓在手中。

中央银行的总裁先后是宋子文、孔祥熙，中国银行的董事长是宋子文，宋子良在交通银行担任常务董事，再加上中国农民银行总裁蒋介石，蒋、宋、孔三家把持了南京国民政府的四大行。宋子文、孔祥熙还担任过实业部长、财政部长、外交部长、行政院副院长、行政院院长等重要职务，长期把控着国民政府的财政、经济和金融。这种“家族治理”的模式让日本的财阀都自叹不如。早在南京国民政府中央银行成立时，当时报纸上就登出了一篇记述中央银行开业典礼的文章，其中写道：

> 宋老太太满面春风，一手扶着大女儿宋霭龄，一手搀着小女儿宋美龄，后面紧跟着儿媳妇张乐怡，刚参观过大女婿实业部长孔祥熙主持的南市国货展览会，又前来参观小女婿蒋介石授印、大儿子受印、出任总裁的中央银行开幕典礼的礼品展览。

文中宋老太太指的是宋美玲和宋子文的母亲，张乐怡指的是宋子文的妻子，这是1928年的事。其后又经过10多年的发展和积累，蒋、宋、孔三家的实力更加雄厚。

除染指四大行，这几家的势力还延伸到其他重要金融机构。以“四局二行”中的中央信托局为例，该局包办了当时的信托、保险业务，还经办储蓄，权力很大。1935年中央信托局成立时孔祥熙以中央银行总裁的身份兼任理事长，局长和两位副局长都听命于孔祥熙，不久孔祥熙还任命自己的儿子孔令侃为常务理事，掌握了该局人事、行政大权。据与孔家有过交往的徐季泽回忆，孔令侃野心很大，抗战时中央信托局撤往香港，孔令侃对其他金融机构的事“都要管管”，而且还搞了一个“南尖社”，有人问这是什么意思，该社的核心人物回答是“纳粹”的译音，“宗旨如何，可想而知”。孔令侃还在中央信托局内部搞了个“兵工储料处”，这个部门进哪些人、平时干什么连局长、副局长都不得过问，“有不少孔氏家族的大小爪牙在里面兼差支薪，根据‘孔公馆’的习惯一律称秘书”。徐季泽在《孔氏家族与中央信托局》的回忆文章中还披露了另一段往事：

> 中央信托局副局长赵季言是宋霭龄的私人账房，买卖金银外汇、外国股票大部分由他出面联系成交。他那时是香港经营外汇和美国股票大经纪人新丰洋行（行址就在汇丰银行大楼二楼）的大客户，孔氏家族要操纵市面，可以指挥其他银行集团代他兴风作浪，投机倒把。1939 年夏季，美英两国直接操纵的中央银行外汇平准基金委员会奉美国政府指示，为了限制中国国外资金转移，决定冻结中国私人在美国的存款。美国代表福克斯向孔祥熙转达了这项决定，孔一方面拖延时日，一方面即刻通知宋霭龄。宋得到消息，马上叫赵季言立刻飞往美国，把孔家有关系的中国私人名字存款全部处理化名转移。可此间身为平准基金委员会主任委员的陈光甫还被蒙在鼓里。待赵季言完成任务向宋霭龄复命的第二天，重庆才正式公布这一决定。一时间，外汇大为波动，银行界因为措手不及，严重影响到资金周转。和金融界有密切关系的江浙财阀、政学系、CC 派不仅大骂赵季言，对孔氏的这一手也是恨之入骨，而孔家却因为这样一来，更全面地掌握了中国外汇管理大权，使一些有外汇的商业银行不得不俯首听命于他们。

再以另一家重要金融机构中国建设银行公司为例，该公司由宋子文在 1934 年一手创办，表面上是私人公司，其实是典型的官僚资本，主要业务有：创办大中型企业，代客户筹集中外资金，发行股票、债券，代购国外材料及各种设备，代客户设计生产计划、组织公司，代中外客户组织输出、输入贸易，重新整理不健全但有前途的企业。该公司可以说是中国最早的投资银行，证券、债券、投资、资产重组、财务顾问以及外贸等业务都搞。该公司的业绩十分惊人，据该公司发布的年度经营报告书，1934 年公司虽然开业只有半年，纯利润已达 58.8 万元，1935 年达 121.2 万元，

1936 年达 191.4 万元。在该公司的股东名单中，可以看到不少孔家、宋家的人。表 6.6 是中国建设银行公司第一届董监事名单及其背景的节选。

表 6.6　中国建设银行公司第一届董事名单及背景（1934 年 6 月）

姓名	年龄	股份数	公司职务	社会背景（主要任职）
孔祥熙	54	20000	董事长	行政院副院长、财政部长、中央银行总裁
宋子文	40	25000	执行董事	国民政府委员、全国经济委员会常委，后任中国银行董事长
宋子良	35	15000	常务董事、总经理	中国国货银行董事兼总经理
宋子安		15000	监察人	中国国货银行监察人、松江盐务稽核所稽核、后接任中国建设银行公司总经理

资料来源：郑会欣，《从投资公司到“官办商行”——中国建设银行公司的创立及其经营活动》，香港中文大学出版社 2001 年版。

有金融资本作后盾，蒋、宋、孔等家族的资产迅速向各个经济领域扩张，除金融外，他们的资产主要在商业、实业等领域。宋子文当董事长的华南米业公司垄断了洋米的进口，还拥有免税权；由宋子良等宋氏成员出面经营的重要企业有公有国货联营公司、中国物产公司、中国国货公司、四川畜产公司、西宁兴业公司、孚中贸易公司、中国进出口贸易公司、统一贸易公司、金山贸易公司、利泰公司等；宋家还在新华银行、中国国货银行、中国保险公司、上海银行、南洋兄弟烟草公司、四川丝业公司、振华造纸厂、民生公司、华丰和记纺织布厂、大中华火柴公司、华丰和记面粉厂、中华书局、六河沟煤矿公司、中国毛纺织公司、恒丰纺织新局、中湘煤矿公司等企业拥有投资。有人做过统计，宋家的资产主要集中在 7 家银行、12 家商业公司、22 家工厂和 1 个运输公司。

孔家最早的资产是天津祥记商行，以后又先后控制了山西裕华银行、中国棉业公司、中国兴业公司、中国毛纺织厂、西北毛纺织厂、中国粮食公司等，中国粮食公司几乎垄断了国内大宗粮食买卖，还涉足粮食加工。

人们熟知的扬子公司成立时注册资本为1亿元，次年就骤增到10亿元，其中孔令侃一个人的股份就超过1/4，公司下设工业、营业、事务、财务、代理进出口、颜料和影片等九大部门，业务涉及棉花、电器、药品、奢侈品进口、茶叶出口等。

孔祥熙出身于山西的“土财主”之家，到1922年42岁时才不过当了一个胶澳商埠电话局长。宋子文虽然出身显赫一些，但加入南京国民政府前不过是汉冶萍公司上海办事处的一名秘书。他们二人迅速“发家”，财富之巨和“创富”之迅速令人瞠目结舌。

除了他们，令人瞩目的家族还有陈果夫、陈立夫兄弟，他们是原上海督军陈其美的侄子。辛亥革命初期陈其美、黄兴是孙中山的左右股肱，陈其美在日本留学时结识蒋介石，二人结义，陈其美劝蒋介石加入同盟会，又把蒋介石引荐给孙中山。因为如此，陈其美成为蒋介石的政治引路人和恩人。1916年5月18日陈其美在上海被袁世凯派来的刺客杀害，孙中山扶尸痛哭，悲伤至极。陈其美生前曾把陈果夫、陈立夫兄弟托付给蒋介石，蒋介石对二人十分照顾。陈果夫1926年就担任了国民党中央组织部部长，陈立夫1929年担任了国民党中央秘书长，二人常年从事党务工作，在国民党内部被称为“二陈”或“CC系”。

“二陈”涉足经济和金融领域主要在1940年以后，他们打着创办和经营国民党党产的名义，利用手中的特权积累财富。在金融方面他们主要借用的是中国农民银行、中央合作金库和中央财政委员会等金融机构进行垄断经营，财富也迅速膨胀，与蒋、宋、孔三家甚至可以平起平坐。范小方在《国民党兄弟教父》一书中引述蒋介石侍从室第二处主任陈布雷的话说：“他们和孔、宋一样，在抢肉骨头。他们也接收，他们也去争，他们也办起什么银行和经济事业来了。”

在资产主义制度下财富的扩张也是有规律的，主要依靠生产的发展或集中形成，孔、宋、陈等人以政权结合为特色的资产急速扩张方式完全是一种“超经济手段”。对这种现象社会上早已议论纷纷，人们纷纷猜测这些显赫的家族究竟有多少财产。

据考证，“官僚资本”这个名词最早出现在瞿秋白1923年所写的《中国之资产阶级的发展》中，指的是早期的官办、官督商办企业。这个词在1941年以后又被广泛提起，经济学家许涤新认为它“一般指国民党大官僚在抗日战争中搜刮民财、垄断工商业的事情”，那时候中国共产党在重庆的机关报《新华日报》曾多次在社论和专论中揭批这种资本，其他进步的和中间的报刊也加入揭批活动，把这个词弄得“家喻户晓”。

1947年7月许涤新出版了《官僚资本论》一书，引起巨大轰动。在这本书中，许涤新把国民党官僚资本的代表概括为蒋介石、宋子文、孔祥熙、陈果夫和陈立夫、政学系等五大财团。1949年5月，陈伯达把上述五大财团中的前四家抽出单独撰述，出版了《中国四大家族》一书，从而使“四大家族”的叫法尽人皆知。

四　美援成了救命稻草

抗战胜利了，中国人民期盼和平，满目疮痍的国家期待重建。随着世界反法西斯战争的全面胜利，中国作为法西斯侵略的受害国和二战的主要战胜国之一，发展的外部环境也得到了极大改善，中华民族一个新的翻身机会又呈现在眼前。

然而，以蒋介石等“四大家族”为代表的国民党政权却选择了战争，试图以武力消灭中国共产党及其领导的军队。说到底，这是双方所代表的利益所决定的，国民党政权代表着官僚资本的利益，中国共产党代表的是广大人民的利益，这是无法调和的阶级矛盾。中国共产党站在最广大人民的利益以及最有利于发展国家经济的立场，一向反对官僚资产本主义，认为它与中国民族资本有着本质区别，中国共产党视帝国主义、封建主义和官僚资本主义为压在中国人民头上的“三座大山”，认为只有推翻这“三座大山”，中国人民才能得到真正的解放。

1939 年 12 月毛泽东发表了《中国革命和中国共产党》一文，在谈到经济方面的政策主张时毛泽东指出：“把帝国主义者和汉奸反动派的大资本大企业收归国家经营，把地主阶级的土地分配给农民所有，同时保存一般的私人资本主义的企业，并不废除富农经济。”两个月后毛泽东又发表了《新民主主义论》一文，系统阐述了新民主主义的经济纲领，指出未来的新民主主义共和国在经济上将把“大银行、大工业、大商业，归这个共和国的国家所有”，又指出“这个共和国并不没收其他资本主义的私有财产，并不禁止‘不能操纵国民生计’的资本主义生产的发展”，这在政策上对官僚资本和民族资本进行了区分。后来，中国共产党又明确提出了新民主主义革命的“三大经济纲领”，即没收封建阶级的土地归农民所有、没收垄断资本归新民主主义的国家所有以及保护民族工商业。

另一方面，中国的官僚资本非但没有因为抗战的结束而减缓膨胀的速度，相反，因为抗战的胜利，大量敌伪资产、相关外国资产的接收使官僚资本更加膨胀。据许涤新等人主编的《中国资本主义发展史》，甲午战争至抗战前夕，外国资本、官僚资本在中国实业资本中的构成情况大致如下：1894 年中国产业资本总额为 1.22 亿元，其中外国资本占 44.47%，约为 0.54 亿元，官僚资本占 39.14%，约为 0.47 亿元；第一次世界大战期间西方列强忙于欧战，无暇东顾，外国资本的增长旋即进入颓势，但一战结束后不久外国资本又卷土重来，到 1920 年中国产业资本总额为 25.79 亿元，其中外国资本占 51.56%，约为 13.3 亿元，官僚资本占 25.96%，约为 6.69 亿元；抗日战争全面爆发前夕的 1936 年，包括东北在内全中国的产业资本为 99.91 亿元，其中外国资本为 57.18 亿元，占 57.23%，官僚资本为 22.25 亿元，占 22.27%。

从以上数字可以看出，尽管官僚资本发展迅速，然而直到抗战全面爆发前外国资本仍占据绝对份额。据宋仲福等人主编的《中国现代史》，1940 年外国在华资本总计为 67.62 亿美元，其中以日本、德国在华资本最多，占 66.6%。抗战胜利后日本、德国等战败国的资产被国民政府及其官僚资本接收，中国的资本结构发生了质变。据 1946 年 3 月国民党政府行政院公布的战后接收敌伪物资统计，共有 6200 亿元资产被接收，约合 30 亿～45 亿美元。学者孙继虎因此认为："没收和接管日德在华财产，就意味着战后大部分外资在中国不复存在，因而外国资本对中国近代产业资本领域长达百余年的垄断地位丧失，并因此不能控制中国的经济命脉。与此同时，国民党官僚资本在战前的基础上急剧膨胀，积聚了大约 200 亿美元的巨大财产，控制了金融、交通、外贸和重要的工业部门，开始取代外国资本而垄断中国社会的经济命脉。"

国民党及其政权已被以蒋介石等"四大家族"为首的官僚资本所绑架，根本不可能接受中国共产党的政治主张，也许这就是其必然会选择战争的原因。但是经过战争的重创，国民政府的经济、财政状况实在堪忧，财政赤字继续攀升。根据国民政府财政部和中央银行的报告，1946 年以后的各年度财政赤字占财政总支出的比重都在 60% 以上（见表 6.7）。

表 6.7　　1945～1948 年国民政府财政收支表　　单位：亿元

	1945 年		1946 年		1947 年		1948 年 1～7 月	
	财政部	中央银行	财政部	中央银行	财政部	中央银行	财政部	中央银行
财政收入	2430	12414	19791	28770	138300	140644	—	2209055
财政支出	12590	23481	55672	75748	409100	433939	—	6554711
赤字	10160	11067	35881	46978	270800	293295	—	4345656
赤字占总支出百分数	81	47	64	62	66	68	—	66

资料来源：张公权，《中国通货膨胀史》，文史资料出版社 1986 年版。

造成大量财政赤字的最重要因素无疑是军费支出。据杨荫溥《民国财政史》，1946 年南京国民政府军费占财政支出的比重为 59.9%，1947 年占

54.8%，1948 年的前 7 个月上升到 68.5%，而同期经济开发的财政投入仅分别占 11%、14.3% 和 5.2%。

为解决财政困境，国民党政府不断加大征税的力度，尤其加重了货物税的征收。百姓的日常用品本来税率就很高，如卷烟的税率是 100%，酒的税率是 60%，就连火柴的税率都高达 20%，但国民政府仍觉不够，1946 年 8 月又作了一次调整，如表 6.8 所示。

表 6.8　　1946 年 8 月前后国民政府货物税税率的比较　　单位：%

税项		抗战胜利时从价征率	1946 年 8 月调整后从价征率
卷烟		100	100
薰烟叶		30	30
火柴		20	20
糖类		25	25
洋酒、啤酒		60	100
棉纱		3.5	5
国产烟酒	酒类	60	80
	烟叶	40	50
	烟丝	20	30
矿产煤铁		5	3

资料来源：杨荫溥，《民国财政史》，中国财政经济出版社 1985 年版。

在原有的税收结构中，关税、盐税是大项，货物税的税率进一步调高后，货物税升至首位，1946 年占比达到了 32.3%，1947 年上升到 37.3%。国民政府的税务机关通过扩大登记等形式，不断强化对货物税的征收，加重了搜刮，使民族工商业再次背负上沉重的负担，也使普通百姓的生活负担进一步加重。

但这仍然无法解决越来越严重的财政困难，争取美国政府的援助就成为解决难题的办法。抗战胜利后，国民政府就向美国提出了一项新的货款要求，总金额为 20 亿美元，期限 3 年，其中首笔贷款要求能达到 5.6 亿美元。这时国民政府已暗中制定了“剿共”计划，妄图在一个不太长的时间内就能消灭中国共产党及其军队，这笔美援贷款就是与这个计划相匹配的。

但美国政府的想法是希望中国实现两党和谈，所以对待国民党要求的援助贷款呈现矛盾的心理：一方面不希望国民党用这些钱在中国打内战，更不希望这些美国纳税人的钱被中国官僚资本家以各种目的划入自己的腰包；另一方面，如果不提供援助，又担心无法有效控制国民党及其政权，第二次世界大战结束后东亚的战略格局正变得越来越微妙，出于抗衡社会主义国家苏联的需要，美国又不能放弃对国民党政权的支持。

在这种矛盾的心理下，美国政府先后派出多路特使前来中国调停和考察，也在不断研究向国民党政权提供贷款和物资援助的可能性和方式。美国政界、学界也有一部分人积极奔走游说，希望对国民党政权继续援助。当时美国主张对华援助最积极的有蒲立德、魏德迈、周以德、陈纳德、庞德等人，这些名字都是中译名，他们都是美国人，有人将他们称为“五德”。

蒲立德曾任美国驻苏联和法国大使，1947 年来中国考察，事后写了《访华观感》一文发表在美国《生活》杂志上，产生很大影响。在文中，蒲立德根据美国军事专家的预测，认为国民党消灭共产党的时间应为 3 年左右，所以美国应向国民党政权提供为期 3 年的援助计划，理由是国民党政权目前的黄金和外汇储备已近枯竭，不援助金融就将崩溃。至于援助的金额，蒲立德认为购买物资的外汇每年有 2 亿美元即可，3 年 6 亿美元，另外再提供6 亿美元的信用贷款和总额为1. 5 亿美元的货币平准基金，“我们在 3 年计划中的全部费用将为 13. 5 亿美元，即此后 3 年中，每年的费用为 4. 5 亿美元”。蒲立德声称：“把这笔款项用作防止斯大林霸占中国并利用中国资源人力以反对我们的代价，那么所费并不太高。”

虽然反对向国民党政权继续提供援助的声音也有不少，但经过国民党不遗余力的争取和美国国内一些亲国民党议员的呼吁，美国对华援助办法最终得到了通过。1948 年 4 月 3 日，美国国会经过激烈辩论后批准了《1948 年援华法案》，决定向中国的国民党政府提供总额为 4.6 亿美元的援助，包括 3.38 亿美元的军事和物资援助，以及 1.25 亿美元的额外援款。这笔钱虽然较国民党政权提出的 20 亿美元有较大缩水，但对于急需要向财政补血以继续扩大内战的国民党来说，无疑是一剂“强心针”。援华法案发布后，国民党政府外交部立即发表声明，称美援“给予中国人民以重重精神鼓励”，“影响非单就款额之数字所能估计”。国民党《中央日报》也发表社论，认为援华法案“政治的价值更远在其所规定的数目字以上”，对美国政府表示“感佩”。

除了这次援助，美国政府还先后向国民党政权提供了多笔借款、军事援助、剩余物资转让以及物资救济、物资租借等。据吴承明《帝国主义对旧中国的投资》一书统计，战后美国政府对国民党政权的各类投入超过 60 亿美元，其中借款累计 14 笔、9.2 亿美元，物资救济 4 笔、8 亿美元，物资租借 2 笔、16.3 亿美元，军事援助 2 笔、1.4 亿美元，剩余物资转让和赠与 7 笔、25.3 亿美元。

但是，世界上从来没有白吃的午餐，国民党政权为拿到美援也付出了极重的代价。在美援中占大头的是军事和物资援助，二战结束后美国有大量剩余军火，美国国内也有不少本国市场消化不了的剩余物资，这些都搭着美援的顺风车来到了中国。从 1946 年至 1948 年，在中国进口商品统计中，来自美国的商品基本都超过了 50%，最高时美国商品的进口总值占中国全部进口总值的 66.5%（见表 6.9）。

中国与美国强化了“特殊关系”，美国不断加强其在中国的利益，单从商品输出的角度看，美国几乎霸占了中国这个庞大的海外市场，大量美国工业品、大米、面粉涌进中国，中国的民族工商业一方面面临着官僚资本的挤压，另一方面承担着高额的税率，现在就连有限的市场也被美国商品侵占了。

表 6.9　1946～1948 年中国进口贸易中各国（地区）所占比重表　单位:%

	1946 年		1947 年		1948 年	
	商业性进口总值占比	进口总值占比	商业性进口总值占比	进口总值占比	商业性进口总值占比	进口总值占比
美国	57.2	61.4	50.2	57	48.4	66.5
英国	4.6	6.5	6.8	8.5	8.1	5.5
日本	0.4	0.3	1.7	1.2	0.9	0.6
东南亚	4.1	3.2	6.8	5	7.9	5.1
印度	8.7	7	9	6.9	10.6	6.8
中国香港	4.5	3.5	1.8	1.4	1.5	0.9
其他	20.5	18.1	23.6	20	22.6	14.6
总价值（万美元）	56055.5	71613.9	45103.1	60855.2	21102.8	33104.8

资料来源：郑友揆，《中国的对外贸易和工业的发展》，上海社会科学出版社 1984 年版。

但美援也引发了让美国政府和国民党政权意想不到的结果。抗战胜利后美国对日本一意扶持，造成中国人民的强烈不满，爆发了“反美扶日”运动。1948 年 6 月美国驻华大使司徒雷登（Leighton Stuart）向美国国务院报告：“反美情绪广泛扩展，具体表现为对我们扶持日本所举行的抗议，解释这种现象相当为难，认为它完全出于共产党或苏联的挑动那就太过于简单化了。”在此背景下美国又执意援助国民党政权打内战，更激起了中国爱国人民的强烈不满，北平、上海等地的高校师生指出“官僚政客愿出卖民族利益，换取所谓美援来屠杀人民”，告诫美国政府不要以“救济”“援助”的名义援助中国的反动政权，不要以“这样的烟雾来侵害我国主权”，由此拉开了国统区内轰轰烈烈的“拒领美援”运动。

五　法币的挣扎与崩溃

此时美国要管的事情很多，中国的国民党政权需要美援，其他地方也需要。1947 年 4 月 29 日美国召开的参谋长联席会议上，根据美国国务院的提议，美国对外援助的对象按重要程度进行了排序，西欧排第一，其次为中东、西北非、拉丁美洲，最后才是远东。具体到国家，中国仅排在第 14 位，对国民党政权提出的要求，美国已无法全部满足。

美国政府还必须在政治利益与民意间做出艰难选择。战后美国的经济状况也不全然乐观，对中国的大笔援助加重了美国纳税人的负担，而中国的国民党政权政治上独裁黑暗、军事上节节败退，原先承诺的 3 年彻底消灭共产党及其军队，随着战事的发展，现实与目标正越来越背道而驰。美国政府对国民党政权产生了怀疑，再遇到新的援助请求，也开始推三阻四起来。

显然，只靠美援解决不了国民党政权的全部问题，甚至也解决不了主要问题，国民党政权唯一可以选择的就是货币增发。法币的准备金制度已被完全破坏了，增发成了国民党政权排解经济和财政灾难的“泄洪闸”，数不清的法币倾泻而出，涌向市场。在 1938 年之前，法币发行还是比较谨慎的，为了应对抗战，法币进行过大量增发。为了抗战的需要中国百姓也许能够理解，而抗战胜利后，国民党政府手中有从日伪那里接收的大量黄金、白银和外汇，仍然无法将法币发行纳入正轨，就不能让世人接受了。

法币发行了多少，国民党政权已无法如实地向社会和百姓交代，只有中央银行不断以“密呈”的形式向蒋介石报告增发情况和货币保有总量，社会各界对有关情况一无所知。普通百姓从物价狂涨的情况更能感受到货币狂发带来的变化。当时有个叫葛梁的有心人，1948 年 6 月在报纸上发表了一篇题为《现时法币发行总数的一个计算法》的文章，文中经过对 43 种法币上的号码进行统计推算，认为法币发行额已有 3300 亿元。

这个数字当然是保守的，据中央银行 1947 年 2 月 2 日向蒋介石上报的“密呈”，截至当日不计 3653000 万多元的东北流通券，法币保有的总额为 453672000 万多元，与 1946 年 12 月底的 372611000 万余元比较，1 个月就增加了8100亿多元。而根据后来的有关统计数字，法币的总发行额在1946年时就已达到了3.7万亿元，1947年这一数字上升到了33.2万亿元，1948年的前8个月更达到了惊人的663.7万亿元。伴随天量发行额的是物价指数的几百倍、几千倍甚至几万倍的增长（见表6.10）。

表6.10　　抗战胜利后法币发行额与物价指数变动情况

年　月	法币发行额（10亿元）	发行指数（1937.6=1）	物价指数（1937.1-6=1；1937.6-1945.8：重庆趸售物价；1945.9-1948.8.21上海趸售物价）
1937.6	1.41	—	—
1937.12	1.64	1.16	0.98
1938.12	2.31	1.64	1.04
1939.12	4.29	3.04	1.77
1940.12	7.87	5.58	10.94
1941.12	15.1	10.71	28.48
1942.12	34.4	24.40	57.41
1943.12	75.4	53.46	200.33
1944.12	189.5	134.36	548.60
1945.8	556.9	394.84	1795.00（重庆）（86410.00，上海）
1945.9	674.2	478.01	341.99（上海）
1946.12	3726.1	2641.80	5713.13
1947.12	33188.5	23537.04	83796.00
1948.8.21	663694.6	470705.39	4927000.00

资料来源：萧清，《中国近代货币金融史简编》，陕西人民出版社1987年版。

大面额的法币不断出现，小币值的法币不断退出流通，法币的狂发使印钞票都有些跟不上。当时法币大多由外国印钞厂承印，新面额、新版式层出不穷，所以印制周期较长。以英国印钞厂为例，接到新“订单”加紧赶印，运到中国至少也需要3个月以上的时间，国内经常为此出现“钞荒”。

法币大量增发最直观的结果当然体现在物价上。1946年2月，国民党控制的报纸《前线日报》上有一篇社会调查报告，认为当时上海等城市一个5口之家每月的最低生活费为法币156000元，具体包括：大米1石2斗，2万元；煤球4担，2万元；柴一担，3000元；油10市斤，5000元；蔬菜和副食品，每天1500元、每月45000元；车力（交通费），每月33000元；房租、医疗费等，每月3万元。而同样的标准，这个5口之家抗战前仅需要50元法币即可。

法币的购买力持续下降，其中1946年以后的下降速度更达到惊人的程度。下面这一组为人们所熟知的数字反映的是100元法币在不同时期的购买力情况，最早发表在1947年7月30日的《大众日报》上。

1937年，两头大牛；

1938年，一头大牛一头小牛；

1939年，一头大牛；

1940年，一头小牛；

1941年，一头猪；

1942年，一条火腿；

1943年，一只母鸡；

1944年，半只母鸡；

1945年，一条鱼；

1946年，一个蛋；

1947年，一只煤球或三分之一根油条；

1948年，四粒大米。

关于法币贬值的情况，还可以从外汇市场上反映出来。尽管抗战期间法币在外汇黑市上贬值得很厉害，但由于实行了严格的外汇管制，法币在外汇市场上的“官方牌价”一直处在可控状态。抗战胜利后，一开始国民政府曾希望通过外汇市场来稳定法币，所以在1946年2月颁布了“开放外汇市场案”，主要内容是重新核定法币兑换外汇的汇率，其中美元兑换法币的比率是1∶2020，抗战之初这一比率还大约是0.3∶1，贬值的程度已经十分惊人了。

开放外汇交易后，国民政府指定了27家中外银行为特许经营外汇交易银行，以控制外汇牌价，防止法币在外汇上的急速贬值，但这个办法并没有收到预期效果。随着外汇需求量的加大，国民政府的外汇储备日趋减少，半年后美元兑换法币的官方牌价被调整为1∶3350；到这一年的11月，不到10个月的时间，外汇储备又减少了4.55亿美元。国民党政权不得不进一步控制进口所需外汇的审批与供应，但这仍挡住外汇减少的步伐，到1947年2月，不得不将美元兑换法币的比价再次调整为1∶12000。

面对法币在外汇市场上的急速贬值，国民政府又推行了“汇率双轨制”，即官方牌价保持不变，但这个牌价只适用于经过严格审批的棉花、大米、小麦、面粉、煤、焦炭等6种生活急需物资进口的外汇需求，对于其他进口用汇，仍然实行严格的审批制，汇率由新成立的“外汇平衡基金委员会”根据市场情况随时核定。新办法出台后，“官方汇率”仍维持1∶12000不变，而“市场汇率”一经推出就涨到了1∶39000，两个月多后又涨到1∶73000。这还不算什么，到了1948年春天，美元兑换法币实际汇率已超过1∶40万，这一年的8月又超过了1∶1000万。在美元面前法币简直连废纸都算不上，民间的对外贸易已基本不用法币结算，而改用黄金、白银或直接用美元。

纵观法币的历史，曾经创造过成功，在抗战中也发挥了重要的作用，但它最终难逃“财富掠夺工具”的厄运。法币狂发造成物价飞涨，表面看是货币保有量的增加带动了通货膨胀，但这却容易掩盖另一个事实：从数字对比上看，截至1948年8月法币发行额比抗战全面爆发前的1937年6月共增加了约45万倍，但同期上海的物价却上涨了492.7万倍，法币兑换美元的实际比价上涨332.6万倍，这几种增速其实并不同步。

也就是说，国民党政权虽然号称法币一直到其结束时都可以在外汇市场上进行兑换，在货币属性上似乎不具有天生的掠夺性，但物价和外汇比价以超过法币发行量10倍的速度在增长，这个事实表明大量社会财富已经被法币掠夺了。更何况，对普通百姓而言是否能兑换到外汇并无实际意义。随着国民党政权对外汇管理的一再收紧，普通百姓和一般商户事实上也根本无法用手中的法币兑换到外汇，法币在人们手中就是一种日常交易的凭据，感受最深的还是它购买力的变化。

到1948年下半年，法币已经到了崩溃的边缘。货币是一个政权经济大厦的地基，法币如果无可救药地陷落了，国民党政权这座大厦还能够存在吗?

六　“金圆券”仓促出台

到1948年下半年，中国的经济状况已呈全面恶化的境地，严重的通货膨胀破坏了工商业的发展，大批工厂、商号倒闭，上海当时约有3000多家大工厂，其中仍在开工的只有20%。在纺织工业的重要基地天津，8000多台织布机中只有一半开工，曾经一度辉煌的橡胶企业已基本上全部停工。不仅私营企业是这样，“四大家族”控制的企业也好不到哪里，市场一片萧条，勉强支撑的商户也是“晚开门、早打烊”，许多商品有价无货。

在军事战场上国民党军队也遭遇到接连失败，从1947年7月起到1948年6月，1年之中国民党被歼灭了92个正规军，总兵力下降到360万人，其中只有170万多人能用于前线作战，这些军队被牵制在各个战场。中国共产党领导的人民解放军兵力上升到280万多人，士气高昂，国民党政权统治的区域在不断缩小，财政状况完全恶化。1948年5月，蒋介石任命商务印书馆原总经理王云五为财政部长。这位“四角号码查字法”的发明人虽然不是财经界出身，但对于财经问题素来有研究。据何兆青等在《解放前夕重庆金融崩溃琐记》中记述，王云五曾将此时国民党政权的财政状总结为：“目前公库收入仅及支出的百分之五，物价飞涨，支出庞大，全靠发行新钞支持。”

发行新钞，也就是用法币来支撑国民党政权，但法币早已摇摇欲坠。为了不跟法币一起被埋葬，蒋介石和他的财经智囊们开始谋划新的币制改革。在当时，国际上倒有一些这方面的成功经验。两次世界大战前后，由于战争的破坏和世界经济危机的爆发，许多国家的经济和金融体系受到了重创，原有的货币体系面临了危机，德国、法国、荷兰、比利时、波兰、丹麦、挪威、奥地利、芬兰等欧洲国家都先后进行了币制改革，其中最为人津津乐道的是德国新马克创新的奇迹。

一战前德国共发行了60亿马克的货币，受战争的影响，马克的发行量也呈爆发式增长。据美国学者帕尔伯格（Don Paarlberg）的《通货膨胀的历史与分析》，到1923年底马克的发行量已达到了 20×10^{17}，马克“犹如被施以魔法，将一艘航空母舰不断缩小，最后缩减为一粒豌豆”。在当时的德国，人们要买东西必须带着面额惊人的马克才行：买1公斤黄油需要 5.6×10^{12} 马克，买1张报纸需要 2×10^{11} 马克，买1张有轨电车票需要 1.5×10^{11} 马克，就连在国内寄一封平信，邮资都需要 10^{11} 马克。马克完全失去了作为货币的起码信用，人们纷纷以其他物品代替马克进行交易。

德国政府在1923年10月进行了货币改革，为此专门成立了一家地产抵押银行（Renten Bank）来发行新马克（Rentenmark）。新马克发行量仅为24亿，新旧马克的兑换比率为1∶10000亿，这是一个不太好想象的比价关系，但不到半年时间市场便稳定了下来，恶性通货膨胀得到了遏制，经济得到了恢复，原来高企的失业率也迅速下降，到1924年全国的失业率已降至6.4%的安全水平，德国创造了“新马克奇迹”，使一战后的德国又迅速崛起。

成功的例子还有苏联，在二战中苏联仅直接用于战争的支出就达到551亿卢布，因战争造成的损失达到679亿卢布，被德军占领过的地区至少损失了2/3的财产，这使国家经济陷入严重的困顿，出现了恶化的通货膨胀。1947 年 12 月苏联颁布了《关于改革币制及取消配给制的决议》，主要做法是“发行十足价值的新币”来替代“价值低贱的旧币”，新旧卢布的兑换比例是1∶10，对于银行里的存款则按照数量不同实行有差别的换算比率。此举在一定程度上消减了当时严重的通货膨胀，使国民经济得到了快速恢复。

1948 年年中，宋子文、孔祥熙因为治理财经不力被迫辞职，翁文灏任行政院长，王云五任财政部长，俞鸿钧任中央银行总裁，蒋介石让他们研究国外币制改革成功的经验，拿出改革法币的具体方案。俞鸿钧、王云五分别拿出一个方案，供蒋介石决策。

俞鸿钧认为币制改革是一件大事，影响着方方面面，在内战激烈进行的情况下，完全废弃法币另开炉灶风险太大。而据他估计，法币虽然岌岌可危，但至少还能再支撑 1 年，所以他的方案是继续使用法币，同时发行一种“金圆”来作为税收和进出口贸易的支付工具。根据俞鸿钧的测算，采用这个方案可以使国民党政府的实际收入大幅度提高，至少可以让总收入达到总支出的 40% ~50% 。

俞鸿钧的方案是“关金券”的翻版，此券是“海关金单位兑换券”的简称，开始只作为海关收税的计算单位，不在市面上流通，后因为其与外国货币直接挂钩，相较于法币更为稳定，所以慢慢地在一定范围内使用。1942 年 4 月国民政府财政部规定 1 元“关金券”可折合 20 元法币使用，“关金券”成为另一种法币。然而，蒋介石不满意法币，也不满意“关金券”，因为“关金券”此时也贬值得很厉害，蒋介石要的是另一种全新的货币，所以认为俞鸿钧的方案步子太小。

王云五的方案让蒋介石颇感满意。王云五的设想是，用中央银行目前尚存的黄金和证券作为保证金，发行一种“金圆券”来代替法币，通过强力进行推行，并把社会上的金银、外汇通过“金圆券”予以回收，之后实行经济管制，重点是抑制物价，维护“金圆券”的权威。王云五亲自草拟了《改革币制平抑物价平衡国内及国外收支的联合方案》，系统阐述了他的主张，认为发行“金圆券”完全有可能取得成功，这正好契合了蒋介石急于脱困的心理。

币制改革非同小可，无论如何都需要做好充足的准备，但蒋介石已无法再等。王云五 1948 年 5 月才到财政部上任，这一年的 8 月 20 日蒋介石就对外宣布了推行金圆券的总统令：

一、由即日起，以金圆券为本位币，十足准备发行金圆券，限期收兑发行之法币及东北通券。

二、限期收兑人人所有黄金、白银、银币及外国币券，逾期任何人不得持有。

三、限期登记管理本国人民存放国外之外汇资产，违者予以制裁。

四、整理财政并加强管制经济以稳定物价，平衡国家总预算及国际收支。

与此命令同时发布的还有《财政经济紧急处分令》《金圆券发行办法》《人民所有金银外币处理办法》《中华民国人民存放国外外汇资产登记管理办法》《整顿财政及加强管制经济办法》等法令，分别落实上述措施，其中关于“金圆券”的发行，具体规定是：

一、发行总额为 20 亿元的金圆券作为本位币，废除法币和东北流通券，其兑换率分别为1∶300万和1∶30万，限于 1948 年 11 月 20 日前兑完。

二、以金圆券收兑人民所有的黄金、白银、银币和外国币券，限于 1948 年 9 月 30 日前兑完，过期未兑者，一经查出，即予没收。

三、所有中国人（华侨除外）均需在 1948 年 12 月 31 日前向中央银行申报登记其外汇资产数量，并移存中央银行保管。

四、各地商品及劳务均应按1948年8月19日的价格折合金圆券出售，由当地主管官署严格监督执行；在上海等都市实行仓库检查并登记其进出货品；所有按生活指数发给薪资的办法一律废止；禁止封锁工厂、罢工、怠工；上海、天津证券交易所暂停营业。

根据规定，“金圆券”由中央银行独家发行，首发时面额分1元、5元、10元、50元、100元等5种，每1元“金圆券”合纯金0.22217公分。由于时间过于仓促，新钞甚至来不及按正常程序印刷。抗战初期南京国民政府曾委托美国钞票公司印制了一批有时任国民政府主席林森头像的纸钞，正好是1元、5元、10元、50元的面额，总额也正好是20亿元。这批钞票没有投入市场，因为当时法币贬值得很厉害，小面额的钞票后来已无大用，这批钞票就堆到了库房里。之前林森头像的钞票还没有发行过，中央银行建议用这批钞票作为新发行的“金圆券”以应急。虽然票面上没有写“金圆券”的字样，有些美中不足，但也只好如此了。结果，这笔钞票被迅速用军机秘密送到各省，作为第一批“金圆券”投放到市场。

如此仓促和急迫无疑是一次冒险和豪赌，而实施之初果然遇到了麻烦。1948年8月20日国民党政府召开了关于币制改革的记者会，向中外宣布了“金圆券”改革方案。同一天，上海的《大公报》上便刊登了一篇文章，揭露出此前不久一些事先得到消息的人在上海大量抛售股票。比如有人在19日专程由南京来上海抛售了3000万股永纱股票，“金圆券”方案出台后上海股市应声急跌，此人无疑避免了数千亿元的损失。

这篇报道一出立即举世哗然。币制改革方案是在极为秘密的情况下制定的，一开始知道内情的人包括蒋介石在内也只有10多个。为避免核心方案外泄，重要内容都是王云五本人亲自撰写的，保密工作极为严格。蒋介石听说币改机密事先外泄，又急又怒，立即派蒋经国带人到上海彻查，限

7 天内破案。蒋经国到上海后，分成 8 个行动组日夜工作，查了上海的 237 家股票交易所，凡在“金圆券”方案公布的前一天发生过 300 万股以上交易的都作为重点审查对象，结果发现有 22 家股票交易所有问题，其中包括上海青帮头目杜月笙的儿子杜维屏所开的鸿兴证券所。杜维屏等相关人员随后被逮捕，通过审讯挖出了财政部秘书陶启明、中国石油公司南京营业所主任徐壮怀等人，但之后相关人员又都得到了轻判。此案究竟涉及多少人，又有多少资金在币改大限前成功出逃，都成了无解之谜。

七　一场财富大洗劫

“金圆券”使用后原来的法币就限期作废了，人们赶紧到各兑换点去换钱。不仅法币，各种各样的银元、杂币以及金银、外汇都在兑换之列。根据当时交通银行北京分行留下的一份档案，各种货币及黄金、白银与“金圆券”的兑换折价如表 6.11 所示。

表 6.11　　币制改革后原币折合“金圆券”定价表

币种	单位	折合金圆数	币种	单位	折合金圆数
美元	1 元	4 元	日金	1 元	1 元
英镑	1 元	12 元	马克	1 元	1 元
港币	1 元	1 元	黄金	1 市两	200 元
菲币	1 元	2 元	白银	1 市两	3 元
印币	1 元	0.92 元	银元	1 元	2 元
缅币	1 元	0.92 元	小银元	6 角	1 元
星洋	1 元	1.5 元	旧账内关金	1 元	1 元
荷币	1 元	0.5 元	广毫	300 万元	1 元
越币	1 元	0.1 元	汕洋	300 万元	1 元
法郎	1 元	0.01 元			

资料来源：交通银行北京分行档案，《通告币制改革后原币折合金圆定价希洽照由》，1948 年 9 月 16 日，北京市档案馆藏。

按照这个折价，1两黄金才合200元，说明“金圆券”还是相当值钱的。在所有兑换目标中，国民党政府更看重黄金、白银和外汇，所以规定官商军民不得持有这些东西，家里有的必须限期拿出来兑换。有一部分人不明就里或慑于威压，不仅拿出了辛苦挣来的法币，还把家中积存多年的金条、银元甚至金银首饰都拿出来换了“金圆券”。据估算，当时中国社会上合计拥有黄金约450万两、白银约30640万两、银币55137万枚以及美金6000万元，只用了1个月时间国民党政府兑换到的金银、外汇就折合1.9亿美元，约相当于上述社会拥有总量的20%。表6.12是1948年8月23日至10月31日全国66个兑换点收兑金银、外汇的情况。

表6.12　1948年8月23日至10月31日“金圆券”收兑金银、外汇统计表

	上海部分	外埠	合计
美钞（元）	30820622.86	17003784.21	47824407.07
港币（元）	10512084.32	771798531.65	87691615.97
菲钞（元）	16327.85	—	16327.85
黄金（纯金市两）	1102528.696	554813.542	1657342.148
白银（纯银市两）	966398.446	8035777.570	9002176.016
银元（元）	3693201.00	19545506.25	23238707.25
银角（角）	3805178	25763183	29668361

资料来源：南京国民政府中央银行档案，转引自季长佑，《金圆券币史》，江苏古籍出版社2001年版。

按照王云五的构想，“金圆券”要取得成功——至少不马上失败，必须有几个前提：一是“金圆券”要与财政收支分开，也就是不把“金圆券”当成解决财政问题的唯一办法，要控制发行额，20亿元的目标不能轻易突破；二是发行之初要用强有力的手段限制物价，防止新币一出即发生恶性通货膨胀，让新币毫无信用；三是积极争取美国的援助，这也是“金圆券”敢于冒险一试的重要前提，王云五认为只要美国能提供5亿美元的援助或贷款，“金圆券”就能挺下去。

上面这几条都很重要，第一条与第三条其实相关，说的大约是一回事。有了大笔美援，自然可以考虑控制“金圆券”的发行量，没有美援一切都是空谈，所以争取美援至为关键，而这与已有的美国援华法案还不是一回事，必须追加专项援助。

王云五深知美援关系到“金圆券”的成败，所以在“金圆券”刚刚推出的关键时刻他就不顾劝阻亲自跑到美国求援。为增加说话的分量，蒋介石之后又派宋美玲去助阵，呼吁美国政府务必看到这笔援助的重要性，一定要提供这笔援助。

在国内，限制物价的活动也在紧张进行，在所颁布的一系列法令中有许多与此有关，如《整顿财政及加强管制经济办法》第13条规定：“全国各地各种物品及劳务价，应照1948年8月19日各该地各种物品货价依兑换率折合金圆券出售。”意思是，各地的物价之前按法币算是什么水平，之后必须按“金圆券”折算还保持在这个水平上。人们把这一条规定称为“八一九限价”。

国民党政府事先把还能控制的主要城市划分成若干个经济管制区，其中上海、广州和天津最为重要，分别派蒋经国、宋子文、张厉生前往坐镇，全面负责控制市场、限制物价的行动，为币制改革保驾护航。蒋经国等人以“打虎”的姿态前往各地，誓言专打“大老虎”、打“金融老虎”，为此分别组建了庞大的经济警察队伍，在市场、车站、码头、仓库等处加强盘查，“凡违背法令及触犯财经紧急措施条文者，送刑庭法办，货物没收”。为起到杀一儆百的作用，蒋经国在上海逮捕了申新纺织公司总经理荣鸿元、纸业公会理事长詹沛霖等经济界名人，以未按官价经营侨汇为由枪决了林王公司经理王春哲，宣称要“以人头平物价”。商户们不敢涨价，就想办法把货物藏起来不出售，或者冒险拿到地下黑市上去卖，给广大市民的生活造成不便，各种日常生活用品、食品等难以买到，商品出现断档，甚至医院里的药品都断了货。

这时从美国传来了令蒋介石沮丧的消息，尽管宋美玲、王云五等人一再奔走呼吁，并向美国总统杜鲁门喊话，但美国国内主流民意对国民党政权已失去信心，美国国会没能通过向国民党政权追加援助的法案。美援落空了，意味着“金圆券”必须大量增发，再守着限价的政策也就变得滑稽了。1948 年 10 月 1 日，国民党政府宣布放弃“八一九限价”，也放弃不允许人民持有黄金、白银以及外汇的规定，表示人民可以用“金圆券”兑换金银和外币。

消息一出整个社会马上就乱了，人们纷纷拿着还没焐热的“金圆券”到银行门口排起长队去兑换金银、外汇，但一看银行的牌价就傻眼了：前几天 1 两黄金还只合 200 元“金圆券”，现在已经涨到了 1000 元，1 两白银前几天合 3 元“金圆券”，现在涨到了 15 元，1 美元也从 4 元“金圆券”涨到了 30 元。刚刚拿着这些东西兑换过“金圆券”的人自然悔恨交加，但大家更明白，如果这时不果断地把手里的“金圆券”兑出去，后面会更后悔。

金银、外汇暴涨带动了物价狂涨。1 担米在限价时要 20.9 元“金圆券”，限价令一解除米价迅速蹿升，很快涨到了 2000 元；1 袋面粉限价时要 7.6 元“金圆券”，后迅速涨至 250 元；生油每百斤也从 60 元涨到 1800 元。路透社报导说：“这是一百年来最严重的经济危机。”

解除限价令、允许社会持有金银、外汇，是为“金圆券”的大量增发铺路的。在解除限价令的同时，国民党政府还颁布了《修改金圆券发行办法》，把原来规定的 20 亿元发行总额改为“另以命令处之”，等于宣布“金圆券”又像法币一样可以无限制地增发。这时翁文灏、王云五因“金圆券”发行失败而下台，孙科任行政院院长，徐堪任财政部长，中央银行总裁俞鸿钧分别在 11 月 27 日、12 月 6 日、12 月 19 日呈请增发“金圆券”，每次增发 10 亿元。但这远远不够，年底前又紧急增发了 60 亿元。到了 1949 年 1 月，俞鸿钧也下台了，刘政芸继任中央银行总裁。他立即呈请增发100亿元，次月增发350亿元，之后增发量越来越大，3月为1600亿元，4月为13000亿元，到6月底“金圆券”的总发行量已达1303046亿元，而同期上海批发物价指数也从个位数涨到百万级水平（见表6.13）。

表6.13　　“金圆券”发行情况与物价指数表

年月	发行额（亿元）	发行指数	上海批发物价指数（1937年1~6月）
1948年8月	5.44	1.00	1.64
9月	12.02	2.21	1.97
10月	18.50	3.40	2.20
11月	33.94	6.24	25.43
12月	83.20	15.29	35.84
1949年1月	208.70	38.36	128.76
2月	597.30	109.80	897.78
3月	1961.30	360.53	4053.20
4月	15312.00	2814.71	83820.00
5月	565392.00	103932.35	（第一周）2102000.00
6月	1303046.00	239530.51	

资料来源：成圣树、金祖钧，《从民国时期的三次币制变革看当时的通货膨胀》，《江西财经大学学报》2011年第4期。

“金圆券”的面额也越印越大，很快出现了1万元、10万元的票子，最后50万元、100万元、1000万元的巨额大票也出来了。“金圆券”前后只流通了10个多月，但各种票面加在一起竟有66种版式，分别由美国钞票公司、美商保安钞票公司、英国德纳罗印钞公司、中央印制厂以及中央印制厂特约的大东书局、京华书局、上海中华书局、三一印刷公司等印制，除此之外中央银行在香港也印制过“金圆券”。由于各种新钞票出来得太快，用纸、用墨及印刷质量难以统一，造成了识别的困难。

1949年元月，桂林的一位米商收到一张香港印制的50元“金圆券”，当他想花出去的时候，别人发现这与平时看到的“金圆券”不一样，都拒绝接受。米商急了，跑到银行要求兑换，哪知银行职员也不认识这种钱，认定是假币，要没收，结果引起围观。这时还有一些人发现自己手里也有这种钞票，就把银行围了起来，引起市政府的恐慌，赶紧一面派警察去现场维持秩序，一面向上面的银行请示，最后得到落实，这是香港印制的“金圆券”。

这一年2月，在昆明也有人拿着香港版50元“金圆券”到银行要求兑换。银行职员经过仔细核验，发现这种钞票与上海版的50元“金圆券”竟有19处不同，也认定是假币。消息传出，一些持有这种钞票的人包围了位于南屏街的中央银行昆明分行。大家要求兑换，得到拒绝后有人开始冲击银行，现场一片混乱。云南省政府接到报告后马上派人镇压，在银行里就抓了200多人。事后查明，这批钞票确实是中央银行在香港印制的，但还没有来得及把样票发往昆明。中央银行向云南省政府道歉，并撤换了昆明分行行长以平息事态。

由于大量超发，“金圆券”瞬间成了废纸。如果用1元面额的“金圆券”去买1个大饼，就得带上120斤的钞票；要寄1封平信，所需要的钞票得装满2只28寸的皮箱；买1担煤球，需要3吨1元面额的“金圆券”；而买1石大米所需要的1元面额“金圆券”需要10多辆卡车才能拉完。有人为布置商店的玻璃橱窗，干脆就用“金圆券”贴成文字和图案，有人还拿它来糊墙，小孩用它叠玩具。历史学家苏庆彬在《七十杂忆》中回忆，有一位寡妇响应国民党政府币制改革的号召，把全部积蓄都拿出来换成了“金圆券”，之后用裤带小心地绑在身上带到香港。从内地出发前按当时的行情这些钱可以买800多斤大米，等她到了香港，却发现这些钱只能买1斤喂猫的小鱼。

“金圆券”的失败是一场豪赌的失败，其实即使能争取到一些美援，它也没有成功的可能。经济学家马寅初在“金圆券”发行之初就评论说：“纸本位者，即将纸币与现金之兑现性完全取消，而以政府之权威为背景，故又曰命令货币。纸币之发行与管理，必须以强有力之政府为后盾，视社会之需要定发行之多少，不得因财政之困难而多发一文，自为最要之条件，否则其危险实不堪设想。”

“金圆券”最终完成了一场对社会财富的空前浩劫。有一位外国评论员说国民党政府“一只手拿出一片纸，另一只手好象变戏法一样把人民的财富搜刮一空”。有人估算，国民党政权通过这场“金圆券”改革从人民手中搜刮了时值2亿美元的金银、外汇，后来把这些全部运到了台湾。国民党内部虽然有人骂“金圆券”的始作俑者王云五为“民国罪人”，但王云五心中有数，他绝对有功于国民党。正如他后来私下里对人说的那样，如果没有这笔财富，蒋氏父子到台湾后恐怕要“吃香蕉皮”了。

八 “银元券”的最后表演

1949年4月国民党政府迁往广州，中央银行总裁徐堪兼任财政部长，他向行政院报告了当时财政困难的情况：“谨查近月以来，度支失调，金融紊乱，人民对于纸币失去信心，不仅政府收支无可凭藉，工商买卖亦因媒介缺乏，陷于瘫痪停顿之困境。际兹大局未靖，一切未复常态时期，欲树立健全思想之币制，殊非易事。但此种紊乱情事，不容任其延续，致成不堪收拾之局。而财政金融经济上之种种困难，函须探本穷源，寻求解决之方。”为此，徐堪提出了自己的办法：再搞一次币制改革。

其实不搞也不行了，“金圆券”彻底失败了，到了人人唾骂、“举国弃用”的程度，民间交易开始普遍使用银元、铜元等旧币。有些地方还通过政府公告的形式明确各种银元、洋元、铜元、杂毫可作正常流通，有的还规定了这些旧币之间兑换的比价，已经被弃用的“银本位”又在现实中得到了复活，银元一类的旧币价格开始暴涨。表6.14是当时贵阳黑市上银元的价格。

表 6.14　　　　　贵阳黑市银元价格表（1949 年 6 月）

日　期	市价（每元银币）	增长倍数（1949. 4. 1 =1）
1949. 4. 1	9400 元	1
1949. 4. 10	18500 元	1. 97
1949. 4. 20	125000 元	13. 3
1949. 6. 1	14000000 元	14893. 62
1949. 6. 5	1260000000 元	134042. 55

资料来源：黄成栋，《大额金圆券的发行与贵阳的通货膨胀》，《贵阳文史》2003 年第 5 期。

银元早已依法废止，发行法币的时候换过一次，发行“金圆券”又被强令换过，此时民间持有的银元数量十分有限，有些地方干脆呈请国民党政府行政院重新铸造银元，以解币制的真空。1949 年 7 月 1 日，国民党政府行政院会议正式通过了财政部长徐堪提出的方案，次日由代总统李宗仁批准公布，内容是：“兹依动员勘乱时期临时条款之规定，经行政院会议决议，制定银元及银元兑换券发行办法公布之。”根据这道命令，银本位货币制将被恢复，但重点不是铸造银元，而是发行银元兑换券，俗称“银元券”。1949 年 7 月 2 日颁布的《银元及银元兑换券发行办法》有以下十五条：

一、中华民国国币以银元为本位。银元一元总重量为二六点六九七一公分，成色为千分之八百八十，含纯银二三四九三四四八公分。

二、银元之辅币分为一分、五分、一角、二角、五角五种，其质量、成色另定之。

三、银元及辅币由中央造币厂铸造，中央银行发行。

四、为便利行使起见，由中央银行发行银元兑换券及银元辅币券。银元兑换券之面额分为一元、五元、十元、五十元、一百元五种。银元辅币券之面额分为五分、一角、二角、五角四种。辅币及银元辅币券每次授受以合银元二十元为限。

五、银元兑换券及银元辅币券之发行，应有十足准备，其中银元、黄金或外汇，合计不得少于六成，有价证券、货物栈单合计不得多于四成。

六、银元兑换券之兑换地点，经财政部核定后，由中央银行公告。

七、银元铸造未充分时，银元兑换券之兑现，得以黄金为之。其兑换率由中央银行挂牌公告。

八、银元兑换券购买外汇，依管理外汇条例之规定办理。

九、自本办法公布之日起，所有公私收付，一律以银元为计算单位，各级政府税收及公营事业收费，应一律收受银元兑换券。

十、中央银行对于政府垫款，非依照本办法第五条之规定收足准备金，不得支付。

十一、银元兑换券及辅币券数额，由中央银行按月报请行政院、财政部核明公告。

十二、中央银行发行数额及准备金实况，中央银行监事会应按月实施检查，并由行政院、财政部请监察院派员会同检查，如查有不合于本办法之规定时，应立即纠正。

十三、各省省银行经财政部之核准，得发行面额一元之银元兑换券及银元辅币券，其发行数额及准备实况，应按月报告财政部，并由财政部随时检查。

十四、银元兑换券、辅币券均不得伪造、变造，或故意毁损，违者依《妨害国币惩治条例》治罪。

十五、本办法自公布之日施行。

根据以上办法，新币制实行银元与“银元券”并行且等价流通，为增强“银元券”的信用，对外宣称“银元券”准备充足，发行额将对外公开，接受相关监督检查。徐堪在中外记者招待会上也以十分肯定的口气宣布："今后政府发行银元券，央行需负法律责任，必须有1元银元始发行一张兑换券，人民可以兑现来考验准备金之是否充实。"但是，从商界、金融界到普通百姓，刚刚经历了一场残酷的货币浩劫，此时还惊魂未定，大家深信这个"银元券"只是换了个马甲，目的还是"诱取人民手上之外币、黄金"，所以不再相信。

此时人民解放军已渡过长江，正向长沙、衡阳等地发起进攻，广州的解放指日可待。所谓"准备充足"，即使国民党政权内部人士也知道那是骗人的，国民党手中虽然握有巨额的金银、外汇，却绝不会投入到"银元券"这个无底洞里，这些钱已经开始秘密运往台湾，"银元券"只会比"金圆券"更惨，成为纯粹的"纸上游戏"。

所以"银元券"推出后遭遇一片冷淡，柳州方面报告说"银元券"在该地被拒用或打折才能使用，贵州省方面报告说"银元券"无法实现与银元之间的自由兑换，各县拒用现象十分普通，全省税务机关暂无法用"银元券"来收税。已经使用"银元券"的地区，其市场行情更是一路走低。当时出版的《华商报》曾报道了1949年7月27日这一天内"银元券"价格变动的情况：广州"银元券"在一小时内跌落100点，上午头盘至347，马上退落344，至正午12时再跌为340，下午2时更跌为337。跌到这里市场上已发现有大量抛出，由几家大钱庄及地下钱庄分别代大户卖货，只求脱手，有价即杀，由325跌落到315。后来风闻有不少人到中央银行门前挤兑，摆成长龙，又跌至260，至下午6时最低跌至240。

"银元券"一天内几乎被"腰斩"，这样的跌速并不算稀奇。新华社这时发布了评论：人民政府为了保护国家财富免遭国民党残余的劫夺，只负责收兑银元，而对"银元券"、银元公债等不负兑换责任。新华社号召人民坚决拒收"银元券"，已有的"银元券"要赶快向伪中央银行要求兑现，这加速了"银元券"的崩溃。

“金圆券”的寿命是10个月，“银元券”的寿命只有5个月。如果说“金圆券”是一场赌博，国民党政权还在赌它成功的可能性，那“银元券”就纯粹是在演戏了。为了维持在大陆的最后统治，这场戏能演一天是一天。通过它们，社会财富被一遍又一遍洗劫，所以老百姓无不痛骂国民党为“刮民党”。

第七章

人民币缔造传奇

一　井冈山走出“红色金融”

“金圆券”“银元券”的溃败是另一场解放战争的结果，发起这场解放战争的是诞生不久的人民币，说它之前先追溯一下它的历史。

人民币的历史可以追溯到中国共产党领导的土地革命战争时期。从1927年到1937年，中国共产党通过武装斗争建立起许多大大小小的革命根据地，在革命根据地建立了红色政权，开展了以打地主、分田地、废除封建剥削和债务、满足农民土地要求的革命。在这场革命中，金融事业受到了高度重视，在极其艰难的情况下，中国共产党领导的红色政权成立了银行、发行了货币，建立起“红色金融”。

“红色金融”发行的货币最早可以追溯到井冈山地区上井村的红军造币厂。1928年5月，在井冈山的茅坪成立了湘赣边界工农兵政府，领导两省边界6个县的红色政权。为打破国民党军队的封锁，湘赣边界工农兵政府创办了红军造币厂，主要是铸造银元。当时条件极为艰苦，工农兵政府就地取材，用土法技术为银元印花，经常因为压模的石头跳动或者用力不匀而造成“双印”“花纹单边”等现象。虽然工艺欠考究，但由于用材真、分量足而有很高信誉，铸出的银元上加戳“工”字以示为工农兵政府所发行。这种“工”字银元可以算作是中国共产党领导下发行的第一批“红色货币”。除了上井村红军造币厂，后来在以永新为中心的湘赣省苏维埃政府和以瑞金为中心的中央革命根据地也都相继创办了造币厂。

1929 年 1 月，毛泽东、朱德率领红四军主力由井冈山向赣南、闽西进军，2 月红四军与江西工农红军独立团在东固会师，7 月成立了东固区革命委员会。为壮大根据地实力，东固区革命委员会决定成立东固平民银行。该行以红二团资助的 4000 银元作为基金，印制了中国共产党领导的红色政权所发行的第一批纸币，纸币以铜元为计价单位，面额分 10 枚、20 枚、50 枚、100 枚 4 种。虽然红色政权力量还很薄弱，金融实践经验也不足，但已经能认识到纸币不能滥发的道理。这批纸币发行额度始终控制在银元基金的 1 倍左右，后来银元基金增加到 12000 元，纸币发行量也只有 2 万元。东固平民银行坚守信用，纸币与铜元保证自由兑换，群众随来随兑，使纸币深受百姓的欢迎，以至于当时农村里有人娶亲都要到平民银行兑换一些纸币作彩礼。东固平民银行可以算是中国共产党领导下“红色金融机构”的开始。1930 年 3 月赣西南苏维埃政府成立，东固平民银行改组为东固银行，毛泽东、朱德、陈毅等先后亲临视察。随着革命形势的发展，1931 年东固银行又改组为江西工农银行。

这一时期中国共产党在革命根据地创办的主要银行还有东古银行、蛟洋农民银行、闽西工农银行、万载县工农兵银行等。东古银行创办于 1929 年 8 月，前身平民借贷所，在兴国、永新设有 2 家分行，也发行过纸币；蛟洋农民银行成立于 1927 年底，发行过 4000 元的流通券，面额分 1 元、2 角两种；闽西工农银行成立于 1930 年 11 月，发行过纸币，经办过低利借贷，其创造的“粮食调剂贷款”很成功，后来在许多地方推广；万载县工农兵银行成立于 1931 年 1 月，发行过银洋流通券，与银元等值，面额有 1 角、2 角、1 元等 3 种，还在天平山创办了造币厂，用土法铸造银元，由于含银量比国民党政府铸造的银元高，所以深受欢迎。

1931年11月7日，中华苏维埃共和国临时中央政府在江西中央苏区的瑞金成立，毛泽东任主席。中华苏维埃共和国临时中央政府颁布了《中华苏维埃共和国宪法大纲》《中华苏维埃共和国土地法》《中华苏维埃共和国劳动法》以及《中华苏维埃共和国关于经济政策的决定》等重要法律文件，其中在经济政策的决定中，关于财政、税收和金融工作作了5条规定：

一、消灭国民党军阀政府一切的捐税制度和其一切横征暴敛，苏维埃另定统一的累进税则，使之转由资产阶级负担。苏维埃政府应该豁免红军、工人、乡村与城市贫苦群众家庭的纳税，如遇意外灾害亦应豁免或酌量减轻。

二、取消过去一切口头的书面的奴役及高利贷的契约，取消农民与城市贫民对高利贷的各种债务，严禁预征或债务的奴役，应以革命的法律严防并制止一切恢复奴役与高利贷关系的企图，城市与乡村贫民被典当的一切物品，完全无代价的退还原主，当铺应交给苏维埃。

三、苏维埃区域内旧的货币在目前得在苏维埃区域通行，并消灭行市的差别，但苏维埃须对于这些货币加以清查以资监督，苏维埃应发行苏维埃货币，并兑换旧的货币，对于旧的货币开始亦可采用，加盖图记通用，外来之货币须一律兑换已盖苏维埃图记之货币，或苏维埃自己发行之货币。

四、为着实行统一货币制度并帮助全体劳苦群众，苏维埃应开办工农银行，并在各苏维埃区域内设立分行，这个银行有发行货币之特权。工农银行对于各农民家庭工业者、合作社、小商人实行借贷，以发展其经济。这个银行应实行兑换货币，其分行并带征税收。

五、对各土著及大私人银行与钱庄，苏维埃机关应派代表监督其行动，禁止这些银行发行任何货币，苏维埃应严禁银行家利用本地银行，实行反革命活动的一切企图。

根据上述规定，1932 年 2 月中华苏维埃共和国国家银行正式成立，初设资本金银元 20 万元，行址设在瑞金叶坪，毛泽民当选首任行长。中华苏维埃共和国国家银行下设国库，中华苏维埃共和国财政部另设中央造币厂、中央印钞厂。中央造币厂采用机械化的办法铸造银元、铜元，日铸造能力可达银元 1 万元，所铸造的银元币面中央有镰刀、锤子图案，四周环绕“全世界无产阶级联合起来啊”字样，除 1 元主币外还铸造过 2 角的银币和 5 分、1 分的铜币。中央印钞厂自 1932 年 7 月起开始发行纸币，运用较为先进的套色技术印刷，纸币主要采取银元本位，面额有 1 元、5 角、2 角、1 角和 5 分等。《中华苏维埃共和国国家银行暂行章程》规定“发行纸币，至少须有十分之三之现金”为保证准备。但据历史资料显示，实际现金准备往往远高于 30% 的比例，如 1932 年底国家银行共有准备金 38.95 万元，是纸币发行量的 59.35%。表 7.1 是 1932 年 7 月至 1934 年 10 月间中华苏维埃共和国国家银行纸币发行量的情况。

表 7.1　中华苏维埃共和国国家银行纸币发行量统计表　单位：元

时间 面额	1932 年 7～12 月	1933 年	1934 年 1～10 月	合计
壹圆票	375000	1025000	1500000	2900000
五角票	—	1500000	2450000	3950000
贰角票	103000	157000	160000	420000
壹角票	129800	230200	220000	580000
伍分票	48375	86625	70000	205000
小计	656175	2998825	4400000	8055000

资料来源：中国人民银行南昌中心支行金融研究处、中国人民银行赣州市中心支行联合课题组，《中央苏区时期货币供需初探》，《金融与经济》2014 年第 10 期。

当时苏区条件很艰苦，连印钞票的纸张都没有，毛泽民曾派人通过地下交通线前往上海、香港等地购买，还与本地有经验的造纸师傅反复研制，利用井冈山地区盛产的毛竹等为原料改进造纸工艺，生产出适合印钞用的纸张。为防伪造，毛泽民和财政部长邓子恢一开始在钞票上印着他们的俄文签名，后来发现效果不理想，仍有人伪造，就发明出在纸浆中渗少量细羊毛的做法。这种纸印出来的钞票燃烧后会有一种特殊的味道，以此防伪。

除中央苏区外，鄂豫皖等革命根据地也筹建了银行，发行了钞票。鄂豫皖苏区苏维埃银行在印钞票时对纸张要求很严，大多通过地下交道线从上海、武汉、安庆等地购得的，采取石印的“三色套印”技术印刷，加盖号码和篆文印章，严格防伪。鄂豫皖苏区还成立了反假币缉查队，发现假币后，除严厉打击外还总结假币的特点，归纳鉴别的方法，广泛开展宣传，防止群众上当受骗。

在那种艰苦的条件下，中国共产党领导的“红色金融”不仅顺利开办了起来，而且能按照科学的规律发展金融事业。除了发行货币外还经办存款、贷款、汇兑等业务，当时开办的存款有整存整取、零存整取、存零取零等形式，利率按存期一般实行月息累进制，3 个月存期的利率一般为 2.5%。贷款分信用贷款和抵押贷款等形式，一律实行低利借贷。

为了支持苏区建设、保障工农红军军事斗争的需要，中华苏维埃共和国国家银行还受临时中央政府的委托发行过公债，有“革命战争短期公债”“经济建设公债”等，年息在 5 厘左右，受到群众欢迎。近年曾发现一张闽西工农银行时期发行的股票，发行时间是 1931 年，编号为“农字第 2406 号”，股数为 1 股，金额为 1 元。票面图案为五星、马克思和列宁头像以及苏维埃共和国旗帜，上面印的股票章程中规定“本股票不得在市面流通买卖，应得红利凭票向本银行支取”。有学者认为这张股票应是“红色股票”之祖。

这一时期的“红色金融”为革命事业作出了巨大贡献。通过发行货币、吸收民间资本，充实了苏区的财政，保证了革命军队的军费支出。1932 年中华苏维埃共和国临时中央政府每个月的预算支出大体在 53 万元左右，其中红军给养 30 万元，临时中央政府支出 23 万元，而当时临时中央政府能实现的税收等项收入仅 22 万元，如果缺少“红色金融”的支持，中央苏区将面临更大的经济和财政困难。“红色金融”还通过发放低利借贷、代办公债等形式，将筹集到的社会资金运用于经济建设，帮助一批农村手工业者、农民合作社和小商人改善生产经营条件，促进了苏区经济的发展。

二　“边币”与“抗币”

1934 年 10 月，由于第五次反“围剿”的失利，中央红军被迫开始了长征。但中华苏维埃共和国国家银行没有解散，而是编入中央纵队第十五大队随军长征。战士们用肩挑、马驮等方式，把金银珠宝、苏区生产的银元和钞票以及印钞机等都带上了，所有物资加在一起有 160 多担。这支扁担上和马背上的国家银行也走完了二万五千里的长征路，成为世界金融史上的奇迹。

在长征途中，中华苏维埃共和国国家银行及新成立的没收征发委员会担负着全军路上给养供应的重任，他们尽最大可能做好后勤工作，为长征的胜利作出了特殊贡献。

1935 年 1 月，中央红军占领了贵州省北部重镇遵义，在此进行过一小段时间的休整，中华苏维埃共和国国家银行在这段时间里还发行过纸币。在当地，食盐是非常重要的物资，红军没收了敌人的大批食盐，就把这些食盐以及其他没收的物资拿出来向群众出售，但只收国家银行发行的纸币。为此毛泽民等人带着国家银行的工作人员在遵义城及附近各县设立了 20 多个兑换点。由于红军讲信誉、买卖公平，国家银行的纸币很受欢迎。紧接着，国民党调集 40 万重兵围攻遵义，中央决定放弃遵义继续长征。但此时还有不少纸币在群众手里，国家银行立即增设兑付点，按1∶1的比价用银元或食盐回收纸币。由于时间紧迫，就连国家银行行长毛泽民都亲自挑着银元往各兑换点送。为了尽最大可能不让群众有损失，一直到红军部队全部撤出遵义国家银行才撤走。

抗日战争开始后“红色金融”进入一个新阶段。关于经济斗争在抗日战争中的重要作用，毛泽东曾指出：“战争不但是军事的和政治的竞赛，还是经济的竞赛。我们要战胜日本侵略者，除其他一切外，还必须努力于经济工作。”抗战期间，中国共产党领导了陕甘宁边区和各个敌后抗日根据地，在军事斗争的同时也狠抓经济建议，金融工作作为经济建设的一个重要部分更受到了高度重视，陕甘宁边区发行了“边币”，许多敌后抗日根据地也都发行了“抗币”。在特殊的环境下“边币”和“抗币”与日币伪钞展开了殊死较量，成为抗日战争的另一个战场。

全面抗战开始后，中国共产党领导的武装分别被改编为八路军和新四军。根据国共两党达成的有关协议，国民党政府把八路军按3个师、4.5万人的标准每月发放军费，总额为法币63万元；对新四军，按照叶挺出任军长时向蒋介石提出的要求，每月发放军费18万元，但一开始每月实际只发给8万元，叶挺、项英等多次要求后增至每月13.5万元。

上面两笔钱的数量十分有限。中国共产党除领导了上述两支武装外，还成立有边区政府和陆续创建的各个敌后抗日根据地，国民党政府划拨的这点儿经费显然是杯水车薪。而且法币贬值速度很快，而国民党政府向八路军、新四军发放的军费却几乎没怎么增加。如八路军的军费，虽然后来有了小幅调整，但最多时仍不超过75万元，与急速上涨的物价相比这些钱实际上每天都在缩水。

解决边区政府的财政困难，税收是一个重要的方面。1937年12月《边区财政厅一年来的工作报告及今后意见》中对当时的税收政策进行了总结：“反对苛捐杂税，但不反对正当税收。征收的方法，不论对于农业、商业及其他行业的税收，都采用统一与累进两个原则。”但是，由于考虑到边区的经济现状，本着休养民力的精神，边区政府积极减轻人民负担，1937 年和 1938 年征收的救国公粮只有 1 万担，1937 年的税收也只征收了 27 万元，到 1939 年也只有 59 万元。在边区的财政收入中，包括救国公粮在内的所有税收所占比例 1937 年为 11. 28%，1938 年为 28. 71%，1939 年为 8. 74%。

海内外爱国人士的捐献在这一时期发挥着最重要的作用。中国共产党积极倡导建立全民族抗战的统一战线，受到国内和国外爱国人士的拥护和支持，他们纷纷自发向边区和根据地捐款捐物。在 1939 年陕甘宁边区 880 万多元的全部财政收入中，外部捐献高达 790 万多元，占比 89. 7%。据《抗战以来的陕甘宁边区财政概况》的统计，从 1937 年到 1940 年，外部捐献一直是边区财政收入的主体，其占比 1937 年为 77. 2%，1938 年为 51. 69%。1940 年边区政府试行征收盐税和营业税，年终决算时财政收入突破了千万元大关，但这一年外部捐献 756 万元，在财政总收入中的占比仍高达 70. 50%。

为土地革命和长征立下特殊功勋的中华苏维埃共和国国家银行，在到达陕北之后更名为中华苏维埃共和国国家银行西北分行。国共合作以后，西北分行又奉命改名为陕甘宁边区银行，总行设在延安。从全国抗战开始到皖南事变前，边区和各敌后抗日根据地都以国民党政府发行的法币为正式货币，但后来法币的面额越来越大，在市场流通中越来越发现辅币不够用，边区和一些敌后根据地军民买卖商品常为“找零”而发愁，一开始用邮票代替辅币，后来发现这种方法十分不便。为解决这个难题，经陕甘宁边区政府批准，边区银行以其下属的光华商店的名义发行了一种代价券，群众称为“光华券”，面额有 2 分、5 分、1 角、2 角和 5 角等几种，与法币等值同价使用，相当于辅币。由于其信誉良好，受到群众的欢迎，不仅在边区流通，还流通到边区以外的许多地区。到 1941 年 2 月，“光华券”共发行了 430. 8 万元，在方便市场流通的同时，也为边区和敌后抗日根据地发行货币积累了经验。

1941 年 1 月爆发的皖南事变改变了中国的抗战格局，国民党政权掀起了反共高潮，在经济上对陕甘宁边区进行全面封锁和围困，停发了八路军、新四军的军费，边区和各敌后抗日根据地迎来了一个更艰苦的阶段。为应对这种变化，中国共产党提出“自力更生、艰苦奋斗”的口号，独立自主地发展经济建设，在边区和各敌后抗日根据地大力发展生产、广开财源，以克服眼前的财政困难。为了应对突然的变化和严峻局面，陕甘宁边区政府在金融方面做出了重大调整，一方面授权边区银行发行独立的“边币”以代替“光华券”，另一方面颁布法令，明确指出“边币为边区内唯一合法的流通工具”，禁止法币在边区使用。

1941 年 3 月 18 日“边币”正式投放市场，初次发行的“边币”有 4 种面额，以后陆续增加到 10 种，分别是 1 角、2 角、5 元、10 元、50 元、100 元、200 元、500 元、1000 元和 5000 元等。虽然印刷条件有限，但“边币”的图案都经过精心设计。以 5 元券为例，其尺幅为 127 毫米 ×64 毫米，正面紫底蓝色套印，右上端有边区银行的行名，左为“伍元”面值，右有农村村景，四角印有“伍元”二字，背面为蓝色，上端有拼音行名，中间有厂房图景，下端有印制年份。其他面额的“边币”上面的图案，也大都反映当时边区的政治、经济、农林牧业生产情况或名胜古迹、建筑风貌、自然景色，影像生动，富有立体感，与沉闷的法币形成很大区别。“边币”推出后发行额虽逐年上升，但总发行量仍十分有限，到 1944 年初其总量不足 300 万元，杜绝了滥发的情况。表 7. 2 是抗战期间“边币”发行情况统计。

除了“边币”，抗战以后各敌后抗日根据地也发行过许多纸币。1937 年 12 月，中国共产党通过民族革命战地总动员委员会在山西兴县成立了兴县农民银行，发行过兴县农民银行币，该行在解放战争时并入西北农民银行。1938 年 3 月，山西省五台县成立的晋察冀边区银行曾发行过纸币，该

表7.2　　1941年2月至1944年2月"边币"发行情况统计表　　单位：元

年　度	发行数	累计发行数
1941年2~12月	27373	27373
1942年	91077	118450
1943年	1792633	1911083
1944年1~2月	754367	2665450

资料来源：曹菊如，《边币问题》，1944年3月陕甘宁边区整顿财经工作会议上的发言。

行也是解放战争时期华北银行的前身。1938年12月，在胶东掖县成立了北海银行，发行过北海银行币。1938年8月，在山西牺盟会和地方政府的支持下于山西沁县成立了上党银号，发行上党银号票。1939年10月，在山西省黎城县成立了冀南银行总行，将上党银行并入其中，发行冀南银行币，俗称"冀钞"。1939年秋，鲁西军政委员会所领导的一些县发行过地方流通券，次年成立鲁西银行，发行统一的纸币。1941年4月，新四军领导的豫鄂边抗日根据地成立了边区建设银行，所发行的纸币俗称"淮北币"。1943年7月，皖江行政公署在无为县成立了大江银行，所发行的纸币俗称"大江币"。1942年4月，盐阜区行政公署成立盐阜银行，发行的纸币俗称"盐阜币"。1945年4月，浙东行政公署成立浙东银行，发行的纸币俗称"浙东币"。即使远在海南岛的琼崖抗日根据地，也根据实际情况发行过代用券。上面这些各敌后抗日根据地发行的"抗币"，同"边币"一样都是中国共产党这一时期所领导的"红色金融"的重要组成部分。在严酷的军事斗争和经济封锁面前，这些货币的发行有力支持了根据地政权建设，促进了根据地商品交流和经济发展。

当时的条件十分艰苦，印钞工作更是在极为困难的条件下进行的，尤其是各敌后抗日根据地，一边与日伪军作战，一边发展生产、搞活金融流通，印制钞票往往只能因陋就简。曾在皖北萧县抗日民主政府印刷所工作的王从政，在《我的印制边币生涯》一文中写道：

在战争年代里，我们印刷所的驻地经常变动，主要驻扎地在萧县西南乡偏僻的小村庄，永城西部农村，如：张祖楼、虫庄、黄庄、沙土刘集、口子北庄、大王庄和裴桥后边的张土楼、睢杞太，黄泛区的梅岗及杞县东南的杨庄。印制过的边币有“豫、皖、苏边区地方银号”，横式，正面选用老图案洪泽湖、飞鸭戏水的湖景，以此来颂扬皖东北、淮北革命根据地兴旺、发达……

制版由我负责，全靠手工制作，想着牺牲的同志，我含着热泪坐在草屋里，扒在板凳上，精心制作了一个横版的200元豫皖苏农民银行币，洪泽湖芦花荡湖景，飞鸭戏水，图纹清晰细致。边区领导批准付印。

三　根据地里的“货币战”

在边区和各敌后抗日根据地，“边币”“抗币”被群众广泛接受，但要实现“独占式发行”还有很多困难。在很多地方“边币”“抗币”与法币都在使用，有些地方法币的流通量超过了“边币”和“抗币”。即使在陕甘宁边区，根据1942年7月的调查，法币的市场占有率达到了55.3%，高于“边币”10个百分点。

这是因为，当时中国共产党领导的边区与国民党统治区犬牙交错，边区群众与国统区有千丝万缕的经济来往，双方的物资交流量很大，完全禁用法币并不现实。面对“边币”的发行，国民党也进行了一些破坏，比如派遣特务或一些奸商潜入边区，先搜集或兑换大量“边币”，之后以低价抛售，或者在商品买卖时故意声称只接受法币而不接受“边币”，人为地制造“边币”贬值。一些不明真相的群众也用手中的“边币”去换法币，形成了货币黑市，扰乱了边区的金融秩序，破坏了“边币”的信誉。

对这种情况，边区政府经过调研认为，对法币与其严禁不如疏导。边区银行在各地成立了一些货币交换所，让群众可以通过合法的途径进行货币兑换，使地下黑市不攻自破。货币流通问题的背后是贸易问题，边区政府十分注意对外贸易管理，对盐、油、粮食、棉花和布匹等重要物资实行管控，尤其加强了食盐的对外贸易管理，制定措施促进土特产生产，增强对边区以外商品的输出，尽力保证贸易平衡。在货币发行上，注意对总量实行严格控制，在边区全体军民的共同努力下，边区的工农业生产得到了大发展，贸易逐渐由入超转为出超。到1944年上半年，边区财政实现了大致平衡，不再依靠增发货币来解决财政问题，这为“边币”的稳定奠定了坚实基础。

在各敌后抗日根据地，“抗币”与日钞伪币的斗争是金融战的主要内容。早在1937年12月，日军大本营就制定了“抗日政权溃灭策”，主要针对的就是中国共产党领导正在兴起中的敌后抗日政权，这项策略的一个要点是“使抗日政权在金融上崩溃”。为此，日伪政权利用军事和经济上的优势，在其占领区迅速推广所发行的日钞和伪币，占领金融市场，排斥法币和抗日政权发行的货币。

针对这种情况，中国共产党积极领导了敌后抗日根据地的经济斗争，把抵制日钞伪币作为斗争的一项重要内容，成立自己的银行、发行“抗币”是斗争的重要策略之一。“抗币”发行后，各敌后抗日根据地纷纷发出通告，在我力量占优势的巩固区严禁使用日钞伪币，在敌人势力较强的游击区可以折价使用伪币。有的根据地还按照实际情况，发明了“贬值征收”的形式，在所控制的地区凡使用日钞伪币的一律折价，引导群众用手中的日钞伪币去敌占区购买物资，对抗敌人的封锁。有的根据地有针对性地开展金融战，当敌伪政权发行的货币出现贬值苗头时就立即抛售他们的货币，加速其贬值，用伪币来打击伪币。

日伪军经常对敌后抗日根据地发动大“扫荡”，对“抗币”来说这是一个严峻的考验。在1942年底日军对华中抗日根据地发动的大“扫荡”，根据地的面积一度缩小，“淮海币”的流通范围受到限制，声誉受到影响，抗日民主政府通过征粮、收税等途径把群众手中的“淮海币”进行回收，不让群众受损失。反“扫荡”一结束，各根据地迅速采取措施恢复“抗币”的信誉。在各敌后抗日根据地，“抗币”不仅站住了脚，而且信誉越来越好，在黑市交易中“抗币”兑换伪币的比价越来越高。以“鲁钞”“冀钞”与伪“联银券”比价为例，1940 年 1 月约为1∶1.2，1945 年 7 月为1∶7.7，到抗战即将胜利时达到了1∶15，伪币在一些敌后抗日根据地被彻底压制。

在各敌后抗日根据地，都因地制宜地制定了金融和货币政策，不追求独占发行而强调量力发行，注意生产、贸易与货币政策的平衡，把金融作为重要手段阻击敌人的经济进攻，都取得了显著的成效。与此同时，边区和各根据地还注意对各种货币投机行为进行打击。1941 年 12 月陕甘宁边区政府发出布告，规定任何人都不得在买卖货币中渔利，违者以破坏“边币”罪严惩。边区政府随后还制定了《破坏金融惩罚条例》，通过广泛宣传，打击投机和黑市，促进了“边币”的稳定。

各根据地还开展了反假币斗争。日军在大量伪造法币的同时，也印制了许多假“抗币”投放到各敌后抗日根据地，从 1940 年起各根据地陆续发现了假“抗币”。根据有关资料显示，日伪军印制假“抗币”的主要据点包括天津、石家庄、太原、安阳、徐州、集宁、新乡、开封、济南、邢台、邯郸、武安等 12 处，所印制的假“抗币”有 20 多种，在战场上八路军曾缴获过印刷假“抗币”的模板。

针对敌人的“假币战”，各根据地开展了针锋相对的斗争，不断总结假币的特征，把它们归纳起来，组织群众、商户学习，增强识别假币的能力。针对本地军民的实际情况，各根据地还采取办晚会、化装演讲、组织宣传队和张贴宣传标语等方式进行识别假币的宣传。逢集赶会，还把日伪的假币粘在布上办展览，由根据地银行人员向工农群众详细讲解假币如何识别。

四　诞生在小学校里的人民币

从土地革命战争到抗日战争，中国共产党领导的“红色金融”虽然也创办了一些银行，发行了一些纸币，但由于创建的政权及根据地分割在不同区域，所发行的纸币也就无法实现通用，这种状况到解放战争后期得到了改变。

到1948年，解放战争的发展形势越来越明朗，中国共产党领导的政权和武装即将在全国范围内取得胜利已是大势所趋，尤其在华北地区，随着石家庄在1947年底的解放，华北各解放区连成了一片，统一货币和金融的工作提到了议事日程。1948年3月，华北人民政府主席董必武主持召开了“华北五大解放区金融贸易会议”，在这次会议上正式提出“计划创设中国人民银行，发行统一货币，整理地方货币”。

为了做好统一货币的准备工作，1948年4月在石家庄成立了华北银行，该行由华北解放区的原冀南银行和晋察冀边区银行合并而成。华北银行成立后没有发行新的货币，而是把工作重点放在统一各解放区的货币上，并为在全国发行新货币做准备。1948年9月，中共中央在西柏坡召开政治局会议，决定由华北人民政府财经工作委员会统一华北、华东及西北等3个解放区的经济、财政、贸易、金融、交通等工作，并特别指出金融、货币发行工作要先行。

根据中央政治局会议精神，华北人民政府财经工作委员会建议筹建中国人民银行，上报中共中央。1948年10月，董必武主持召开了华北财经工作委员会第一次会议，决定在新的全国统一的银行未成立前，“冀南币”“北海币”“晋察冀边币”以及由西北农民银行发行的“西农币”按固定比价互相流通，以解决华北、华东和西北等3个解放区物资流通问题。随后，中共中央批准筹建中国人民银行，发行人民币，人民币由华北人民政府财经工作委员会指导中国人民银行负责设计和印制。

此时东北全境已经解放，平津解放指日可待，人民币的发行显得更加紧迫。这是因为，到平津解放时人民币如果还无法出台，各个解放区的货币将会很快涌入平津，给金融市场带来混乱，造成市场的波动。1948 年 12 月 1 日，中国人民银行在石家庄中华北街一栋小楼里正式成立，它虽然是一家全新的银行，却包含着众多“红色金融”的基因，从土地革命到解放战争，尽管革命形势起伏跌宕，但“红色金融”却从未中断。以 1929 年 7 月在井冈山地区成立的第一家“红色银行”——东固平民银行为例，虽然在各历史时期经过了改组、合并，但它的历史一直没有中断，直至“注入”中国人民银行，所有脉络都是清晰可查的（见图 7.1）。

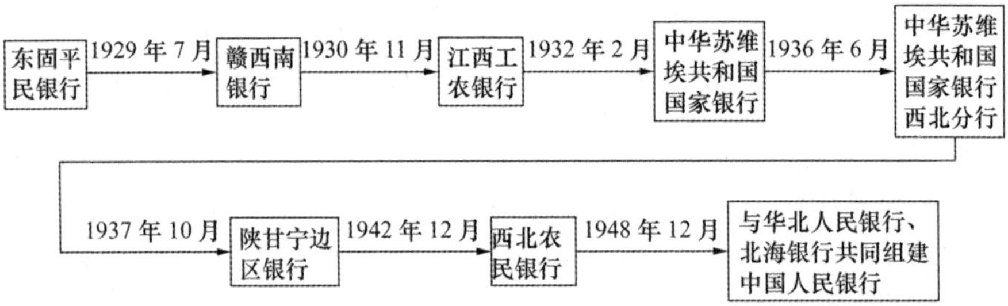

图 7.1　东固平民银行的发展演变史

中国人民银行其实就是在许多个“东固平民银行”基础上诞生的，经过无数共产党人的薪火相传，最后发展成为代表新的人民政权的国家银行。就在中国人民银行成立的当天，华北人民政府发布了“金字第四号”布告，布告称“为适应国民经济建设之需要，特商得山东省政府、陕甘宁、晋绥两边区政府同意，统一华北、华东、西北三区货币”，布告的主要内容如下：

一、华北银行、北海银行、西北农民银行合并为中国人民银行，原华北银行为总行。所有三行发行之货币，及其对外之一切债权债务，均由中国人民银行负责承受。

二、于本年12月1日起发行中国人民银行钞票，定为华北、华东、西北三区的本位货币，统一流通。所有公私款项及一切交易，均以新币为本位货币。

三、新币发行之后，冀币（包括鲁西币）、边币、北海币、西农币逐渐收回，旧币未收回之前，旧币与新币固定比价，照旧流通，不得拒用。

四、新旧币比价规定如下：

（一）新币对冀币、北海币均为1∶100，即中国人民银行钞票1元等于冀南银行钞票或北海银行钞票100元。

（二）新币对边币为1∶1000，即中国人民银行钞票1元等于晋察冀边区银行钞票1000元。

（三）新币对西农币为1∶2000，即中国人民银行钞票1元等于西北农民银行钞票2000元。

中国人民银行成立时，总行设秘书、人事、业务、会计、发行等5个处、18个科室，有工作人员126人。总行下辖8个分行、47个办事处，工作人员5974人。8个分行分别是：北岳分行，辖5个办事处；晋中分行，辖3个办事处；太行分行，辖9个办事处；太岳分行，辖3个办事处；冀鲁豫分行，辖10个办事处；冀中分行，辖7个办事处；冀南分行，辖8个办事处；石门分行，辖1个办事处。

在中国人民银行成立的当天，公布了3种人民币票样，分别是10元、20元、50元，以后还发行了1元、5元和100元等3种面额，组成了第一套人民币。第一套人民币由中国人民银行直属印钞厂印制，该厂当时位于石家庄市西北的柏林庄村。该村历史上属河北省获鹿县，1941年划入石家庄市，石家庄解放后晋察冀边区联合中学迁入该村，利用村里的小学教室上课。后来晋察冀边区联合中学搬走，中国人民银行直属印钞厂搬进了柏林庄小学，用6间大教室改作印钞车间。当时的印钞工作极为秘密，为了保密，在学校外面挂起了“民众书店”的牌子，第一套人民币的设计、制版和部分钞票的印刷就是在这里完成的。

由于毛泽东不同意使用自己的头像作为第一套人民币的图案，后来采用的是工业、农业、商业、纺织、交通、运输、工厂和矿山等当时经济建设和人民群众生活的图景，展现中国人民的解放事业以及建国前夕人们的政治、文化和社会生活，其中的“水牛图”“打场图”“帆船图”“马饮水图”“蒙古包”等后来被人民群众广为熟悉并喜爱，体现出在中国共产党领导下全国各族人民齐心协力、艰苦奋斗、自力更生建设新中国、新社会的激情岁月，具有鲜明的时代特征。随着全国的陆续解放，第一套人民币推广到了各个解放区。

五　上海的“银元风潮”

人民币刚诞生就面临了一次“大考”。1949 年 1 月 31 日北平和平解放，人民币作为人民政权的本位货币将进入北平，能否顺利“进城”将关系到北平的和平与稳定，也关系到今后陆续解放的其他大小城市接管工作能否顺利进行。

北平军管会成立了物资接管委员会，下设金融处，专门负责人民币“进城”工作。还在解放军进城前的 1948 年 12 月 25 日，北平军管会金融处就制定了《兑换工作计划》，把“金圆券”兑换作为当前金融工作的重中之重。在解放军入城前重点是肃清市郊周围的“金圆券”，同时继续做好各解放区所发行货币的兑换，注意在新旧币交接过程中做好市场平稳过渡。解放军进城后，集中力量整顿“金圆券”。为了使人民币尽快被人民群众熟知并接受，北平军管会作出决定，暂停“金圆券”交易 15 天，在此期间大量投放人民币。

当时的情况相当复杂，除了人民币和“金圆券”，北平周边市场上还有“冀币”“北海币”“边币”“东北券”“长城券”“热河券”“西农币”“冀热辽币”等各种货币近10种，有些货币的流通量还很大，人民币要在短时间内统一这些货币，光确定比价就是个复杂的工作。北平军管会金融处先在北京外围的门头沟、丰台、长辛店、清华园、大兴和通县设立了兑换所，按照1:10的比价用人民币兑换“金圆券”，同时宣布停止使用各解放区发行的货币，按照华北人民政府通告的比价实施兑换。在兑换中，为照顾普通市民、工人、学生等低收入人群，对“金圆券”的兑换还实行了1:3的优惠比价。根据北平军管会1949年2月2日发布的《伪金圆券兑换办法》，其相关的兑换办法具体如下：

一、工人、工厂职员、学校教职员（以上均包括家属在内）及中等以上学校学生（只限本人），可持旧有之户口单与“国民身份证”并工厂学校证明文件，到中国人民银行北平分行所设伪钞兑换审查组检验登记，领取兑换证，凭证到各委托兑换所，按照优待比价（人民券1元兑换伪金圆券3元）进行兑换，此项优待兑换自本月4日开始进行。

二、独立劳动者及城市贫民（均包括家属在内），可持旧有之户口单与“国民身份证”，向区政府工作组审查登记领取兑换证后，依上述办法按优待比价进行兑换。上项优待兑换自本月6日开始进行。

三、一般市民所持之伪钞及工人、学生、独立劳动者、工厂职员、学校教职员、城市贫民，所持限额以外之伪钞，可直接至各委托兑换所，按照人民银行规定之比价进行兑换，不再经过审查及检验手续。此项兑换自本月6日开始进行。

四、封包出境，数额在10万元以上者，须至本市工商局办理出境手续，10万元以下者，可径到中国人民银行北平分行领取携带证。

当时北平城内的商家许多人存在恐慌心理，有的商店里只摆放着少量商品，有的干脆关门歇业。北平市郊的粮食、蔬菜、燃料等主要生活物资全面涨价，普遍上涨了3~4倍。这时正值春节前夕，物价狂涨对人民币的推行十分不利。为平抑物价，北平军管会从其他解放区紧急调拨物资，重点是从北平附近的平谷、三河、蓟县、顺义、遵化、玉田等地调运来大批粮食投入市场，使物价迅速回落。由于已明确市场交易中人民币是唯一合法货币，人民币的兑换工作开始加快。

解放军进城后，北平军管会金融处进一步加大了兑换力度，除了在城内设立正式兑换所外，还委托私营银行、银号以及部分商店代为兑换。当时全市有13个区，每个区都有委托兑换点10~15个，全市共有兑换点247个，直接参加兑换工作的有5000多人。据统计，从1949年2月2日至2月22日，20天时间里全市共兑进“金圆券”83174.13万元，投放人民币19841.46万元，基本完成了兑换任务。人民币作为本位币的地位开始建立，市场得到恢复，物价得到平抑，歇业的商户陆续重新开业。

北平的人民币兑换工作取得了成功，为下一步在各大中城市推行人民币积累了经验。接管北平取得的经验是，人民币必须与人民军队同步推进，“解放军到哪里，人民币就要跟到哪里”，只有货币实现了统一才能稳定经济，才能实现政权的稳固。

1949年4月国民党的长江防线被突破，中国人民解放军第三野战军迅速推进到上海的外围，本可以立即向上海发起总攻，但由于加紧印制的一批人民币还没有到位，总攻时间被推迟了近1个月。这批人民币总额为4亿元，专门用来投放未来的上海市场，由东北、华北、华东的3个印钞厂加紧赶印。印刷工作进展很顺利，但当时战线推进得太快，铁路运输跟不上，这批人民币先集中调运至济南，再从济南改装40辆卡车转运到江苏丹阳。由于路途耗时较多，直到5月中旬这批钞票才运到。

1949年5月27日上海解放，次日上海市人民政府成立，接管了旧上海的各个机关，其中包括国民党政府印钞总厂上海分厂，上海军管会将其扩建，改成上海印钞厂，继续加紧印制人民币。与此同时，上海军管会向全市发布《关于使用人民币及限期禁用伪金圆券的规定》，主要内容如下：

一、中国人民银行所发行之人民币，为解放区统一流通之合法货币。自即日起，所有完粮纳税以及一切公私款项收付、物价计算、账务、债务、票据、契约等均须以人民币为计算及清算本位。不得再以伪金圆券或黄金银元及外币为计算及清算本位。

二、伪金圆券自即日起为非法货币。但为照顾人民之困难，在6月5日以前暂准在市面流通，过期即严禁使用。在暂准流通期间，人民有权自动拒用伪金圆券，任何人不得强迫其收受。

三、规定人民币1元折伪金圆券10万元为本市第一次比价。但因国民党反动政府仍在继续发行，伪金圆券还会继续贬值，故在暂准流通期间，市场使用伪金圆券不受第一次比价之限制，人民币可随时按其贬值程度更改比价。

四、自即日起，本市物价，一律遵照本市第一次比价，折合人民币计算，不得因伪金圆券贬值而抬高。

五、凡5月28日以前之一切债权、债务、契约、合同等，均须按本市第一次比价折合人民币，凡不依上述规定改订者，在法律上不生效力。

六、为照顾人民困难，本市中国人民银行自5月30日起，以人民币按牌价收兑伪金圆券，收兑之比价、票面种类、期限及兑换手续办法，由人民银行规定公布。

这里规定人民币与“金圆券”的兑换比价是1∶10万，之所以与北平的1∶10相差了万倍，是因为从2月份到5月底“金圆券”不断加速贬值，目前其实际价值只剩如此。上海军管会在全市设立了120多个兑换点开展兑换，但此时的上海刚刚经历过一场“金圆券风暴”，无数家庭因为一纸“金圆券”而蒙受巨大损失，面对纸币已如惊弓之鸟，大家宁愿相信银元或实物，也不愿意接受人民币。有些工厂、机关和学校用人民币发放工资，大家拿到手以后马上全部用来购买粮食、生活用品，造成人民币上午刚从银行里发出，下午就又回到了银行。一些国民党潜伏下来的特务也从中作乱，鼓动商家囤积货物，有人暗中叫嚣：“解放军可以进上海，人民币绝对进不来！”

在这种情况下银元被哄抬，大家纷纷用手中的各种货币通过各种渠道去兑换银元。6 月初银元与人民币的比价尚为1∶650，随后仅一个星期就涨到1∶1800，后来迅速突破1∶2000的大关。受银元涨价的影响，黄金的价格也暴涨，1 两黄金在上海刚解放时与人民币的比价为1∶3.9万，迅速上涨到1∶11万。银元投机在当时成为一种“来钱快”的生意，有人估计全上海最多时有 30 万人从事这个买卖，街巷里到处是询问要不要银元的人，掀起了一场“银元风潮”。

如果任由这种局势持续下去，不仅人民币难以顺利推行，彻底破坏金融市场的稳定，而且将使物价完全失控，打击正常的生产经营，普通市民的生活也将受到严重影响。为此，1949 年 6 月 4 日华东军政委员会财经委分析了形势，认为上海解放后“金圆券”基本上已被打垮并肃清，但银元又成为货币斗争中的主要对手。此时在上海市场上银元是“实际的本位币，人民币只是辅币”，市上流通的人民币总额不超过 20 亿元，但由于它不是唯一流通的手段和支付手段，结果“完全浮在市上”。当时银元暴涨，造成“人民币不能买到整批的货物”，严重影响生产恢复和市场繁荣，“产业家和中小市民都对银元投机者不满”。华东军政委员会财经委决定对银元“采取彻底打击的方针”，“完全放弃中小城市过去所实行的银元市场管理的办法”，所以另行制定了《打击银元的办法》，要点如下：

一、报纸、座谈会及报纸上公布我们对银元的态度（6月开始），进行思想动员，警告投机者。

二、集中3500万银元，乘高价在黑市上抛出，二三天内逐渐压低银元价格，然后京、沪、杭、芜各大中小城市全面禁止银元流通。

三、禁令公布后群众军警立即全面出动，镇压银元贩子，对银元大投机家，择一给以严厉的处分。

四、银元举行折实存款并收兑银元。

五、贸易处抛售各种实物（油盐、粮煤和工业品）吸收人民币，但又适当收购工业品，使物价不致过分下跌，仍能稳步上升，以上办法请各地仔细研究周密布置，严密配合坚决执行，使我们能够彻底将银元打入地下，人民币成为唯一的本位币。

上述办法制定后，全市迅速行动，禁止银元在市场上流通，但允许持银元在银行里兑换人民币，同时动员全市群众、军警，全面取缔银元贩子。《解放日报》发表了《扰乱金融操纵银元的投机者赶快觉悟》的社论，发动工人、学生开展宣传，形成打击银元投机的舆论热潮。6月10日，华东军区还以命令的形式颁布了《金银管理暂行办法》，重申禁止金银计价使用、流通和私相买卖的规定，针对各种投机行为规定了处罚的原则：

一、在本区内携带金银而无合法证件，或以金银计价行使者，由中国人民银行按牌价贬低百分之十五至三十收兑之；但经证明确系不明本办法者，得酌情按牌价兑换之。

二、证明确系走私资敌者，全部没收；其情节重大者，除没收其金银外，并以扰乱金融论处。在口岸缉私线上查获者，以走私论。

三、私相买卖者，分别情况予以贬值兑换或没收其一部或全部处分。如属屡犯或情节重大者，除全部没收外，并以一至三倍之罚金。

四、投机操纵金银买卖，致市场物价波动，影响民生者，除没收其全部财产外，并按情节轻重，处以三年以上十五年以下之徒刑。

位于上海汉口路422号的上海证券交易所大楼在国民党统治时期曾是全市乃至全国的证券交易中心。由于国民党时期的证券早已丧失信誉，该交易所逐步转向金融投机，大楼里有大量打着证券经营字号的为数众多的投机人员，利用几百门市内电话和大量对讲电台随时沟情“行情”，把投机的触角伸向上海的各个角落，操纵着银元黑市。1949年6月10日，上海市公安局奉军管会的命令对这个地下黑市进行了取缔，除出动大批公安干警和部队战士外，在交易所大楼外围还组织了1.2万名工人、学生封锁交通，向来往的市民进行宣传解释。此次行动共逮捕各类扰乱金融秩序的投机分子238名，本着“惩办少数，宽大教育多数”的原则对其他1800多人进行教育后放出。此次次行动在证券交易所大楼内共抄没黄金3642两、银元39747枚、美元62769元、港币1304元，有力打击了银元黑市交易。

在查封上海证券交易所大楼的同时，全市各公安机关也出动大批干警查处银元贩子，拘捕了一批从事银元投机的不法分子，对其中情节较轻的经教育后释放。此次行动收到的效果立竿见影，第二天每枚银元的价格就从人民币2000多元急降至1200元，受其影响，大米的市价跌落了10%左右，过了一天又跌了10%，广大市民无不倍感欣喜。

六　“金圆券”的反扑

“金圆券”虽然如同一堆堆废纸被扔进了历史的垃圾堆里，但有人还想利用它来做文章，向新生的人民政权发起金融反扑。

1949年5月中旬，当时上海还没有解放，中共中央华东局和上海战役总前委驻扎在江苏丹阳。一天，从上海来的一位地下党员向华东局和总前委报告了一个情报，说上海浦东有人正在大量伪造“金圆券”。国民党政权利用“金圆券”搜刮民脂民膏，多少个家庭为此倾家荡产，现在已经成了“人见人厌”的东西，况且上海解放在即，“金圆券”即将被广大人民群众彻底抛弃，谁还会在这个时候伪造它呢？但这条消息仍引起了华东局和总前委的注意，立即成立了专案组，指定专人进行调查。通过各个渠道的侦察，发现这条情报的确是真实的，而且这里面包藏着国民党的一个重大阴谋。

还在 1948 年底，国民党特务机关就在策划一项秘密行动，利用伪造货币的办法扰乱解放区的经济。之所以想到在上海伪造“金圆券”，是因为考虑上海解放后人民政府肯定会颁布“金圆券”兑换人民币的有关法令，用假“金圆券”大量兑换人民币，既可以打击人民币和解放区经济，又可以为潜伏下来的特务组织筹集经费，可谓一举两得。

“金圆券”是国民党政权发行的，直接印就行了，为什么还要印假钞呢？“金圆券”是从 1948 年 8 月开始发行的，由于时间仓促，所以第一批投放的印有林森头像的 20 亿元钞票还是由法币旧版改用的。后来“金圆券”发行量越来越大，上海印钞厂也开始承印“金圆券”，该厂先后印出 150 万亿元钞票，其中最大面额为 100 万元。大面额钞票用美国进口的专用印钞纸印制，小面额钞票用的是国产印钞纸，印刷设备全部为美国进口，印钞模板也是在美国定制的。在南京解放的当天，国民党政府财政部急忙派专人来到上海，把所有印钞模板都拿走了。1949 年 4 月 16 日上海印钞厂印制了最后一批“金圆券”，此后便停止了全部印刷工作。所以，即便国民党方面现在想重新印制“金圆券”，也得另做模板印假钞。

如果国民党特务的这项计划得逞，将对解放后的上海金融市场造成重大破坏。1949 年 5 月 27 日上海解放，专案组随同解放军进城，立即投入到紧张的破案中。根据上海军管会发出的布告，从 6 月 1 日将开始兑换“金圆券”，专案组越早破案，为国家挽回的经济损失就越多。到 6 月 1 日前，案件虽然有了一定线索，但仍未能破案。6月1日“金圆券”开始兑换，中午12点半专案组接到榆林区的报告，在该区的兑换点发现了假“金圆券”1200亿元。专案组抓住这条线索迅速推进，很快将此案彻底侦破，抓住了金星根、蒋玉生等主犯。由于行动迅速，这起伪造“金圆券”的大案没有对上海的金融市场造成过大的冲击。

在伪造人民币方面，国民党特务也进行了许多尝试。上海解放前，国民党华中“剿总”曾指派专人研究伪造人民币的计划，于1949年初在南京开始秘密试验，但因水印技术不过关而未能成功。后来，特务组织又转到上海继续秘密试验，他们购置了印钞机，招募了几名曾在印钞厂工作的技师，试验的据点就在上海汾阳路150号华中“剿总”司令白崇禧的公馆。白崇禧对这项工作很重视，拨专款供其试印。

1949年5月10日假人民币试验成功并开印，3天时间里就印出了假币1. 69亿元。随后上海解放，特务组织利用自身网络不断把这批假人民币投向社会。从6月起有商家接连报告说收到了假人民币，引起上海军管会的高度重视，命令淞沪警备区的保卫和侦察部门限期破案。6月16日，淞沪警备区接到报告，说有人用大量崭新的人民币抢购紧缺商品，侦察员立即赶到现场，抓获了2人。之后顺藤摸瓜，抓获了全部20多名案犯，找到了印刷假人民币的据点。

上面这两场斗争虽然看不到硝烟，但一样惊心动魄。无论是假“金圆券”还是假人民币，杀伤力都是多方面的，也是巨大的，国民党看中的就是这一点，白崇禧称之为对付共产党的“软刀子”。幸好新成立的人民政权发现及时，并采取有力措施将其粉碎，从而把损失降到了最低程度。

七　另一场“淮海战役”

“银元风潮”不仅在上海出现过，在南京、武汉、贵阳、长沙、成都等几乎所有刚解放的大城市都发生过。针对这股风潮，各地采取的办法与上海类似，以打击地下投机交易为主，同时加大人民币兑换力度，广泛宣传、发动群众，树立人民币的权威。经过一段时间的努力，人民币诞生后的首场战役取得了胜利。

但这仅是人民政权金融建设迈出的第一步，人民币要站稳脚跟还要看这个重要的过渡时期里经济是否稳定、市场是否平稳，尤其是物价能否得到控制。“金圆券”崩溃的教训就在昨天，由于控制不住物价，“金圆券”成了最短命的货币。

城市虽然解放了，但国民党政权留下的却是一个个烂摊子，从农业到工业、交通运输业，生产力一直呈逐年下降之势：1949 年全国粮食作物产量为 21. 61 亿市担，这一数字比抗战全面爆发前的 1936 年下降了 22%；其他经济作物与同期相比也都呈下降之势，其中棉花下降了 48%，烤烟下降了 76%；工业总产值基本上下降了一半，重工业下降了 70%，轻工业下降 30%；交通运输业中陆运运力下降约 20%，水运运力下降约 70%，空运运力接近于零。

可以说，刚解放时中国经济状况十分糟糕，从抗战全面爆发前到 1949 年的 10 多年里中国经济一直呈倒退之势。二战后，各国经济普遍开始了复苏，1949 年美国的人均总产值为 1885 美元，西德为 487 美元，英国为 717 美元，法国为 689 美元，而据 1981 年版《中国经济年鉴》公布的数据，1949 年中国年人均工农业总产值只有 86 元人民币，年人均国民收入只有 69. 29 元人民币。另据 2009 年 8 月 21 日《文汇报》上刊登的《新中国 60 年民生往事》一文，对 1949 年中国经济状况曾有过这样的描述：

年人均社会商品零售额只有 25. 94 元；

年人均原煤只有 59 公斤；

年人均发电量只有 7. 9 度；

年人均原油只有0.2公斤；

年人均布只有3.49米；

年人均糖只有0.37公斤；

年人均粮食只有209公斤；

年人均棉花只有0.82公斤；

年人均油料只有4.7公斤；

年人均水产品只有0.83公斤。

从纵向看，从抗战全面爆发前到全国解放，中国人的生活水平下降得十分厉害，每年每人不到半公斤糖，不到1公斤棉花，能用的电量平均到每个人不到8度，市场出现了严重的物资短缺。不仅如此，市场的正常机制也遭到了破坏，物资短缺造成投机盛行，国民党政权的达官显贵们利用各种特权垄断物资，囤积居奇，严重扰乱市场秩序，加剧了市场的波动。

各地的“白银风潮”被阻击后，投机资金逐渐退出了金融领域，但事情并没有结束，这些资金又伸向了商品流通领域，使本就供应紧张的商品市场出现了严重波动。在上海，投机资金首先侵入大米、棉纱和煤炭市场，这3种物资都是百姓生活离不了的，被称为“二白一黑”。投机资金大量介入囤积这些物资，造成市场供应不上，结果“二白一黑”迅速涨价。从1949年6月10日到7月21日，40天时间上海米价暴涨了4倍，棉纱涨了1倍，带动整个华东、华北和中南等地区物价也迅速上涨，其中京津地区物价普遍上涨了3倍以上。据当时出版的《新民报》对北平地区物价数据的统计，1949年的市场上小米价格2月平均为7元/斤，5月平均为60元/斤，8月平均为200元/斤，到12月平均达到910元/斤；市场棉布价格1949年3月平均为4200元/匹，5月平均为9100元/匹，8月平均为3万元/匹，而到12月平均价格达到14万元/匹。表7.3是1949年北平物价批发指数月变动情况统计：

表 7.3　　1949 年北平物价批发指数表

月份	1 月	2 月	3 月	4 月	8 月	6 月
物价批发指数	—	100. 00	134. 7	167. 9	343. 3	353. 7
月份	7 月	8 月	9 月	10 月	11 月	12 月
物价批发指数	590. 2	1189. 0	1201. 1	1416. 5	3388. 7	6024. 6

资料来源：《一九四九年中国经济简报》，转引自《中华人民共和国经济档案资料选编综合卷（1949 - 1952）》，中国财政经济出版社 2011 年版。

物价上涨引起一定的恐慌情绪，在国民党统治时期人们都经历了长时期的通货膨胀，普通产生了“重货轻币”的思想，普通市民阶层拿到薪水的第一件事就是赶紧换成生活必须物资。人们的心理往往是越涨价越着急，这更有利于投机者的炒作，更加刺激了涨价。在北京市政协编辑的《北京的黎明》一书中，有一位老同志回忆道：“我记得刚解放时，有一次机关发薪后，人们忽然都不见了，原来他们拿到工资马上就去买粮了，唯恐买晚了又要涨价。”

人心乱不乱，关键在城市，其核心首先是粮食。在“银元风潮”中，更多地使用了政治、行政手段对投机行为进行打击，因为其针对的目标主要是一小部分金融黑市上的投机分子，但粮食问题涉及面广得多，又与千家万户的一日三餐直接联系在一起，还用以前的方法去打击就不一定奏效了。

1949 年 6 月，中共中央宣布在中国人民革命军事委员会下建立中央财政经济委员会，计划并领导全国的财政经济工作。为了打击各地的市场投机行为，中央财政经济委员会迅速在全国范围内调配物资，针对各大城市普遍存在粮食涨价的问题，每天都从东北产粮区向关内大量调粮，之后投放到缺粮的城市，由政府集中向市场抛售。在上海，每天都有至少 100 万斤粮食运入，初步解了燃眉之急。不久，上海周边地区的早稻成熟，中央财政经济委员会协调上海市政府紧急收购江苏等地的大米，加大市场供应力度。到1949年10月，上海市场上粮食的月供应量达到6000万斤，可以满足上海市民的口粮需要。

在取得一定成效的同时，中央财政经济委员会认真研究了各地市场的情况，总结出平抑市场物价的经验，11月13日向全国发布了“稳定物价十二条指示”，要点包括：

一、以沪津两地7月底物价平均指数为标准，力求只涨2倍或2.2倍。

二、东北自11月15日至30日，须每日运粮1000万到1200万斤入关，以应付平津需要。东北及平津贸易公司须全力保证装卸车，铁道部则应保证空车回拨。

三、财政部须自11月16至30日于德石路北及平原省，拨交贸易部2.1亿斤公粮，以应付棉产区粮食销售。

四、人民银行总行及各主要分行自电报到日起，除中财委及各大区财委认为特殊需要而批准者外，其他贷款一律暂停。在此期内，应按约收回贷款。何时解禁，听候命令。

五、各大城市应将几种能起收缩银根作用的税收，于11月25日左右开征。

一开始，有些投机商人继续与政府暗中对抗，看见有粮食运入就大量收购，之后囤积不售，试图等到政府粮食接济不上时再抬价出售，从中牟取暴利。但后来他们发现，政府手中的粮食源源不断，始终以平价向市场抛售。这些投机商人找不到机会，有撑不下去的，只得拿出来销售；有些仍抱侥幸心理，由于不肯出手最终把粮食烂在了手中。

其他各大中城市的粮食问题也都按照这个办法得到了解决。由于新生政权有强大的计划和调动能力，可以最大程度实现物资调配，使建国初期许多地方出现的这股“粮荒”被顺利渡过。粮价的稳定有助于其他物资的稳定，对于部分城市棉纱涨价，中央财政经济委员会把陇海铁路沿线积压的一批棉纱集中起来，之后调配到有关城市，以平价向外出售，打击了投机商。

有人把解放初期反对市场投机、平抑物价的斗争称为经济战线上的“淮海战役”。这场斗争虽然也看不到硝烟，但激烈和复杂的程度远远超过了“银元风潮”。这场斗争的胜利，使新生的人民币得到进一步巩固。

八　人民币创造了奇迹

1949 年 10 月 1 日，中华人民共和国成立，开辟了中国历史的新纪元。新中国成立之初，在军事上继续肃清国民党军队的同时，在经济上着力稳定市场物价、大力推行人民币，重建经济和金融秩序。1950 年春天，全国范围内的物价水平得到了初步控制，到 1952 年春，物价指数出现了下降，其中 1952 年 4 月上海批发物价指数下降了 16.6%，5 月又下降了 3.4%，彻底结束了自抗战全面爆发以来连续 10 多年物价持续上涨的局面。

市场稳定使人们对物价的心理预期也发生了根本改变，过去普遍“重物轻币”，现在变成“重币轻物”。人们习惯于把手中的人民币拿到银行里存起来，而不急于变成实物，银行里的储蓄存款不断增加，出现了 6 个月以上的长期存款，这是抗战全面爆发以来很久没有出现过的情况。1950 年 8 月出版的《新华月报》上刊登过一篇文章，指出人们“非但停止了预购行为，并且发生了延迟购买趋向”。

但是，新中国建立之初全国的整体财政状况仍不乐观。当时解放全国的战争仍未全部结束，仍需要大量军费支出，国家财政在保障军队和公职人员基本供给的同时，还要承担对收编的国民党军政人员的安置支出。而此时全国大部分地区又遭受了自 1931 年以来最为严重的水灾，政府需要拿出一部分财力救灾。在这种情况下国家财政仍出现了很大缺口。表 7.4

是1949年全国财政收支情况。

表7.4　　1949年全国财政收支情况表　　单位：粮亿斤

地区	收入	支出	赤字	赤字占支出（%）
东北	172	182	10	5.5
华东	71	192	121	63.02
华北	28	78	50	64.1
中南	22	77	55	71.4
西北	8	31	23	74.2
西南	2	7	5	71.4
合计	303	567	264	46.56

资料来源：《一九四九年中国经济简报》，转引自《中华人民共和国经济档案资料选编综合卷（1949－1952）》，中国财政经济出版社2011年版。

可以看出，1949年的财政赤字仍占总支出的46.56%。这种状况是不可持续的，国民党政权垮台的一个重要原因，就是财政赤字长期居高不下，不得不通过增发法币和“金圆券”的方式解决问题，造成更大的经济困境。如何迅速解决财政收入不平衡的问题，是摆在新生人民政权的紧迫课题。

完全用增发人民币的办法解决财政赤字，虽然简单易行，却会带来很大弊端，尤其对当时正在着力进行的稳定市场物价的工作极为不利。在这种情况下中央政府采取了多种方式综合解决财政难题，其中一个重要方面是发行公债。1949年12月，中央人民政府委员会通过了《关于发行人民胜利折实公债的决定》，发行折实公债1亿分，每分含以下实物：大米3公斤，面粉0.75公斤，白细布1.33米，煤炭8公斤。该公债年息5厘、分5年偿还，发行和偿还都以实物为计算标准。该公债的发行是一项创举，通过这种“实物债券”，可以减少现钞的发行，有计划地回笼货币，使物价进一步稳定，保证各阶层人民安定生活和工商业正常发展。公债发行后取得的效果很明显，本来1950年还计划发行第二期，额度为2亿分，但由于国家财政状况已呈现出良好的发展态势，第二期公债没再发行。

中央政府还加强了对财政经济工作的统一领导和宏观调控，政务委员会通过了《关于统一国家财政经济工作的决定》，于1950年3月3日颁布实行，按照“节约支出，增加收入、缩小赤字、统一管理，以争取国家财政经济状况的好转”为基本精神，采取以下措施进一步改善财政和经济状况：

一、成立全国编制委员会，制订并颁布各级军政机关人员、马匹、车辆等编制并予以核实，消灭虚报数字。制止各机关不经批准自行添招人员，各部门各企业如需增添人员，经批准后，必先向全国编制委员会请求调配。

二、成立全国仓库物资清理调配委员会，在1950年6月底前查明所有仓库存货，无隐瞒地逐级转报，不得打埋伏，不得擅自转移。所有库存物资，由政务院财政经济委员会统一调度，合理使用。

三、厉行节约，全国均应节省一切可能节省的开支，缓办应该缓办的事项，以便集中财力于军事上消灭残敌，经济上重点恢复。

四、全国各地所收公粮，除地方附加粮外，全部归中央人民政府财政部统一调度使用。

五、除批准征收的地方税外，所有关税、盐税、货物税、工商税的一切收入，均归中央人民政府财政部统一调度使用。

六、统一全国贸易，各地国营贸易机构的资金、业务计划、商品调度统一由中央贸易部掌握，地方不得干预。一切部队、机关不得自行经商。

七、一切公营企业（即国营企业）及合作社，均须按时纳税，均须将折旧金和利润的一部分，按期解缴中央人民政府财政部或地方政府。

八、指定人民银行为国家现金调度的总机构，一切军政机关和公营企业的现金，除留若干近期使用者外，一律存入国家银行，不得对私人放贷，不得存入私人行庄，违者处罚。

九、对军队及地方经费的现金支付，应按照编制的确有人数，按月按季地批准各部队各部门的预算，按期支付现金。原则是先前方、后后方，先军队、后地方。

这些措施的及时出台，显示出中国共产党管理财政经济工作的决心和能力，各项措施实施后都取得了预期效果，加强编制管理后，精减了大批人员，基本消灭了旧社会“吃空额”的顽疾，减少了财政支出。物资清查清理工作的推进，清查出大批物资供统一调配，也在一定程度上缓解了财政困难。对财政经济工作实行统一管理，国家的税收、财政、金融等资源得到集中，为国家统一调控财政和经济奠定了基础。

尽管 1951 年爆发了抗美援朝战争，国家财政面临了新的压力，但由于解放之初所采取的各项积极有效的措施，全国财政经济状况不断得到好转。1952 年国家经济实现了快速发展，财政状况得到极大改善：全年实现国内生产总值 679.0 亿元，其中第一产业 342.9 亿元，第二产业 141.8 亿元，第三产业 194.3 亿元，人均国内生产总值 119 元；物价指数仅上涨 2.67%，通货膨胀得到根本遏制；全国职工工资总额 68.3 亿元，职工年平均工资 445 元；城乡储蓄存款余额 8.6 亿元，其中定期存款 4.8 亿元；全年实现财政收入 173.94 亿元，其中各项税收 97.69 亿元，全年各项财政支出 172.07 亿元，实现财政盈余 1.87 亿元。

这是一项了不起的成就，新成立的人民政权仅用短短 2 年时间就使国家的财政经济状况得到彻底改观，尤其财政收支实现平衡，更是中国近代以来无数仁人志士追求和奋斗的梦想。自晚清到民国，财政问题一直困扰着历任政府，成为一个最头疼的问题。尽管想了很多办法、推行了很多改革，但这个问题始终未能解决，并在很长一段时间里呈不断恶化的态势，加剧了中国的积贫积弱。

事实证明，这样的难题是可以得到解决的，前提是必须人民当家做主，只有人民的政权才具有足够的政治优势和制度优势，才能集中起足够的力量摆脱现实困境，攻克发展难题。

人民币是一种纸币，按照货币制度的规律，它要实现长期稳定背后必须有大量黄金、白银以及外汇作支撑。解放之初的现实是，国民党政权溃败前带走了长期以来占有的这些东西。不仅如此，还通过一场“金圆券”改革从民间搜刮走大笔的金银和外汇。这些本属于全体中国人民的财富被运到了台湾，解放时人民政权在黄金、金银和外汇方面可谓“一穷二白”。一直到 1952 年人民政府拥有的黄金储备也只有 500 万盎司，外汇储备仅 1.39 亿美元，但这丝毫没有影响到人民币取得成功。

人民币创造了奇迹，这同样来自人民政权的政治优势和制度优势。由于已经建立起了强大的国家信用，又由于人民政权发展和调控经济的能力不断增强，社会经济逐步呈现出欣欣向荣的局面，所以即使暂时得不到强大的黄金、外汇支撑，人民币依然保持坚挺。

人民币彻底结束了中国近代以来币制的落后和混乱，创造了世界货币史上的奇迹。也只有到这时，中国人民才彻底摆脱了近代以来陆续压在身上的封建主义、帝国主义和官僚资本主义这三座大山，摆脱了陆续捆绑在身上的一根根绳索，走向了民主、自由和富强！

参考文献

[1] 中国社会科学院近代史研究所中华民国史研究室．中华民国史（1－16 卷）．北京：中华书局，2011

[2] 张宪文等．中华民国史（1－4 卷）．南京：南京大学出版社，2012

[3] 张宪文．中华民国史纲．郑州：河南人民出版社，1985

[4]［美］费正清，［美］费维恺．刘敬坤译．剑桥中华民国史．北京：中国社会科学出版社，2006

[5] 汪敬虞．中国近代经济史（1895－1927）．北京：人民出版社，2000

[6] 贾士毅．民国财政史．郑州：河南人民出版社，2016

[7] 杨荫溥．民国财政史．北京：中国财政经济出版社，1985

[8] 严中平．中国近代经济史统计资料选辑．北京：人民出版社，1958

[9] 洪葭管．中国金融史．成都：西南财经大学出版社，1993

[10] 刘慧宇．中国中央银行研究（1928－1949）．北京：中国经济出版社，1999

[11] 叶世昌，潘连贵．中国古近代金融史．上海：复旦大学出版社，2001

[12] 洪葭管．中国金融通史（四）．北京：中国金融出版社，2008

[13] 魏建猷．中国近代货币史．黄山：黄山书社，1986

[14] 姚会元．中国货币银行（1840－1952）．武汉：武汉测绘大学出版社，1993

[15] 中国银行总管理处经济研究室．中国重要银行最近十年营业概况研究．上海：新业印书馆，1933

[16] 徐寄庼．最近上海金融史．上海：上海书店出版社，1989

[17] 交通银行总行，中国第二历史档案馆．交通银行史料．上海：上海人民出版社，1995

[18] 中国人民银行．中华民国货币史资料（第一辑）．上海：上海人民出版社，1991

[19] 中国人民银行．中华民国货币史资料（第二辑）．上海：上海人民出版社，1991

[20] 重庆市档案馆，重庆市人民银行金融研究所．四联总处史料（上、中、下）．北京：中国档案出版社，1993

[21] 中国第二历史档案馆．中华民国金融法规选编（上、下）．北京：中国档案出版社，2009

[22] 殷梦霞，李强选编．民国金融史料汇编（一）．北京：国家图书馆出版社，2011

[23] 中国银行行史编辑委员会．中国银行行史（1912－1949）．北京：中国金融出版社，1995

[24] 张郁兰．中国银行业发展史．上海：上海人民出版社，1957

[25] [美] 阿瑟·恩·杨格．陈泽宪，陈霞飞译．1927－1937年中国财政经济情况．北京：中国社会科学出版社，1981
[26] 许涤新，吴新明．中国资本主义发展史．北京：社会科学文献出版社，2007
[27] 中国第二历史档案馆．中华民国档案资料汇编（财政金融卷）．南京：江苏古籍出版社，1994
[28] 中国近代金融史编写组．中国近代金融史．北京：中国金融出版社，1985
[29] 李立侠．中央银行兴衰史．北京：中国文史出版社，1986
[30] 中国科学院上海经济研究所，上海社会科学经济研究所．上海解放前后物价资料汇编（1921年－1957年）．上海：上海人民出版社，1958
[31] [美] 拉尔夫·尔·鲍威尔．陈泽宪，陈霞飞译．1895－1912年中国军事力量的兴起．北京：中国社会科学出版社，1979
[32] [美] 吉尔伯特·罗兹曼．中国的现代化．南京：江苏人民出版社，1988
[33] [美] 小科布尔．上海资本家与国民政府．北京：中国社会科学出版社，1988
[34] 中国第二历史档案馆．民国外债档案史料（二）．北京：中国档案出版社，1991
[35] 徐义生．中国近代外债史统计资料（1853－1927）．北京：中华书局，1962
[36] 姜芹．南京国民政府内债问题研究（1927－1937）．南京：南京大学出版社，2003
[37] 财政科学研究所．民国外债档案史料．北京：中国档案出版社，1990
[38] 中国人民政治协商会议全国委员会文史资料研究委员会．辛亥革命回忆录．北京：文史资料出版社，1982
[39] 丘权政，杜春和．辛亥革命史料选编（上）．长沙：湖南人民出版社，1981
[40] 胡滨译．英国蓝皮书有关辛亥革命资料选译（上）．北京：中华书局，1984
[41] 洪丝丝等．辛亥革命与华侨．北京：人民出版社，1982
[42] 中国社会科学院近代史研究所．华侨与辛亥革命．北京：中国社会科学出版社，1982
[43] 来新夏．北洋军阀史（上、下）．北京：东方出版社，2016
[44] 马勇．中国历史的侧面．北京：光明日报出版社，2014
[45] 胡光麃．影响中国现代化的一百洋客．台北：传记文学出版社，1983
[46] 汤伏祥．外国人眼中的袁世凯．广州：广东人民出版社，2008
[47] 白蕉．袁世凯与中华民国．北京：中华书局，2007
[48] 束建民．辛亥革命与南京临时政府．北京：九州出版社，2012
[49] 许毅．中央革命根据地财政经济史长编．北京：人民出版社，1982
[50] 舒龙．毛泽民．北京：军事科学出版社，1996
[51] 中国抗日战争史学会．抗日战争时期重要资料统计集．北京：北京出版社，1997
[52] 军事科学院．中国抗日战争史．北京：解放军出版社，1991
[53] 时事问题研究会．抗战中的中国经济．中国现代史资料编委会翻印，1957
[54] 许涤新，吴承明．中国资本主义发展史．北京：人民出版社，1984
[55] 虞宝棠．国民政府与民国经济．上海：华东师范大学出版社，1998
[56] 张嘉璈．中国通货膨胀史（1937－1949）．北京：文史资料出版社，1986
[57] 罗华素，廖平之．中央革命根据地货币史．北京：中国金融出版社，1998
[58] 河北省金融研究所．晋察冀边区银行史．北京：中国金融出版社，1988

[59] 中国财政科学研究院．抗日战争时期陕甘宁边区财政经济史料摘编．武汉：长江文艺出版社，2016
[60] 中国人民银行金融研究所，财政部财政科学研究所．中国革命根据地货币（上、下）．北京：文物出版社，1982
[61] 财政科学研究所．革命根据地的财政经济．北京：中国财政经济出版社，1985
[62] 财政科学研究所．抗日根据地的财政经济．北京：中国财政经济出版社，1987
[63] 中国社会科学院经济研究所现代经济史组．中国革命根据地经济大事记（1937－1949）．北京：中国社会科学出版社，1986